ローカル・ガバメント論

地方行政のルネサンス

真山達志
[編著]

ミネルヴァ書房

はしがき

わが国で今日のように地方分権が叫ばれるようになったひとつのスタートラインは、一九九三年に行われた衆参両院での地方分権推進決議であると言っても良いだろう。そのようなことを大学の授業で話していてふと気付いたのは、今の学生諸君にとっては生まれた時から地方分権が叫ばれているということである。彼（女）らにしてみたら、地方分権とは珍しい言葉でも新鮮な言葉でもなく、新聞やテレビでいつも騒いでいるイシューなのである。そして、物心ついた頃には、既に機関委任事務もなくなっており、国と地方が対等横並びというのは前提になっていたことになる。

学生諸君よりもはるかに長く生きている私でも、二〇年近くも地方分権、地方分権と叫ばれていると、だんだんその言葉に感覚が麻痺してきている。いや、地方分権とは逆らいがたい絶対的なものと思うようになっていると言った方が良いかもしれない。地方分権は進めるべきものと考えるように馴らされてしまっているようだ。

しかし、多くの国民の日常生活の中では、地方分権が進んだという実感はあまりない。自治体の行政職員でさえ、地方分権を実感している人は多くないのではないか。中央集権より地方分権の方が良い、地方分権が進めば地域の社会や経済が良くなったり、住民の元気が出てきたりするようだ、といった漠然とした期待はあるが、二〇年近く経っても相変わらず期待のままである。それは、地方分権によって何をどう変えるのかということについて、合意があるようでないことが原因のひとつであると思う。

地方分権は何となく良いもの、何となく実現しなければならないもの、といったムードが蔓延している。そのため、本当に地方分権に資するのかどうかも怪しい改革案が地方分権の実現を口実に主張されることすらある。道州制の主張の中には、単に経済的効率性を追求しているだけとしか思えないものも散見される。それでも道州制を導入すれば地方分権が実現するかのようなプロパガンダが展開されている。

また、地方自治の主役が住民であることは間違いないが、現実に大きな役割を果たしている地方行政や地方議会については、批判の対象にされることはあっても、その役割やあるべき姿についての議論が不十分であるという問題も存在している。

地方自治を少しでも学んだり研究したりした者として、このような状況を放置しておいてはいけないという、ある種の義務感のようなものを感じていたのだが、具体的に何をすれば良いのかが見通せないまま時間が過ぎていた。そのような中、同志社大学大学院法学研究科や総合政策科学研究科で私の指導を受けて研究者になった人達が、同門で研究成果をまとめた書籍を出版しようではないかという企画が出た。私は渡りに船とばかり、そもそも地方自治の現状にどのような問題があり、地方分権によって何をどう改善しようとするのかを、しっかり検討してまとめるような書籍の出版を提案した。私の提案を受けて、その頃たまたま九州内の大学に居た森裕亮、狭間直樹、野田遊の三氏が企画を詰めていった。これに入江容子氏も加わる形で内容が固まった。

企画担当者も、そして執筆者も、全員が私の「弟子」にあたる人達であるので、かなり私のわがままを聞き入れてもらった。つまり、本書の全体を通じて私の個人的な問題意識を取り上げ、その検討の方向性も私の思いに沿うようなものになっている。正直なところ、師匠と弟子の「特別権力関係」を悪用してしまったのではないかと反省している。弟子といえども、既に独立した研究者として学界等で活躍している人達には申し訳ないことをした。しかし、おそらく執筆者全員は、それぞれの思想や信条に反することを書いたわけではないと思う。そもそも、それほどイデオロギーに凝り固まった議論はしていないし、客観的かつ学術的な検討を加えているつもりである。反面で、これまでの地方分権の議論や取り組みに問題提起をしている部分が少なくないことも事実である。批判や反論を受けるような部分もあると思う。しかし、それは学術研究においては当然のことであるので、むしろ、読者諸氏の地方自治や地方分権に関する議論に火を点けることを狙っている。

したがって、本書は一般書というよりは学術書という位置づけを意識して編集されている。同時に、地方自治に関心を持つ実務家や学生の皆さんにも読んでもらいたいとも思っている。そこで、できるだけ平易な記述に心がけた。この点では、森、野田、入江の各氏が細かな言葉遣いや表現までチェックをしてくれた。

地方自治や地方行政に関する書籍の多くは、都構想だの道州制だのと、夢と希望に溢れた改革プランを内容とするものが多い。私のような世代の人間だと、田中角栄元首相の『日本列島改造論』がもて囃された頃を思い出してしまう。その種の書籍はそれなりに売れる。いや、かなりのベストセラーにさえなる。ところが、本書のように地方自治や地方行政のどこにどのような問題があるのか、それらの問題解決を図るためには何を検討すべきかといったことを検討する地味な内容の書籍は売れるはずがない。そのような書籍で、しかも文字通りの持ち込み企画であるにもかかわらず出版を引き受けてくださった株式会社ミネルヴァ書房には心から感謝する。とりわけ、担当いただいた同社編集部の田引勝二氏（偶然にも彼も同志社大学大学院法学研究科で私が指導した）には、タイトな日程の中で編集作業を進めていただくなど多くの無理をお願いしたが、すべてに快く対応していただいた。この場を借りて御礼申し上げる。

二〇一二年三月

執筆者を代表して　真山達志

ローカル・ガバメント論——地方行政のルネサンス　目次

序章　現代自治の現状と課題

1　地方分権の問題点

地方分権が必要であるという主張は、明治以降、陰に陽に展開されているが、地方分権の推進が具体的かつ現実的な課題として社会全体で注目を集めるようになったのは一九九〇年代初めである。一つの節目は一九九三年の衆参両院における地方分権推進決議であるとすると、既に一九年の月日が流れている。この間、たしかに制度面でも実態面でも変化が起こっている。長年にわたって中央―地方関係の悪しき制度の典型と言われていた機関委任事務が廃止された。権限移譲が進んだし、国の地方への関与も減少した。さらに、自治体が自主的に自治基本条例を制定したり、議員定数の削減等を進めたりしている。このような制度面での変化だけではなく、これまで行政が担ってきた機能をＮＰＯが代替したり、各地で住民投票が実施されたりして、実態的にも地方の自律性や自立性が高まっているように見える。

しかし、地方分権が金科玉条の如くに言われるようになり、地方分権を進めることに疑問を挟むことが許されない雰囲気が出てきている。その中でも特に目立つ現象は、地方自治の主体であり自治体の主人公であるとされる住民は、あたかも全知全能の神の如くあがめられ、一方で行政は諸悪の根源のように常に批判の対象にされることである。とりわけ、行政に対する批判と攻撃はマスコミを中心にエスカレートしており、情報番組やバラエティ番組のキャスターやコメンテーターは、とりあえず行政に問題があるとか行政が悪いと言っておけばよいと思っているようである。悪者を作ると、その裏返しで善人が生まれてくるのであるが、それが住民であり「民間」である。かくして、地方分権とそれと並行して進んでいる行政改革の流れの中で、行政性悪説と民間性善説が作り上げられてしまったのである。その結果、現在進んでいると言われる地方分権は、本当に理想的な形なのか、大事なことを議論せずに勢いや流れだけで進んではいないかという検討が十分に行われていない。地方分権にも「良い地方分権」と「悪い地方分権」があるはずだ。

自治は自治能力のある主体が担わないと、結果としてある種の独裁を招いたり衆愚政治に陥ったりする危険があるが、今時の地方分権の議論では、自治体や住民は自治の担い手として十分な資質能力を有しているのかについての議論が欠如している。メディアの露出度が高い人物が票を集め、充実した議論や合理的な根拠があるとは思えない「改革」を断行することで地方の「星」の如くにもてはやされていてよいのだろうか。一部の首長は、「改革」を売りものにするあまり、自分の補助機関である行政機構をあたかも諸悪の根源や敵のように攻撃するような状態があるが、これはまともな「改革」であるといえるのだろうか。

政治や行政に関わる人たちは当然のこと、一般住民も自治に関するしっかりした知識と考えを持つ必要がある。有権者として投票したり、直接請求権を行使したりできるのは、単に税金を納めているとか、住民登録しているからではなく、自治に関わる責任と能力を備えることが前提である。少なくとも、責任と能力を備えるための努力をすることは、自治の担い手になるための最低限の責務である。そして、しっかりした担い手がいないのなら、地方自治は崩壊する。

では、どのような知識が必要であり、何について考えなければならないのだろうか。地方分権の進展の中で、いくつかの重要な問題が見落とされたり、十分に検討されなかったりしているのではないかという認識のもと、今日の地方自治の諸問題を抽出し検討することが本書の目的である。詳しい検討は本編に委ねるが、ここでは本編で展開される議論を予告するために必要な範囲で、重要と思われる主な論点を挙げておく。

2　本書における論点

(1) 基礎自治体と広域自治体のあり方

第一に、二層制を前提とした地方制度のもとで、基礎自治体である市町村と広域自治体である都道府県それぞれの機能と役割はいったい何なのか、それらは期待通りに機能しているのかということを考えなければなるまい。市町村合併は一段落したものの、今後は小規模町村の公共サービスのあり方についての答えを早急に出さなければならない。また、住民自治組織として「地域協議会」や「まちづくり協議会」などが相次いで設置されているが、これらは住民の中から自然に生まれてきたというより、市町村の方針によって一斉に組織化されていることが多い。このような「官製」住民自治組織を、十分な議論もなく自治の基礎単位として位置づけてしまって大丈夫なのだろうか。自治組織というからには、メンバーシップ、代表性、正統性等について検討しておく必要がある。もちろん、従来の自治会や町内会等に代表される住民自治組織についても、今日の状況に即してしっかりした検討が改めて必要になっている。ことほど左様に、基礎自治体の機能や役割、そして住民自治組織について検討すべき事項は多い。

基礎自治体の検討と並行して広域自治体である都道府県の検討も必須である。基礎自治体が地方自治の主たる担い手であり中核的な存在であることは認めるが、都道府県も歴とした自治体である。戦後の民主化の中で、都道府県を完全自治体にすることが大きな課題であったことは、単なる過去の出来事と等閑に付してよいのだろうか。現在の基礎自治体の規模、能力等を前提にした場合、望ましい広域自治体の機能と役割は何か、それらに見合った規模はどれ位かということが検討されないまま、効率性や経済性、あるいは経済的競争力の向上といった、一見するともっともな理屈でごまかした道州制論などは、地方自治を愚弄するものである。とくに東日本大震災を契機に、災害対策には規模の大きな広域自治体が有効であるといった、根拠に欠ける理屈で道州制導入を叫ぶことなどは無責任な主張である。

(2) 地方議会のあり方と行政との関係

第二に、わが国の地方制度は二元代表制を採用しているのだが、最近では、そもそもその目的がどこにあるのかさえ忘れ去られているような状況があることも検討対象にしなければならない。地方議員などはたいした仕事はしていないとばかり、給料を引下げろとか、議員定数を削減しろといった暴論が罷り通るご時世である。挙げ句の果てには、首長が議会に「与党」(そもそも二元代表制で与党とか野党という議院内閣制の用語が疑問もなく使われること自体が問題だ)を強引に作ろうとする。議会にはどのような機能が求められているのか、その機能を果たすためにはどのような議員をどのような選挙制度によって選出するのが適切なのかといったことが検討もされず、ただただ安上がりに済ませることだけが美徳となっている。

議会に期待されている機能が何であるのかということと、現にその機能が果たされているかということは、次元の異なる問題である。それぞれを冷静かつ慎重に検討しておかないと、将来に禍根を残すような「議会改革」をしてしまう危険がある。二元代表制はごく最近の思いつきで作られた制度ではなく、長年の経験と議論の上にできあがっているものである。浅はかな議論で根本を変えてしまうのではなく、十分な議論と納得のもとに改革をするくらいの慎重さが必要である。

無責任な政治家(候補者)と無責任な有権者が一体化すると、地方自治などはあっという間に雲散霧消する。議会についての十分な理解と検討もないまま、間接民主主義の限界を悟ったかのように直接民主制の手法である住民投票や直接請求をあがめるのは、あまりに性急な視点である。

(3) 公共サービスのあり方とその担い手

第三に、地方分権と並行して進められている行政活動や公共サービスの民間化の動きについての検討も重要である。前述のように、あまり十分な根拠があるとも思えないのだが、民間が優れていて行政は悪いという思い込みが支配的である。今の行政が理想的だとはとうてい思えないが、民間が行政より優れていると思えることもそうそうない。とくに民間は数が多いから、まさにピンからキリまであることを抜きにしては論じられないはずである。そして、メセナやCSR等どれだけ美辞麗句を並べ立てたとしても、民間の中の「企業」は営利を目的にしていることには変わりはない。営利を追求することが悪いわけではないし、営利を度外視した活動を展開していたら、それこそ経営責任を追及されることになりかねない。問題なのは、そのような民間企業が行政活動を代替できるのか、仮にできるとしても本当に適切なのかという議論と論証が十分になされていないことである。

また、民間委託や競争入札を導入して、結果的に「官製ワーキングプア」を生み出しているという愚かな政策展開に対して批判的な検討を加える必要がある。人件費を削減するために、あるいは民間の方が効率的に業務を遂行するからという理由で、現業部門の業務を中心に急激な民間委託や民営化が進められている。たしかに、公共サービスを民間に任せる方が人件費を中心にコストが下がることが多い。同じサービスを供給するのならコストが低い方が良い。ただ、「同じサービス」ということに注意が必要である。

たとえば、よくサービスの質ということが話題になるが、そもそも公共サービスの質とは何によって判断するのかさえはっきりしていない。一般に、行政の直営より民間委託した方が質が良くなると言われるが、保育所の民営化に対する反対運動が起こる時には、必ずと言ってよいほど「質の低下」が起こることが理由になっている。少なくとも、父母の多くは、公営保育所で正規職の保育士のもとにわが子を預けたいと思っているようである。そして、民営保育所では保育の質が下がる恐れがあると感じていることが多いようだ。

公共サービスとして提供されてきたことには、それなりの理由と経緯があったはずだ。共通の理解と合意はなかったものの、「公共性」には一定の価値が与えられていたのではないだろうか。もしそうだとしたら、公共サービスを民間化する前に「公共性」とは何かを改めて検討する必要があるだろう。

ところで、自治体に関する議論で「民間」という場合、最近では営利企業よりもNPO等の非営利組織の方がより多く登場する。行政も非営利組織であるから、その業務をNPOが代替できるということは不思議ではない。しかし、この点で特に問題だと思うのは、「NPO信仰」とも言えるような議論が多いことである。NPOが公的な機能を担うべきだということが強調されるが、個々のNPOにどれだけの代表性や正統性があるのか、NPOの活動に対して一般の住民は有効な監視や制御をすることができるのかということを含めて、改めてしっかりした検討が必要ではないだろうか。

(4) 自治体行政組織の編成と管理

第四に、自治体行政組織はどのような編成にすべきなのか、その管理手法はどうあるべきかについての検討が重要である。そもそも行政組織をいかに編成するかとか、どのように管理するべきかという問題については、一九四〇年代から行政学の主要なテーマであったが、最適解は未だに見つかっていない。しかし、現代日本の自治体においては、行政組織の編成と管理について早急に答えを見つけ出すことが必要になっている。

前述のように、今日の自治体行政に対しては批判的な意見が多い。たしかに、厳しい財政事情にもかかわらず、行政が財政の健全化や効果的な行政運営の実現ということに迅速かつ的確に対応しているとは言いきれない。行われてきたことと言えば、行政改革と称して組織の簡素化と職員定数の削減が中心であった。人件費が大きな割合を占めることを考えれば、なるほどもっともな改革手法である。しかし、そもそも行政が担うべき責任と役割が何であるかの検討も十分になされないまま、単に規模を縮小することは改革にならず改悪になっている場合もあるはずだ。

また、行政に期待されている責任と機能を全うするためには、どのような組織編成が望ましいのかは明らかになっていない。自治体では、国の縦割り行政の弊害を打破するような総合的、横割り的な行政が求められているのは疑う余地はないが、それはどのような組織編成によって実現するのか。出産、育児、青少年育成等子どもに関する業務をまとめて行う「こども課」を作ればそれで問題は解決するのかと言うと、法令の枠組みやこれまでに築かれたネットワークとの関係でそう簡単にはいかない。組織と業務の組み合わせを動態的に捉えて検討することが必要になる。

自治体の意思決定や政策決定が迅速かつ的確に行われるためにはどのような組織編成が適当なのかも検討しなければならない。行政組織は基本的にはピラミッド型の組織であり、明確な権限の体系を構築している。厳格な法令の執行には一定の有効性を持つ組織編成であるが、新しい事態への柔軟な対応には不向きな面が大きい。また、意思決定に時間がかかったり、末端職員のモチベーションが低下したりするという問題も抱えている。このような問題を克服するためにフラット型の組織編成を導入する自治体もみられるが、思ったような効果を上げていない例が多い。この点でも、検討すべき事柄は多いのである。

自治体においてどのような組織管理をするのが望ましいのかも明確になっていない。給与や昇進、さらには社会からの評価という点で厳しい環境に置かれている今日の自治体行政組織において、厳罰主義の厳しい管理、上司の過剰な管理をすることで、はたして有効な行政活動が実現するのだろうか。職員の能力を最大限に引き出し、モチベーションを高めるような管理手法を開発しなければならない。民間で一世を風靡した成果主義や業績評価手法が、民間ですら見直されているにもかかわらず、行政組織ではいまだに導入が模索されるという陳腐な状況を放置するわけにはいかない。

(5) 自治体の政策能力

第五に、地方分権と言うともっぱら権限や財源に注目が集まるが、自治体の政策能力のこともしっかり考えておく必要がある。すなわち、「地方分権＝権限と財源の移譲」と捉えられがちであるが、権限や財源の移譲は地方分権にとっての必要条件に過ぎない。重要なことは、自治体が権限や財源を使って何をするかということである。それぞれの地方の実情や実態に即した政策、あるいは住民ニーズをうまく調整して多くの住民の満足度が高い政策を展開できるようになっているかということが大切なのである。このような政策が展開されることが、地方分権の十分条件なのである。

必要条件を整えるためには、現に権限と財源を持っている者が制度を変更する責任を負っている。逆に言えば、移譲を受ける側は、要求や要望を出すことはできても、法治国家のわが国では権限や財源を力ずくで奪い取ることはできない。しかし、自治体が権限と財源を持ったとしたら、それをどのように使いこなすかは自治体の責任である。いわゆる政策能力が求められるのである。

現在の自治体にそのような政策能力が備わっているのかについては、はなはだ疑問である。どこかの自治体が情報公開制度を始めると、またたく間に全国に広がった。「政策波及」と言うと聞こえはよいが、多くの場合は「モノマネ」の域を出ていない。なぜなら、十分な議論も検討もなく決められた政策に関する情報を公開したところでいったいどのような意味があるのかという問題意識もなく、仕組みとしての情報公開制度を作っただけで満足しているからである。つまり、コンテンツがろくに揃っていないのに情報公開制度だけを急ぐのは、モノマネか横並び意識と言うしかないのだ。

住民の側にも情報公開制度を行政攻撃の手段に使おうとする者が出てくる。重箱の隅をつついて溜飲を下げている人たちを目にすることがあるが、情報公開にかかる費用のことを考えると一納税者として憤りすら感じる。マスコミまで自らの取材力の無さを情報公開制度でカバーしていることがある。結果的には、税金を使って商売しているようなものである。制度を利用する側に責任感と知識が整っているかどうかを不問に付したまま、制度の導入だけが進んでいるのである。

このように、情報公開制度ひとつをとってみても、緻密な分析・検討、忌憚のない議論がなされないまま、気が付いたら全国の自治体に条例ができているという状況を知ることができる。各地の条例をみると、どこのものもほとんど同じである。これでは、政策能力があるとはとうてい言えない状況である。行政、議会、そして住民も、しっかりした政策能力を身に付けなければ、地方自治は表面的、制度的なものにとどまる。

3　今、あえてガバメント論を

以上のことを踏まえると、そもそも地方政府としての自治体はどのような役割や機能を果たすべきなのかを改めて検討する必要があることが明らかになるだろう。近年、ガバナンス論の名のもとに、自治体、とりわけ行政についての検討がないがしろになっているのではないか。それどころか、行政の否定とも言える論調も少なくない。しかし、東日本大震災後の現実をみても分かるように、行政に対する期待と依存は大きいのが現実である。考えてみれば、住民の中に行政に対する批判や不満が多いのは、期待や依存の裏返しである。もっとも、政治家が行政を批判するのは、現在の社会風潮のもとでは、そのような言動が票を獲得しやすいという魂胆が丸見えのケースが多い。そこで、これからの時代の自治体行政と自治体を構成するもうひとつの制度である議会の役割、機能、そしてあるべき姿を検討することが急務である。もちろん、行政に要求を突きつけたり批判したりしている住民、そして議員を選出している住民についても検討が必要である。その意味で、はやりのローカル・ガバナンス論ではなくローカル・ガバメント論が必要だと言えるだろう。

そこでの検討においては、欧米型の市民社会を経験していない日本で、単純に欧米をモデルにした住民自治を説いているだけは仏作って魂入れずになりかねないことに注意する必要がある。歴史も文化も宗教的背景も大きく異なる欧米の社会制度や政治制度をお手本にするには、相当の注意が必要である。また、現在の日本の住民が自治の担い手として既に十分に成熟しているのかどうかという検討も必要である。その時には、住民を神聖視しない冷静な検討が求められる。おそらく、これまでの多くの研究者やマスコミが避けてきた部分である。しかし、自治能力がない住民に自治を任せたとしたら、それは危機的状況を生み出すだけであることを認識しなければならない。

本書は主として以上のようなことを検討するのであるが、住民自治を否定しているわけではない。また、住民が自治の担い手になりえないということを主張しようとしているわけでもない。むしろ、真の住民自治を確立するために、そしてより良い地方自治を実現するために避けて通ることができない重要事項を、冷静かつ客観的に検討しようとしているのである。検討対象の多くは自治体の行政に向けられていることから、行政の改革を提言している側面が大きいことは間違いない。それどころか、現代の自治体において行政の役割を再認識しようという視点に立っている。しかし、本書のメッセージの主たる対象は住民である。一部の活動家や熱心な人だけで住民自治が成り立つわけではない。だからこそ、自治や行政、そして議会に無関心である大多数の住民にこそ、本書の検討内容を知ってもらいたい。

現在の地方自治は、メディアを中心に展開しているムードや流れに乗った動きが目立ち、それに逆らうような意見や議論が出しにくい状況がある。目に余るパフォーマンス政治や選挙目当ての政策などが横行する現状、そしてそれらの動きを無批判に受け入れている多くの住民・有権者の存在する現状において、地方自治のどこにどのような問題点があるのかを客観的かつ詳細に抽出してこそ、それらの問題点を解決する方策が見つかり、日本社会に合った地方自治制度を構築することが可能となるはずである。

（真山達志）

第Ⅰ部　マネジメント

第1章　自治体組織と人事

1　新たな制度・改革手法

自治体における組織管理と人事管理は、どうあるべきなのか。近年、組織管理の新たな手法として組織階層の短縮化やフラット化が、また、人事管理の新たな手法として目標管理などが導入されつつある。また、国家公務員を対象としては新たに能力・実績に基づく人事評価制度も導入されたところであり、地方公務員を対象とした法改正も時間の問題となりつつある。しかし、これらは総じてこれまで企業組織で用いられてきた組織改革の手法である。企業組織と自治体とでは、組織を成り立たせている原理や構成要素が決定的に異なると考えられるが、はたして自治体においても、こうした様々な改革手法はうまく機能していくのだろうか。

国家公務員に対し新しく導入された人事制度とは、二〇〇九年（平成二一）四月、国家公務員法等の一部改正により、職階法を廃止するとともに能力・実績に基づく新たな人事管理を推進するための人事評価制度であり、その内容はおおむね以下のとおりである。

(1)　国家公務員の人事管理の原則として、職員の採用後の任用、給与その他の人事管理は、職員の採用年次及び合格した採用試験の種類にとらわれてはならず、人事評価に基づいて適切に行われなければならないこと、人事評価は公正に行うこととし、その基準及び方法等を政令で定めることとした。

(2)　能力本位の任用制度を確立させるため、内閣総理大臣が、職制上の段階の標準的な官職の職務を遂行するうえで発揮することが求められる能力として、標準職務遂行能力を定めるとともに、標準職務遂行能力及び適性を、昇任又は転任等の判断基準とすることとした。また、内閣総理大臣は、採用昇任等基本方針の案を作成して閣議決定を求めることとしている。

すなわち、職制上の段階ごとに標準的な官職と「標準職務遂行能力」という基準を定め、昇任などにあたってはこの基準や適性に基づいた人事評価を行うという仕組みである。

この人事評価の具体的方法としては、能力評価と業績評価の二つの手法が示されているが、そのうち「能力評価」とは、職員がその職務を遂行するに当たり発揮した能力を把握したうえで行われる勤務成績の評価である。具体的には、評価期間において現実に職員が職務遂行の中でとった行動を、標準職務遂行能力の類型を示す評価項目ごとに各評価項目の能力が具現されるべき行動に照らして、当該職員が発揮した能力の程度を評価することにより行われる。

また、「業績評価」とは、職員がその職務を遂行するに当たり上げた業績を把握したうえで行われる勤務成績の評価である。具体的には、評価期間において職員が果たすべき役割について、業務に関する目標を定めること等の方法により職員にあらかじめ示したうえで、当該役割を果たした程度を評価することにより行われる。

一方、地方公務員はというと、前記改正法と同様の趣旨を盛り込んだ地方公務員法はまだ改正に至っていないものの、今後、同様の能力・実績主義に基づく人事評価制度への流れは避けがたいものとなってきている。また、既に一部の自治体では、人事制度改革や組織改革の一環として、目標管理の手法や、組織階層を低くするフラット化などを試行したりするところもある。一九九〇年代半ば以降、三重県によって先鞭をつけられた、いわゆるＮＰＭ的手法による業務・組織改革は、様々な手法のバリエーションを持ちながら各地で広がりつつある。それらは事務事業評価に端を発し、単なる業務改善から人事制度改革、そして組織構造や組織過程の変革を伴うものまで様々である。

しかし、企業組織で用いられてきたこうした改革手法は、はたして本当にわが国の自治体になじむのであろうか。これらの手法に基づいて組織・人事制度改革を実行したものの、たとえば目標管理といった手法だけが独り歩きする、あるいは職員の業務負担感が増す、フラット化によって部下が育たなくなる、係制を廃止しグループとしたものの結局以前と何も変わらない、などといったことに陥っていないだろうか。

本章では、企業組織で用いられている目標管理やフラット化といった手法がどのような意味を持っているのか、ということを起点にして、これらの手法がわが国の自治体で機能するか否かを、組織経営の前提となる自律性という観点から検証していく。そして、その検証結果を踏まえ、自治体組織において組織構造や組織過程、人事システムなどを改革する際の前提条件を明らかにしたうえで、今後職員の形成すべき能力と、そのための仕組みについて考察していく。

2　企業組織における改革の必然性

そもそも、目標管理やフラット化という手法が企業組織において取り入れられていったのはなぜだろうか。その経緯や背景について、組織構造と組織過程、そして環境という要素と、それぞれの関係性という視点から整理していく。

ある一定の規模を有する企業組織は、効率性や経済性といった理由からピラミッド型の構造をとる。その頂点には社長が、そしてごく一般的なかつての日本企業の一例としてはその下に常務取締役、部長、次長、課長、係長、一般社員、と縦に長い職位と身分の階層構造がその特徴である。この構造によって上意下達の指揮命令系統が確立し、命令一元化原則のもと、社内の意思決定システムとして機能する。上司の権威はその地位によって確固たるものとされ、その権威によって命令が実効性を持つ。

とりわけ、かつて多くの日本の企業組織が採用していたピラミッド型組織は、労働条件やキャリア形成などの点において、次のような特徴を有している（奥林・平野 二〇〇四）。まず、組織における職位の階層が職能資格の階層と対応していることである。その資格によって報酬や処遇が決定されるため、処遇を改善するには資格を向上させ、職位を上げることが必要である。また、この資格を向上させる基準は年功であり、とりわけモノづくりの技能はOJTで形成されるとの前提から、上位の資格に挑戦するにはその前の技能にとどまるべき最低限の期間が定められている。すなわち、入社年次の遅い後輩は、決して年次の早い先輩や上司をその組織階層のなかで追い抜くことはできない仕組みになっている。

さらに、この階層を上昇するにあたっては、学歴による実質的な格差が設定されており、高卒者と大卒者の最終到達ポストには決定的な違いがあることが多い。加えて、このピラミッド型組織では基幹労働力と縁辺労働力が区別され、報酬や処遇に格差をつけることで社員の勤労意欲を刺激することがねらいとされていた。

このように、ピラミッド型組織は、日本においてはその組織構造が終身雇用制や年功的賃金制度と結びつくことで、組織としての生産性を上げ、ひいては社会の高度経済成長と労働者の生活向上を支えてきた。時代的にも社会的にもこの組織構造が受け入れられ、そのなかでうまく機能してきたといえる。

しかし、やがて低成長の時代に入り、消費者の嗜好変化やデフレ経済など、企業を取り巻く環境が変化していくなかで、このピラミッド型構造の組織はパフォーマンスを低下させていくこととなる。経営環境や市場が長期に安定しているときには、うまく機能した組織構造とそれに結び付いたサブ・システムが、環境の変化に対応できず、いわば機能障害を起こしてしまったといえよう。かつては企業のトップが経営方針から生産品目、生産量に至るまですべてを決定し、組織の下位に指示していれば、組織として高いパフォーマンスを得られていた。しかし、市場のニーズ変化が速く、多品種少量生産を余儀なくされる時代においては、そうした命令系統では柔軟性と意思決定のスピードに欠けることになる。

そこで、市場との応答性を高めるため、組織過程としての意思決定を迅速化して変化に柔軟に対応できるような組織構造が模索されるなかで、階層を低くするフラット型組織が試行されていった。そしてその際、組織構造をピラミッド型からフラット型へ変化させるだけでなく、その組織構造と密接に結びついていた雇用や人事・給与制度といったサブ・システムも、根本的な変化を求められることとなった。

組織のフラット化とは、部課制の廃止や組織の統廃合による簡素化及び単純化、あるいは組織の階層構成を短縮する低階層化などの改革手法として、日本企業では一九九〇年代半ば以降に取りいれられてきたものである（横田一九九八）。フラット化の手法は組織の大括り化を伴う場合も多く、組織全体の構成を簡素にするために、部を廃止・統合し、その下での行動単位である課や係に代わるものとして、グループやチームなどが編成される。

こうしたフラット型組織の組織過程と組織構造においては、社員をどのように組織に貢献させればよいか。この問いに答える手法として、自律的労働とそれを促すための成果主義的賃金体系、そしてそれを可能にするための手法として目標管理などが必要とされたのである。

そもそも、ピラミッド型からフラット型への組織構造改革のねらいとしては、組織過程としての意思決定の迅速化および分権化、課題に応じた機動的かつ柔軟な組織運営などが挙げられる。ピラミッド型組織においては、命令は上意下達であったので、下位の一般労働者は上司の命令に従っていれば、組織の生産性が向上した。しかし、フラット型組織では市場との応答性を高める必要性から、意思決定過程を迅速化したいねらいがあるため、決定権限を階層下位に委譲する必要がある。現場の作業者による自律的な意思決定がある程度求められることから、作業者自身の情報収集・処理能力および専門的技能の向上が要求される。また、組織階層が低くなることは階層上位のポスト数の減少をともなうため、昇進という誘因がなくなる。さらに、従業員の資格等級を基準として賃金が決定されていたかつての年功的賃金制度は認められず、個人が経営成果にどれだけ貢献できたかによって報酬が支払われる。この貢献の度合いをはかる評価手法のひとつとして、目標管理が生まれてきたのである。

このように、企業組織は環境の変化のなかでその経営戦略の変更を迫られ、自らの生産性向上、さらには組織の生存をかけて組織構造および組織過程改革に取り組まざるをえなかった。こうした改革の必然性と、組織内のサブ・システムの相互依存性という要因から、フラット化や目標管理といった手法が生みだされたといえる。

組織を、組織構造と組織過程から成るととらえると、本来、自律的な組織において、その組織構造と組織過程を構成する様々なサブ・システムは相互補完的関係にあり、一体として運営される必要がある。組織構造は、分業、階層、権限配分、ライン・スタッフの配置および部門化によって構成される。また組織過程は、組織の活動でもあり、情報処理・意思決定のプロセスと、それを通じてなされる計画・調整・統制の管理プロセスである。これら組織構造と組織過程は相互に密接に関係し、影響しあう。また、組織活動を円滑に行うため、従業員の貢献を引き出す仕組みとしての人事システムや、誘因を提供するための報酬システムなどのサブ・システムが必要となる（岸田二〇〇五）。

したがって、いわゆる組織改革を行う場合、本来的には、組織構造を変化させるのであれば、組織過程も影響を受けざるをえないし、組織過程を変化させるのであれば、組織構造も当然のことながらこれに適合するように変更せざるをえない。さらに、人事システムや報酬システムといったサブ・システムも、これらに適合的に再設計される必要がある。

翻って、自治体の場合ではどうか。企業組織が経営を行い続けるため、環境や市場との関係のなかにおける必然性から生まれたこれらの改革手法は、企業組織とは異なる組織原理に基づく組織体において、はたしてうまく機能するのだろうか。以下ではその成否について検討を加えていく。

3　自治体組織で機能するのか──経営の前提としての組織の自律性

そもそも、組織にとって経営とは、変化する環境のもとでヒト、モノ、カネという資源と情報を、その組織にとってより効果的に組み合わせることである。したがって、自律的であること、すなわち自らの裁量でこれら資源の配分を差配できるということは、経営を行う組織にとっては大前提の条件となる。この組み合わせにミスマッチが生じたり、環境や市場への適応を見誤れば、経営は破綻し組織は存続が難しくなる。

しかし、わが国の自治体には、その内部組織の構造・編成や資源分配の方法、さらに中長期的視点からのそれらの方向性および目標についての自己裁量権が与えられてこなかった。つまり、経営の前提となる自律性が著しく制約されてきたということができる。

(1)　内部組織構造についての自律性

まず、その内部組織の構造・編成についてであるが、わが国における地方自治体の組織は、「地方自治の本旨に基づいて、法律でこれを定める」(憲法九二条) こととされており、「民主・自治」および「能率化・合理化」がその基本原則とされている（地方自治法一条、二条一五項）。また、組織機関の基本構造の特徴としては、長の公選制、執行機関の多元主義、組織の画一性の三点があげられる。しかし、執行機関や内部組織の具体的なあり方については憲法に定めがないため、それらはこれを受けた地方自治法が定めている。本章で扱う自治体組織とは、ここでいう内部組織にあたるが、自治体の長は、その権限に属する事務を分掌させるために必要な内部組織を設けることができ、その場合、長の直近下位の内部組織の設置およびその分掌する事務については条例で定めるものとされている（地方自治法一五八条一項）。

この内部組織である都道府県の局部・分課および市町村の部課については、長年、その構成や数についての規定が存在していた。とりわけ都道府県の局部については、地方官官制、東京都官制、北海道庁官制の該当条文がそのまま移され、地方自治法で直接その設置が定められた。このように都道府県の局部法定制が設けられた理由としては、公選知事に包括的に機関委任された国の事務について国の各省庁の関心が強く、こうした機関委任事務を通じて全国に標準的行政サービスをいきわたらせるため、一律の制度とすることが望まれたことなどが考えられる（佐藤 二〇〇四）。

地方自治法の制定当初（一九四七年）においては、都と道府県が分けられ、道府県については総務、民生、教育、経済、農地、警察の六部体制が規定されていた。その後、局部法定制についての条文は幾度かの改正を経るなかで、人口規模に応じた「標準的な局部」数が規定されていくが、一九五二年（昭和二七）の改正では条例で局部の名称、分掌事務の変更、数の増減を行う場合には「国の行政組織及び他の都道府県の局部の組織との間に権衡を失しないように定めなければならない」とする条文が加えられた。この趣旨は、都道府県間での連絡調整の利便性というよりも、上位機関である中央省庁との連携関係を重視するものであり、自治体組織が常に省庁体系のなかにおける上下関係として位置づけられてきたことを表している（入江 二〇一二）。

この局部法定制が長く存在したために、都道府県レベルでは全国的に内部組織たる部の数は横並びであり、名称もほぼ同一であった。現在では改正されたものの、このことは、自治体に与えられた自治組織権を著しく制約するものとして批判されてきた。

このように、自治体組織には長くその編成について自己決定権がなく、中央の統制下にあったということができる。内部組織の構造を自らが決定できないということは、組織活動の分化の仕組み、すなわち課業の分割と統合のための枠組みが決定できないということになる。

(2) 資源配分についての自律性

次に資源配分の自律性についてであるが、地方自治体は財源的にも人的資源的にも、中央省庁の強い統制、誘導を受けてきた。財政面では、歳入の多くは国からの移転財源に依存しており、歳出についても国によって決められた事務事業を実施するなど、使途が自らの裁量で決定できる財源は非常に少ない。

予算編成についても、国の予算編成過程において策定される地方財政計画の動向は、各自治体に大きな影響を与える。自治体予算成立後の執行過程においても、地方交付税の交付額は例年七月頃に決定されることや、国庫支出金（補助金）の箇所づけはそれ以降になるなど、国の方針によって自治体は様々な影響を受け、そのたびに補正予算の策定などによって対応せざるをえない（和田・星野・青木 二〇〇四）。

人件費の配分、すなわち給与体系については、本来各自治体が条例によって自由に定めうるものとされている。人事・給与システムに影響を及ぼしうる変数としては自治体の規模、都道府県レベルか市町村レベルか、都市部か農村部か、人口の増加地域か過疎地域か、といったものなどがあり、自治体の特性に応じてシステムの多様性が容認されている。しかし、手当の種類は国家公務員の手当に対応したものしか認められず（地方自治法二〇四条二項）、その定め方も国家公務員との釣り合いを考慮しなければならないこと、（地方公務員法二四条三項）そして何より旧自治省の強力な指導の結果として、都道府県レベルではほとんどが国家公務員と同じ給料表を用いているのが現実である。

このことは、全国の自治体がどこも似たような縦の階層分化という組織構造をとっていることと無関係ではない。自治体組織の縦の階層分化についても、法規制はないため、本来各自治体が自由に定めることができる。しかし、標準職務表を通じた給料表の指導が旧自治省によって行われていたことが、自治体の組織構造にも影響を与え、結果として自律的な組織構造をつくることを阻んできたといえる。

標準職務表とは、職務の複雑、困難および責任の度合いに基づいて職員の職務を給料表の等級に分類する場合、その分類の基準となるべき標準的な職務の内容を記述した表のことである(1)。これについて、旧自治庁・自治省は一九五〇年代から自治体に指導通知を出してきたため、多くの自治体は独自のものを作成してこなかった（稲継 二〇〇六）。そのため、職位、給与および人事システムはどこの自治体も同じようなものとなり、それらがピラミッド構造を前提とした縦の組織階層分化構造と密接に結びついて、結果として自律的な組織運営とは程遠いものとなってきたということができる。

自治体、とりわけ基礎自治体がこれまで「自律的」組織でなかったことは、第二次分権改革を牽引した地方分権改革推進委員会の勧告においても明確に認められている。同委員会が二〇〇七年（平成一九）五月に公表した「地方分権改革推進にあたっての基本的な考え方」においては、自己決定・自己責任、受益と負担の明確化により地方を主役にすべきとしたうえで、「地方が主役の国づくりを実現するには、自治行政権、自治財政権、自治立法権を十分に具備した地方政府を確立する必要がある」とされている。

なかでも、「完全自治体」となるために地方税財源の充実確保、法令等による義務付け・枠付けの緩和がその具体的な手段として位置づけられている。地方税財源を充実させることは、自治体にとって使い勝手のよい一般財源を増やすことになる。また、法令等による義務付け・枠付けを緩和させることは、国が求める基準等必要最小限の事項のみを法令で定め、それ以上の細部については自治体が条例で定めることを認めるものである。この両者とも、自治体の政策立案・選択の幅を大きく広げるものであるが、裏を返せば、財源面においても事業実施の面でも、これまで自治体がいかに自律的な組織運営を制限されてきたかということを如実に物語っている。(2)

このように、わが国の自治体はこれまで自律的な組織体とは言い難い存在であった。資源配分を効果的、効率的に行うことによって、自らを制御し操縦することが不可能であるということは、自らを「経営」することもおぼつかないのと同義であるといえる。したがって、経営主体である企業組織が、自らの存亡をかけて用いる改革手法である組織構造のフラット化やツールとしての目標管理が、それ単体では組織原理のまったく異なる自治体でうまく機能しないのは当然の帰結といえよう。

では、自治体での組織管理や人事管理は今後どのように行えばよいのか。まず、改革の前提となる諸条件について検討を加えていく。

4　改革の諸前提

(1) 自律性を有した組織体となるために

真に自律的な組織として資源配分を効果的に行うためには、人件費等の予算を含めた財政資源を複数年度予算として編成でき、それによって中長期の政策目標を達成できるような仕組みとなっていなければならない。また、経営主体として戦略性をもって資源配分を行うならば、その組織構造、組織過程、そして人事や給与といったサブ・

システムはそれぞれの自治体の目指すべき方向性と合致したものとなるはずである。各自治体のおかれている環境、背負っている地域課題や組織内課題、将来的なビジョンについてはそれぞれ異なるのであり、そうであるならば、組織構造、組織過程、サブ・システムなどは画一的なものとはなりえず、多様性を持っていくはずである。

したがって、それぞれの自治体に合った、独自の給料表を作成することや、縦の分業である組織階層および職位と給料表をマッチングさせること、さらにそれらを住民や議会に対して説明することなどを避けていては、自律的な経営体として機能することはできない。もちろん、こうした作業には人的にも時間的にもコストがかかるが、自律的な経営主体として活動するためには必要なコストである。加えて、住民に対し、人件費についての説明責任を果たすうえでも必要な作業であろう。

それぞれの自治体が抱える課題に応じ、また、達成すべき価値としての組織目標の実現のために、課業の分割と統合のための枠組みである組織構造を自ら決定していくことが求められる。そのためには、まず組織目標を中長期の視点からできる限り明示化し、それを実現させるために必要な組織過程と組織構造を選択することである。それぞれの自治体に適した意思決定や情報伝達の仕組み、縦の階層と水平的分業の仕方、そしてそれを個々の職員に落とし込んだ課業分割と業務遂行の仕方、さらにはそれらを支えるサブ・システムとしての人事システムや給与システムなどを、いわばオーダーメイドで整える必要がある。

とはいえ、組織の内部構造は、省庁や都道府県、市町村との政策体系や、住民および諸団体との関係性からその存在と名称が決定される部分が大きい。そのため、まったく独自のものとすることにはリスクとコストを伴う可能性もあることから、事前に十分な検討と調整が必要となろう。

予算制度については、自治体が真に自律的な予算を編成し執行するためには、本質的には国との関係において法制度の改変を待たざるをえない。しかし、地方税財源の拡充が実現した際には、自治体の政策立案・選択の幅が大きく広がることが見込まれるため、早くから自前の政策形成についての準備をしておく必要がある。財源の裏付けが得られるからといって、計画性のないまま補助金の箇所づけに左右されるのではなく、長期的視点に立った自律的財政運営が求められる。

また、法令等による義務付け・枠付けの緩和がなされた場合にも、各自治体に政策の本質を見極めたうえでの基準設定と柔軟な運用が求められるため、こうした点についても、政策を実施した際の直接的および間接的効果、費用、リスク等について、事前に個々のケースをある程度想定しておくなどの準備が有効であろう。

中期的目標については、市町村における基本構想策定の義務付けが廃止されたところではあるが、自律的な組織体として「経営」を行っていくのであれば、義務付けされた形での総花的な作文ではなく、それぞれの自治体にあった形での中長期的視点からの戦略が策定されるべきであろう。

(2) 理念なき短期的視点での「改革」を避ける

フラット化や目標管理といった手法を、単なるポスト対策や総人件費抑制のため、さらにいえば同規模あるいは近隣自治体との横並びを意識した政策として導入することは、組織として非常に危険であり、避けなければならない。目標管理を導入したからといって、それだけで職員のモチベーションや組織のパフォーマンスが上がるわけではないし、組織構造をフラット化したからといって、それだけで組織の風通しや環境への応答性がよくなるわけでもない。

総じてこれまでの自治体における人事・給与行政は、内部管理問題として、どちらかといえば聖域化されてきた経緯がある。地域開発などの公共事業に目が行きがちになり、自治体組織内では地方交付税や補助金などの財源待望論が支配的であった。また、首長や財政部門主導型の給与削減が行われたとしても、将来的展望のない一律削減に終わることが多かった。システムの内部的にも、天下り人事、臨時職員の存続、「わたり」の容認、管理職ポストの乱発といった問題を抱え、旧自治省の指導とラスパイレス指数による全国均一給与水準によって独自の人事・給与システムを構築できないまま、近年の財政難に突入し、改めて人件費の削減に頭を痛めている自治体も多い。

財政状況の良い時は職員を大量採用し、財政悪化が進むと無計画に退職者の不補充によって安易に人件費の削減に走ることは、組織構造や組織過程となんら結びついておらず、組織原理からすれば理にかなわない手法である。組織の維持あるいはノウハウの伝達という観点からしても、新規採用数を極端に手控えるのは後年に大きな問題を生むことになる。

また、行政改革と結び付いて、理念のない、単なる数字合わせだけの定数管理が行われることも問題である。行政改革の一環として、人的コスト削減という名のもとに民間委託などの公共サービスの外部化が行われる場合があるが、どの事業を委託に付すかという問題は、本来は住民のニーズ、サービスの内容とその質の維持向上、人件費を含めた総コスト額などを総合的に勘案して決定されるべき問題である。しかし実際には、各自治体で抱える現業職の職員数とその年齢構成、職場配置といった要素を勘案したうえで、財政部門や行革担当部署が決定しているところも多いと思われる。

事務事業評価を導入し、業務内容の見直しと工数管理(3)に基づいた委託を実施するとしても、純減率の達成という目標が先にあり、その結果を導くために評価を用いて無理な定数削減を行うことは断じて避けるべきである。こうした手法の無理な活用は、職場環境の悪化や、増える業務量の職員へのしわ寄せなどを招きかねない。

(3) システムの相互補完性を前提に

では、どのように組織と人事のシステムを改革すればよいのか。本章では、これまで述べてきたように、組織改革は組織構造と組織過程、それらのサブ・システムの相互依存性（相互補完性）を十分踏まえて行われる必要があると考える。環境と戦略という観点からすれば、環境変化に応じた当該組織の戦略を具現化するものが組織過程であり、組織構造である。かつては安定的な経済・市場環境のなかで高い生産性を生みだす装置として、企業組織においてはピラミッド型の意思決定過程と組織構造が有効であった。さらにサブ・システムとしての年功的賃金体系と人事管理制度がそれらと結びつき、組織内においても社会的にも機能してきた。これらはすべて一体として結合してきたのである。

一方、自治体組織においても、その組織構造と組織過程、そしてそれぞれのサブ・システムは相互密接に結びついて機能している。まず、首長を頂点とするピラミッド型の組織構造を持ち、そのなかにおいて事務分掌という形で水平的分業である課業分割を行っている。また、職位と身分による階層構造によって縦の分業を行い、その階層は稟議制という意思決定システムと結びついている。また、サブ・システムとしての報酬体系は年功的賃金体系であり、これが職位や等級などの階層と結びついている。また、事務分掌が係単位で概括列挙的であるために、個々の職員の課業遂行は大部屋主義的であり、個人の仕事への貢献は評定しにくい。そのため、様々な職場を経験するなかで多くの上司の目による査定を積み重ね、それを長期間にわたって積み上げることでゆっくりと報酬に反映していく、いわゆる積み上げ型褒賞システムとして機能している。これは長期にわたる安定的雇用を前提とし、自治体の職場に特徴的な課業遂行の方法やピラミッド型の組織構造と相互に強い関連性を有している。

したがって、自治体組織においても、組織構造のみ、あるいは組織過程としての意思決定過程のみを変更したのでは、それぞれの相互補完的な歯車が狂い、組織全体としてのパフォーマンスが下がることが予想される。あるいは、そうした組織改革はうまく機能せず、結局元の姿に戻ってしまう可能性すらある。仮に、全体として組織を形作っているその構造や過程、システム間のつながりを無視し、従来のピラミッド構造や課業分割の仕方、給与システムなどを変えることなく、成果主義的賃金体系を機能させるための手段である目標管理だけを導入したところで、組織運営と人事評価は適切に結びつかず、いたずらに職員の作業と負担を増やすだけに終わってしまうことになる。

逆にいえば、「能力・実績主義」を真に機能するものとして導入したいならば、構造としての水平的分業や垂直的分業、そしてそれと結びついている意思決定過程、課業遂行の仕方などがすべて適合的に変更されなければならない。また、何のための目標管理や人事評価であるのかといった理念が理解されず、職員の間に共有されなければ、その自治体は小手先の手法改善にとらわれたり、手法だけが独り歩きしたりするおそれがある。

多くの自治体では、これまでこれらを一体としてとらえた総合的観点からの制度設計、運営はなされてこなかったのが実態であると思われる。その理由としては、前述したように、本来自律的組織が持ちうる「経営」のための手法や手段が、国による強すぎる関与や統制のために、わが国の自治体には長く与えられてこなかったことが大きな要因として考えられる。その結果、自治体ではいわば主体性のない人事・給与政策が長く続いてきてしまったということができよう。

したがって、組織（構造・過程）改革や人事制度改革を行う場合は、組織としてどのような変化を求められているのか、何を新たな価値として生みだすべきなのか、という組織としての経営ミッションをまず明確にし、それを実現させるために必要な改革を行うという順序で進められなければならない。当面のポスト不足や人件費対策などという個別の問題だけを解決しようというねらいから、組織をそれに都合のよいように合わせて「いじる」という改革では、いずれほころびが生じることになる。

目標管理は、企業組織が成果主義的賃金体系を導入するためのツールとして用いた評価手法である。自治体においてもこれを導入する場合には、そのことをよく理解しておかなければならない。したがって、給与システムと何ら結びつかない目標管理では、そのツールとしての持つ機能を果たせないのであり、勤勉手当や期末手当などにいかに反映させるかということが吟味されるべきであろう。そのためには、課業分割や業務遂行の方法が見直されなければならない。

また、フラット化にしても、組織過程としての意思決定システム、つまり決裁権限などと結びついていなければ、係を廃止したところで看板の掛け替えに終わってしまう可能性がある。階層を低くフラットな構造にしたせいで、組織が細分化され、かえって多くのハンコが必要になるのでは改革の意味がないからである。

5　形成すべき能力とそのための仕組み

しかし、企業組織で用いられている手法をそのまま導入しても機能しないからといって、現状のまま、主体性のない組織管理や人事政策に安穏としていてよいというわけではない。これまでの組織運営、人事管理、仕事のやり方に安住していたのでは、環境変化のスピードや住民ニーズに対応できず、組織の内部的問題は山積したままで職員の能力も形成されない。組織管理と人事管理を一体として運営することで、職員の政策能力の形成を進めなければならない。組織は、変わりゆく環境のなかでその生産性を向上させることで経営し続けていくことが可能なのであり、自治体において生産性を向上させることとは、すなわち個々の職員の政策能力を向上させ、その能力を組織構造と組織過程において組織化、統制、調整し、アウトプットとして政策を実現していくことであるといえよう。

では、どのような政策能力が必要なのか。政策を形成するための基礎的能力としての専門的知識、情報収集・処理能力、組織内だけでなく住民とのコミュニケーション力、市民的感覚などは当然のことながら、今後は何よりも現場での問題解決のための総合力が必要になろう。すなわち、問題把握と認識、課題設定とその解決力に加え、これらのために必要な公権力の行使を含む専門知識と経験値（知）を、総合的に調整し出力に変えることのできる、いわば「現場力」である。これらはすべて政策選択にかかる実現力でもあり、自律的組織として自治体が自らを操縦し制御するためには何より必要な能力であるといえよう。

問題が起こっている現場では、前例踏襲では解決できない事態が発生することもある。省庁縦割りに即した事業担当や、場合によっては法制度の枠など、これまでの仕事のやり方や考え方を超えた対応が求められることもある。このたびの東日本大震災で被災自治体が直面したのは、こうした現場であった。企業組織やＮＰＯなどは、その組織原理にのっとって一点突破型の迅速な行動が得意である反面、地域の問題解決のための総合力といった視点はなかなか持ちにくい。したがって、総合性を必要とされる場面や公権力の行使を伴う業務などについては、行政がその本分として行動し能力を発揮するべきであり、企業やＮＰＯ、そして住民が行動を始めた時にはそれらを調整し、助ける役割を担うべきであろう。

では、こうした能力を形成するためには、組織においてどのような仕組みが必要だろうか。以下では、本章でこれまで述べてきた、自治体における組織・人事制度改革の前提が整ったうえで、さらに具体的に設計すべき仕組みについて考察を加えていく。

(1) 職務設計――専門職制度の創設と複線型キャリア・システムの構築

様々な現場で問題解決を総合的にはかるためには、従来の組織構造、組織過程、サブ・システムのなかから生み出されてきたジェネラリストだけでなく、専門的知識をもったスペシャリスト（プロフェッショナル）としての職員の能力も必要となる。自律的な政策形成・運営のためには、自律的に活動できる職員の育成が欠かせない。

そこでまず、職務体系の設計として、専門職制度の創設と複線型キャリア・システムの構築が有効であろう。専門職制度とは、ピラミッド型構造のなかで管理ポストに就けなくても、専門的能力において評価され、処遇が向上する仕組みである。ポストを減らしながらも職員のモラールを維持することができれば、ポスト不足への対策としても機能すると考えられる。併せて自己申告制度などを取り入れ、複線型キャリア・システムとして構築できれば、組織内での多様なキャリア目標を持つ職員の育成に有効な手段となりうるのではないか。昨今は昇進を望まない職員も増加しつつあるとされるなか、多様な選択肢のなかでキャリアの自己選択ができるような仕組みをつくることが、自己実現との兼ね合いにおいても有効であると考えられる。

その際、管理職キャリアと専門職キャリアとの間に複数の橋を渡し、相互に行き来ができるような仕組みにすることで、昇進パターンの複線化を行っておく工夫も必要であろう。こうしたシステムにおいては、選択権は組織ではなく、あくまでも個人の側にあることが重要である。

(2) 評価体系の設計――能力評価と業績評価

人事システムに評価の仕組みを導入するなら、まずは長期的視点にたった組織目標を形成し、それを実現させるための人材育成計画を策定することが必要である。自治体においても能力・実績主義に基づいた人事評価が今後避けられないのであれば、その準備を早くからしておかなければならない。

このたび改正された国家公務員法における「能力評価」とは、評価期間において現実に職員が職務遂行のなかでとった行動を、標準職務遂行能力の類型を示す評価項目ごとに、各評価項目の能力が具現されるべき行動に照らして、当該職員が発揮した能力の程度を評価することにより行われるものである。実際の行動を、具現されるべき行動に照らして評価するということは、本来的には、あるべき組織像やその組織が達成すべき価値がまず明らかにされ、そのうえで標準職務遂行能力の類型が示され、実際の行動がそれに照らして評価されるという順序でなければならない。

自治体組織も、企業組織と同様、組織にとっての経営を自律的に行うのであれば、効果的・効率的な資源配分を行い、自らの生産性を上げる必要がある。しかし、自治体組織はそれが最終的な目的ではなく、地域全体の生産性向上や活性化、ひいては住民の福祉の向上といったことにつながっていかなければならない。そのためには、資源の効果的配分だけでなく、政策によっては、限りある資源を地域住民に対し公平かつ適正に配分しなければならない。そのうえで、地域の中で実現させたい様々な価値を、各種の政策によっていかに具現化していくかということが重要なミッションとなる。そして、このために人的資源をどう活かすかということが人材育成計画に反映されるということになる。

自治体によって実現させたい価値や目指すべき将来像、直面している課題は当然のことながら異なるであろうし、組織をとりまく社会・政治・経済環境などの影響を受ける。したがって、そこに属し、組織目的の実現のため働く各職員に求められる役割も、そうした影響を受けて変化していくものとなる。そこで、今度は短期的視点に立って、こうした求められる役割と能力を、組織内の各職位や職場に応じて個々の職員に割り当てていくことになる。

評価体系を設計するときには、主観的評価に陥らないような評価項目の設定が大前提となるが、その基準を職員が納得のいくものとして設定することも必要である。また、明文化された基準にのみ当てはめて評価することには限界があることも、評価者、被評価者ともに知っておかなければならない。最終的には、その組織がどのような価値を実現させたいのか、そのためにどのような人事管理をしていくのかということと、各職員のキャリア・デザインを通じた自己実現がマッチングしていくことが可能となるような仕組みが望ましい。

次に業績評価についてであるが、これを可能にする手法として目標管理を自治体組織に導入する場合、以下の点が問題となる。まず、この手法の導入にあたっては、組織目標の明示と、それの個人目標へのブレイクダウンが必要となる。具体的かつ詳細な個人目標を設定するためには、所属する部署における個人の仕事及び責任範囲の明示化が必要であり、加えて上司との間でこれらの事項について綿密な摺り合わせが行われなければならない（入江 二〇〇九）。したがって、課や係のなかでの水平的分業について、これまでのいわゆる大部屋主義的な業務遂行の方法からの根本的な変更が求められる。

また、公的組織が実現すべき価値のなかには、目標を数値化できないもの、そもそも経済的にみて収支があわないものも多くあるため、こうした政策を多く担当する部署や職員について、どのような評価を行うのか、十分な検討が必要となろう。最終的な成果だけでなく、数字で表せない中間的成果や、そのためにとった具体的行動なども評価の対象とすることが検討されるべきである。また、日常の業務が政策体系の中で位置づけられ、総合計画と結び付けられることにより、個々の職員が明確に目的意識を持てるような仕組みとすることも求められる。

能力評価、業績評価とも、評価にあたっては透明性が重要になるが、両者の結果を短期的成果として手当へ、また長期的成果として昇給や任用等へ反映を行う際には、それぞれの重みづけをどうするかという点においても、十分な透明性が確保される必要がある。また、両者の結果について、部局間での調整や相対化を行う場合も同様である。さらに、どちらの評価においても絶対評価を基本とすることを徹底しておかなければ、職員のモラール低下は避けられないだろう。

(3) 職員の理解と風土改革

組織構造や組織過程、それらを支えるサブ・システムにおいて、どれだけ素晴らしい仕組みを構築し、一体的なシステムとしてそれぞれを機能させるべく相互補完性を持たせたとしても、そのことだけで組織としての生産性が向上し、職員の能力が高まるわけではない。なぜなら、そこからの運用が、次の重要な鍵を握っているからである。

スムーズな運用のためには、まず、様々な仕組みを構築する段階において、なぜこのような仕組みが必要なのか、現状をどのように変えるための仕組みなのか、ということについて、職員の間に十分な納得と理解が得られなければならない。人事部門だけで練った枠組みを目の前に据えられても、ことに人事や給与に関する仕組みについては、なかなか職員の理解は得られない。従来の仕組みや仕事のやり方についての慣性が強ければ強いほど、変化への拒否感も強くなる。そのため、実際に運用を行う前、すなわち新しい仕組みを構築する過程において、多くの職員の意見を吸い上げ、できる限り反映させることで職員の納得感を醸成するとともに、改革の意義ないし目的とその方向性、個々の職員への影響などについて、時間をかけて周知徹底することが重要であろう。

とりわけ、専門職制度や複線型キャリア・システムなどが導入されれば、昇進の仕方、組織内での働き方、キャリア形成の仕方などが相当変化していくことが予想される。こうしたことについて、たとえばライン管理職とプロフェッショナル専門職の違いについて、それぞれの役割、処遇、形成すべきスキル、目標設定の仕方など、細部に至るまで丁寧な説明がなされるべきである。

また、評価や課業分割、分業の仕組みについての変更を伴う場合には、組織の中間部に位置する管理職レベルにおける理解が重要な鍵となる。評価スキルについては、具体的なケースに即した評価者訓練の実施や、管理職レベルでの部署をまたいだ情報の共有などを通じて、常にブラッシュ・アップしていくことが必要である。また、目標管理についても、組織目標及び部門目標と個人目標との摺り合わせや調整、それらと個人の自己実現とのマッチングなどにも十分な目配りが必要となる。その際、上下関係だけでなく、部署内外において広くコミュニケーションを図り、円滑に進めることが有効であろう。

組織内での働き方、キャリア形成の仕方について多様な選択肢があることや、それを活用することで個人の自己実現につながることについて受容と理解が深まっていけば、これまでのピラミッド型構造に由来する組織過程や昇進のステップおよびそのルート、給与システムなどに対する固定観念が変化し、結果的に組織としての風土改革につながられる可能性も高いと考えられる。

6　これからの組織・人事管理にむけて

自治体が、地域のため、自らの生産性を向上させて有効な政策を形成し、実施していくために真に必要な改革を行うのであれば、組織構造や組織過程、あるいは給与や人事といったサブ・システムの多様性、独自性についてのコストを惜しむべきではない。それは、職員の多様な働き方やキャリア形成、多様な自己実現を成し遂げるために必要なのであり、そのことによって職員の労働意欲が高まれば、個々の職員の能力形成、ひいては組織としての生産性向上に寄与することが期待できるからである。自律的な組織とは、個々の職員もそれぞれ自律的であること、すなわち個々に専門能力を持ち、自分で判断できるだけの情報と処理能力を持っていることによっても形成されうる。

本来、自治とは、住民の選択によって多様な形をとりうるものである。したがって、自治の多様性を受容し、それに応答していくためには、自治体の組織自体も多様性を保持していることが望ましい。そのためには、多様な人材を育てるための多様な制度や仕組みが必要となる。なぜなら、画一的な組織構造や組織過程、仕組みからは、画一的な思考を持った人材が数多く育成されることになり、画一的な思考からは画一的な政策しか生まれないからである。職員のやる気、柔軟な発想力、住民とともに自治を創り出す力を育てるためにこそ、組織管理や人事管理は行われるべきである。

注

（1）なお、この標準職務表の基となったのは国家公務員の給与制度や標準職務表である。戦後まもなくGHQの肝煎り政策であった職階制導入が失敗し、代わりに給与法の制定をもって暫定的に職務分類することとなったことから、こうした標準職務表が指導の拠り所となった。職階制導入の試みと失敗の経緯、給与法成立の詳細については［川手 二〇〇五］を参照。

（2）この議論の一部の成果は、自治体の自由度の拡大を図るための措置として「地方自治法の一部を改正する法律」（二〇一一年五月公布）に⑴議員定数の法定上限の撤廃、⑵議決事件の範囲の拡大、⑶行政機関等の共同設置、⑷全部事務組合等の廃止、⑸地方分権改革推進計画に基づく義務付けの廃止（市町村基本構想の策定義務、内部組織条例の届出義務、予算・決算の報告義務）として盛り込まれた。

（3）工数とは作業量を表す概念のことであり、工数を表す単位には慣例的に秒、分、時、日など時間の単位が使われる。工数に一定の係数を掛けることでその製品にかかる労務費が設定されるため、工数の設定は原価に大きな影響を及ぼす。ただし、これらの言葉の意味は企業や組織により意味が異なる場合もある。

参考文献

稲継裕昭『日本の官僚人事システム』東洋経済新報社、一九九六年。

稲継裕昭「地方自治体の組織と地方公務員・人事行政」村松岐夫編著『テキストブック地方自治』東洋経済新報社、二〇〇六年。

入江容子「公務員制度改革をにらんだ人事・組織戦略」『自治フォーラム』第五九五号、自治研修研究会、二〇〇九年。

入江容子「地方自治体の組織と権能に関する考察」『法経論集』第一八八号、愛知大学法学会、二〇一一年。

川手摂『戦後日本の公務員制度史――「キャリア」システムの成立と展開』岩波書店、二〇〇五年。

奥林康司・平野光俊『フラット型組織の人事制度』中央経済社、二〇〇四年。

岸田民樹『現代経営組織論』有斐閣、二〇〇五年。

佐藤竺『逐条研究地方自治法Ⅲ』敬文堂、二〇〇四年。

新人事制度研究会『国家公務員の新たな人事制度——人事評価を活用した任免・給与等の実務』ＰＭ出版、二〇一〇年。

高寄昇三『自治体人件費の解剖』公人の友社、二〇〇三年。

横田絵里『フラット化組織の管理と心理』慶應義塾大学出版会、一九九八年。

和田八束・星野泉・青木宗明『現代の地方財政』第三版、有斐閣、二〇〇四年。


（入江容子）

第2章　二元代表制と議会の機能

1　首長と議会を巡る最近の動き

自治体、あるいは地方政府を議論の俎上に載せるときに、これまで首長機能あるいは行政機関のみを重視する傾向が強かった。その原因は、ひとつに地方制度自体が、国の必要を満たすことを目的として整備されてきたことから、国から都道府県、そして市町村へという行政の階統構造を通じて末端まで貫徹する仕組みとしてとらえられていた側面があること（井出 一九七二）、さらにそのことによって、「地方政府＝地方行政」というイメージが浸透したことが挙げられる。しかし、言うまでもなく地方政府には、議会、さらに首長と議会から独立した行政委員会が存在する。なかでも首長と議会は二元代表制として、地方政府の統治構造の骨格を形成している。

近年、その首長と議会の関係がギクシャクしている。たとえば、首長による専決処分の濫用と議会の反発[1]、首長主導による地域政党の台頭[2]、首長主導による議会リコール[3]などである。個々の事情は異なるものの、いずれも首長側から仕掛けた面があり、その根底には、「どのようにして議会の同意を取りつけるのか」という古くからの問題、すなわち首長の悩みが横たわっている。つまり地方政府においては、議会の議決がなければ、政策執行の根幹となる予算などの重要事項が決定できない仕組みになっているのである。このことは、一方では議会の権限の大きさを表しているとも言えよう。

こうした事態が生じている背景には、一九九〇年代中盤以降からの地方分権の進展に伴う中央地方関係の見直しの影響がある。地方分権が推進される以前から、議会と首長、議会と行政の関係は、中央地方関係の影響を受けると言われてきた（辻 一九七六）。中央政府が地方政府に対して強力な支配を発揮すれば、地方の政治性は薄らぎ、中央政府の方針を実行するという行政が前面に出ることになるのである。たとえば機関委任事務の執行が首長の専管事項であるかぎり、議会や行政委員会の役割は相対的に小さくならざるを得なかった（大山 二〇〇二）。

したがって、機関委任事務の廃止を含めた地方分権の進展は、地方における決定権に関する自由度の高まりをもたらすことになったが、同時に、そのことによって地方の政治システムのバランスに変化をもたらした。行政の長としてだけでなく自治体のリーダーとしての役割が期待される首長は、議会をコントロール下に置くために、ややパフォーマンス気味に改革を標榜し、種々画策することになる。こうした状況に対して議会は、劣勢ではあるが「議会軽視」、あるいは「議会無視」と訴え、自らの役割と存在意義を主張している。

同時に、こうした対立の中で、首長はもとより議会までもが、人気取りのように議員定数削減や、議員報酬削減を安易に主張している。議会の機能を理解し、その適用を十分議論することもなく、ただ経費が少なければ少ないほうがいいというような意見が軽々に発せられる光景は、ある意味で地方自治の危機であると言えよう。

本章における問題意識は、理想的な地方政府について議論する際に、改めて、統治構造の骨格たる二元代表制の意味について考える必要があるのではないだろうかという点にある。はたして二元代表制とは何を目指しているのだろうか。さらに議会はどうあるべきか。本章では、こうした問いに応えるための一助として、二元代表制の基本的な考え方を概観したうえで、議会の機能、さらに機能に応じた議会のあり方について考察していきたい。

2　二元代表制とは

(1) 二元代表制の意味

日本国憲法は、第九三条第一項で「地方公共団体には、法律の定めるところにより、その議事機関として議会を設置する。」、同じく第九三条第二項で「地方公共団体の長、その議会の議員は、その地方公共団体の住民が、直接これを選挙する。（一部抜粋）」と定めており、これによって日本の地方政府は首長と議会による二元代表制だと言われている。首長は、選挙で一人が選ばれるという点から独任制であり、地方政府における政策の執行機関の長である。また、地方自治法第一四七条で「普通地方公共団体の長は、当該普通地方公共団体を統轄し、これを代表する。」と定められているように、首長は、議会はもとより行政委員会も含めた地方政府全体を統括するとともに、法人たる地方政府の代表としての位置づけもなされている。さらに意思決定と政策執行が同一主体で行われるため、どちらかというとスピード感のある対応が可能となる。一方で議会は、選挙によって複数の候補が選ばれることから合議制であり、かつ情報や争点を公開の場で明らかにし、多様な住民の意思を反映することを可能としている。また、憲法で議事機関と定められているように、単に物事を決定する機関というだけでなく、議論をする機関として位置づけられている。

この二元代表制には議院内閣制を模したものをはじめ、双方が互いに干渉する独自の規定が地方自治法で定められている。たとえば、議会による長の不信任決議（地方自治法第一七八条）、長による議会の解散権（同法第一七八条第一項）、議会議決に対する再議請求（同法第一七六条第一項）、副知事、副市町村長の選任に際する議会の同意（同法第一六二条）などである。したがって、現実には住民が首長と議会の議員をそれぞれ直接選挙するシステムのことをとらえて二元代表制といっているにすぎないと解釈できる。そして、先の独自規定からも分かるように、この二元代表制の意図するところは、権力の分立と、互いの独走、暴走を抑制し、均衡を保つというところにあると言えよう。こうした二元代表制を骨格とする地方政府の形態について、わが国では地方自治法によって、全国画一的に定められている。

国（中央政府）では、国民によって選挙された国会議員によって国会（衆議院、参議院）が構成され、その国会で内閣総理大臣が指名されることになる。内閣総理大臣は国務大臣を任命し、内閣を組織する。すなわち、国民から選出された国会に民意が収斂されていることから、一元的な代表制に基づく議院内閣制を採っていると言える。この場合、内閣は連帯して国会に対して責任を負うことになる。それに比べて地方政府では、首長と議会の議員が、それぞれ住民から直接選ばれていることから、それぞれは住民に対して責任を負うことになる。同時に、こうしたシステム下では、二つの選挙による民意のズレが顕在化する可能性があり、その場合、首長と議会は対立することになる。

(2) 機関対立主義

首長と議会は、住民から直接選ばれるという意味で民主的正統性を有する存在であるが、選ばれ方の違い、すなわち異なった選挙で選ばれるため、住民の意思が異なる形で反映されることがある。このことは、選挙の時期的な違いはもとより、特定の候補者を首長に当選させた民意と、議会の党派的な構成に表れた民意の分布との間に差が生じることも意味している（大森 二〇〇〇）。くわえて、それぞれが別個の支持基盤を有しているという面も反映すると考えられる（曽我・待鳥 二〇〇七）。こうした首長と議会による対立関係、あるいは緊張関係は、二元代表制の仕組みの中では、当然想定されることである。議会と首長の民意にズレが生じ、政策が転換した例とすれば、一九九六年に予定されていた東京都の世界都市博覧会が、反対を唱えた青島幸男氏の都知事就任により中止となったこと、さらに滋賀県栗東市に予定されていた新幹線新駅が二〇〇六年に建設反対をマニフェストに掲げて嘉田由紀子氏が当選したことに伴い建設凍結に至ったことなどがある。機関対立主義とは、首長と議会を住民代表機関として並列に置き、住民の意思を反映しているということについてお互いに競い合う関係にあることを意味している。

国（中央政府）と同様に、会派制や党派制が色濃く表れる都道府県や大都市と、そうでない市町村では、機関対立の構造が相違する可能性があるが、機関対立主義とはあくまでも機関同士の対立であって、特定の会派と首長の対立を意味しているものではない。さらに、たとえば首長主導による地域政党や、首長を支持する政党が議会の多数派になった際、単に首長応援団として活動するようであれば、それは自ら議員の役割を放棄したことになるとの指摘もある（江藤 二〇一二）。

二元代表制において重要なことは、政策過程において双方が対立を回避するのではなく、基本的には機関相互の対立を前提とし、首長と議会がこうした対立を乗り越える過程なのである（金井 二〇一〇）。

（3）首長主義

二元代表制の下、首長と議会は双方が対立関係にある一方で、あらかじめ首長に優位な仕組みが内包されていることも特徴として挙げられる。首長主義とは、首長を住民が直接選挙で選ぶことのできる制度のことをいう。議院内閣制と対比し、首長が議会から独立しているということを意味している。さらに現実には、首長の立場の優位性、優越性が多様な形で制度化されていることから、そうした実態を意味している側面もある。

首長の優位性、優越性については、まず、先に示した地方自治法第一四七条の規定（首長による自治体の統括）や議会の議決に異を唱える再議請求（地方自治法第一七六条）がある。とりわけ前者は、地方政府の代表としての首長の行動や発言を支えるものであり、住民の目線でとらえると地方政府において首長の存在感の大きさを際立たせることになる。

制度的な優位性や優越性に関し、さらに三点の関連する規定に触れておくことにする。第一に、首長と議会の権限を規定する際に、議会が制限列挙主義、首長は概括例示主義をとっている点である（阿部 二〇〇六）。たとえば、議会が議決することができる事項として、地方自治法第九六条では、「条例制定と改廃」、「予算の決定」、「決算の認定」など一五項目と、さらに条例での任意追加が列挙されているが、一方で首長の権限（担任事務）は、同法第一四九条で「概ね」という表現を用いて、「議案の提出」、「予算の調整と執行」など九項目が例示として掲げられている。これによって、第九六条以外は幅広に首長の権限であると推定されることになる（駒林 二〇〇四）。

第二に、予算案の提出権限が首長にのみあるという点である。議会は、予算を修正することはできても、予算案自体を作成することはできない（地方自治法第一一二条）。さらに、増額修正に際しては、普通地方公共団体の長の予算の提出の権限を侵すことはできないとの制約規定が定められている（地方自治法第九七条第二項）。予算は地方政府の政策執行にかかわる基本的なリソースのひとつであり、予算案の作成に議会がかかわれないということは、必然的に議会は首長が提案した内容・範囲を前提に議論することになる。

第三に、議会において議決または決定すべき事項を首長がやむを得ない場合に代わって処分する制度である専決処分の規定である（地方自治法第一七九条）。この規定は、議会の断続性に比して、職務代理者が選任される場合（地方自治法第一五二条）も含めて、首長は常に途切れることなく存在しているという意味での連続性、さらに行政の継続性を背景に制度化されたものである。本来は、緊急対応が必要な際、議会を開催する時間的余裕がない場合などに迅速に意思決定をすることを目的に規定されたものであるが、近年、その濫用の問題が指摘され、制度の見直しの議論がなされている(4)。

こうした首長の制度的な優位性、優越性に加えて、機能に関しても着眼する必要がある。それは、首長にのみ存在する執行機能の存在である（地方自治法第一三八条の三、同法第一四八条）。住民と地方政府の接点は、本来、住民の代表によって構成された議会の場であるべきだが、現実にはその多くが首長及び執行機関である行政が担う政策実施過程にあると言える。行政は政策実施過程において、議会が決定したことを淡々と実施しているのではなく、実質的かつ具体的な部分を自ら決定し、実施していることがある。たとえば、生活保護の受給や特別養護老人ホームへの入所に関する可否などは、現場（ストリートレベル）の運用あるいは裁量で確定する場合が多いと言われている（M・リプスキー邦訳 一九八六）。また、地域活性化として打ち出された中心市街地活性化を目的とする政策が、実質的に中小企業対策に変容する場合など、政策実施過程において政策自体が変容し、対象がすり替わるケースもある（上田 二〇一〇）。これらのケースの場合、住民からみると、政策実施過程こそが、行政と直接接触し、意見交換し、影響を与え、また影響を受ける過程であると映るのである。すなわち、議会がどれほどよい議論をし、よい議決をしても、執行機能を有していないことにより、結果として執行機能を有する首長の存在感には叶わない可能性があるということである。(5)

3　議会の機能

議会には三つの機能がある。代表機能、監視機能、そして政策立案機能である。ただし、三つの機能が並列的にあるのではなく、少なくとも代表機能は、他の二つの機能の前提として存在していると言えよう（図2-1）。以下で、それぞれの機能について概観するとともに、議論すべき論点や顕在化している問題などを整理していこう。

(1) 代表機能

代表機能は、憲法第九三条で議会の議員は住民による直接選挙で選ばれると規定されていることを根拠にしている。この代表機能は、議会の他の機能の根幹を成すものであり、何らかの事情で代表機能が弱くなることがあれば、必然的に他の機能にも大きな影響を与える。

代表機能について、議論すべき論点として次の二点がある。一点目は、「誰の代表なのか」という点である。議会のあり方を問い直すことを目的に制定が進んでいる議会基本条例では、たとえば「議員は市民（町民、村民）の代表」と明示しているもの[6]と、「一部の団体や地域の代表」であることを容認しつつ、市民（町民、村民）全体の代表として市民（町民、村民）全体の福祉の向上にも目を向けるようにという趣旨の記述がなされているもの[7]がある。議員が我田引水のように自らの支持者の意向に配慮した発言や行動をすることを律するべきという意見は根強いものの、議会は合議制であることから、部分の代表が集合して、機関として全体の代表になっているという考え方もある。都道府県や政令指定都市のように選挙区から限られた人数が選ばれるケースと、小規模な市町村のような大選挙区の下では、「代表」の考え方が相違する可能性もある。いずれにしても、議員は誰の代表なのかという問いは、議員活動の根幹にある論点であろう。

次に二点目は、「議会は住民を代表する構成となっているのか」という点である。議会は、社会の縮図、住民の縮図であることが前提に

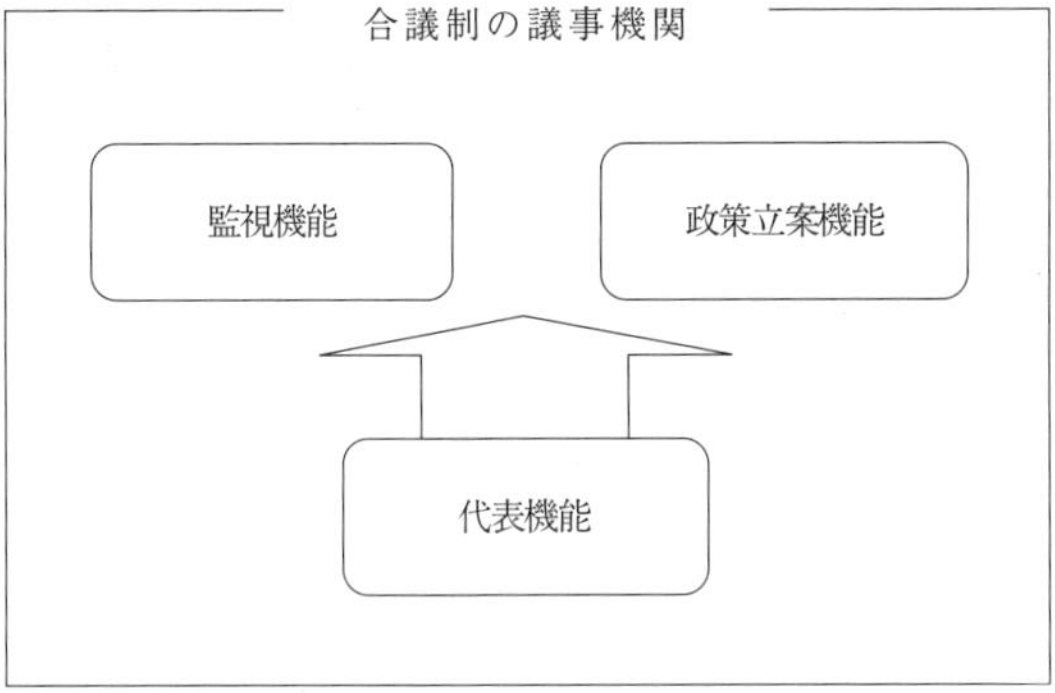

図 2-1　議会の機能

（出所）筆者作成。

なっている。議員の被選挙権についても、選挙権と同様に引き続き三カ月以上その市町村の区域内に住所を有する者でなければならないと規定されており、住民としての立場が前提となっている（地方自治法第一九条第一項）。しかしながら、現実には、サラリーマンや女性が少ないなどの指摘があり、多様な層の幅広い住民が議員として活動できるような環境整備が求められている。また、公務員が議員として活動することについても論議の対象にしようとする動きもある。[8]

この代表機能をめぐる首長との関係については、「車の両輪」（大森 二〇〇二）あるいは「相互牽制」（伊藤 二〇〇七）という関係で表現されている。このことは、代表機能が二元代表制の基本原理であるということを意味している。

(2) 監視機能

監視機能は、行政活動の監視を通じて、適正な地方行政を確保しようとするものであり、予算や決算の議決を通じたチェックや、検査や監査によるチェックがある。地方自治法第九六条（議決権）、同法第九八条（検閲・検査権、監査請求権）、同法第九九条（意見提出権）、同法第一〇〇条（調査権、証言請求権、記録請求権）、同法第一六二条（同意権）、同法第一七八条（不信任議決権）などがその根拠となっている。住民の民意を代表する機関としての議会が、行政を監視し、統制することによって住民の意思の反映された民主的な行政運営の実現を目指すものである。また、必ずしも法律で定められたものだけではなく、議会での代表質問や一般質問をはじめ、日常の議員活動において公式、あるいは非公式に監視しているという側面もある。地方自治法で規定された条文の量と内容でわかるように、そもそも議会に期待されている機能は、この行政を監視する機能であると言えよう。[9]

近年、監視機能の行使については、次の三つの問題との調整が必要となっている。まず一点目が、議会の議員が首長に相乗りすることに伴う監視機能の低下である。手法の違いこそあれ、首長は議会をコントロール下に置きたいという思いを有している。一方で、議会の議員（党派あるいは会派）も、首長と相乗りすることにより、自らの支持母体への利益誘導に繋げたいという思いを有している。こうした首長と議会の相思相愛による相乗り関係は、一九八〇年代後半以降顕著となっているが、そのことによって公式の審議の場での議会の存在力、影響力を低下させる可能性がある。そもそも監視機能自体が行政に政策執行の透明性や説明責任の向上を迫るものであり、いわば野党的機能（江藤 二〇〇四）であることから、緊張感なき相互関係では適切に機能が果たされないとみることができよう。

次に二点目が、住民支持の高い首長に対する監視機能の行使の限界である。議会が監視機能を強めれば、場合によっては首長に「抵抗勢力」と位置づけられかねない。この場合、現状のまま監視機能を強化しても住民の理解は得られない可能性がある。したがって、行政活動への監視と並行して、議員間で討議して論点を明らかにし、さらに機関として対案をしっかりと提示するなど、住民の信頼を得る努力をすることが求められる。

次に三点目が、監視機能を行使する際の「程度」についてである。議会の監視機能が行き過ぎると行政の住民サービスに向かうべき人的リソースや時間が圧縮される可能性がある。たとえば、総務省が平成二三年一月に発表した「地方自治法抜本改正についての考え方（平成二二年）」において、監視機能の行使については「適切に」という程度に関する記述が盛り込まれている。行政に対する監視機能の重要性は言うまでもないが、その行使においては、少なくとも行政運営に支障をきたすことのないよう求められているということになろう。

この監視機能をめぐる議会と首長の関係は、首長及び行政の有する政策執行権に対する議会側のチェック、すなわち一方が他方に権利行使する関係である。しかしながら、監視される側の首長が議会解散権（地方自治法第一七八条）を有していることから、監視機能をめぐっては、必ずしも一方向の関係ではなく、相互作用が働くことも想定しなければならない。また、どちらかというと議員は、地方政府全体のマクロな財政状況の管理に関心も責任も持たない傾向があることから（曽我・待鳥 二〇〇七）、議会の監視機能は特定の施策や事業などのミクロな財政状況に焦点が絞られる可能性がある。そのことは地方政府全体の財政状況の管理や運営に責任を負わなければならない首長の関心の所在と相俟って、結果的に地方政府の健全な運営に関する相互補完が成り立っているという見方もできよう。

(3) 政策立案機能

政策立案機能は、一般的に条例（政策）を提案することを指し、地方自治法第一一二条（議案提出権）や同法第九六条（議決権）などが根拠となっている。また、行政の条例案を修正することについても、監視機能の一環ととらえることができる一方で、政策立案機能の行使とも考えられる。近年、議会への不信感が高まっている背景には、議会がこの政策立案機能を十分に行使していないという点がある。その理由として、議会の努力不足、勉強不足という意見がある一方で、後でとりあげるが、そもそも議会が政策提案することの限界を指摘する意見もある（中邨 二〇一一）。

とはいえ地方政府の政策立案における議会の影響力は、現状において必ずしも小さくない。たとえば議会の意向については、議員の代表質問や一般質問、さらに財政部局への要望などを通じて、あらかじめ行政の政策提案の中に摺り込まれている可能性がある。[10] また、議会に議案として上程される前に事前調整が図られて、議案として審議する際には議会に概ね了解が得られている可能性もある。したがって、議員による条例案提出数の少なさを根拠に、議会の政策形成への関与の低さを証明することにはならないという側面もある（村松・伊藤 一九八六）。

この政策立案機能については、きわめて重要であるにもかかわらず、地方自治法における規定が少なく、また、その内容に具体性が乏しいことから、そもそも期待されている機能自体があいまいで、住民はもとより、議員、首長、行政職員などで共有化されていない可能性がある。議会は地方政府の政策提案にどのようにかかわるべきなのであろうか。この問いに答えるため、次に、行政における政策提案（条例制定）過程を観察しながら、議会による政策立案機能について考察していきたい。

4　議会の政策立案の可能性

(1) 行政による政策提案――条例制定

行政による条例の制定に向けた手順や流れについては、緊急性の度合いや、その条例の性質、たとえば理念的なものか、あるいは規制的なものかなどによって異なる可能性があるが、一般化して整理すれば次のとおりである。

(1)　問題の発見、問題の構造把握

問題を発見し、その原因や背景を分析するとともに、自らの組織として問題解決を目指すかどうかを検討する。さらに自らの組織の中で優先度が高いことを確認し、そのうえで対応すべき政策課題として設定する。

(2)　政策手法の検討

これまでの政策手法の蓄積や、他自治体の事例及び他の政策分野の調査などによって、政策手法として複数の選択肢の中から「条例の制定」を決定する。

(3)　条例案（たたき台）の作成

所属（課レベル）のなかで条例案（たたき台）を作成する。具体的な作業は担当職員が行い、課長補佐あるいは係長のチェックを経て取りまとめられる。なお、この(3)以降について、場合によっては附属機関である審議会などで当該政策分野の専門家の意見を聞くこともある。

(4)　条例を施行した場合の影響や問題把握

作成中の条例案をもとに、施行した場合の他対象、他分野への影響や、さらに新たな問題が生じないかどうかを検討する。必要に応じて条例案を修正する。

(5)　関係セクションとの協議

作成中の条例案について、法律との抵触がないか、他条例との抵触はないか、法令用語の間違いはないかなど、法務セクションと協議する。また、この条例案の施行によりどれくらいの歳出を伴うのか、ということを試算し、財政セクションと協議する。さらに、他の政策分野にかかわるような場合は、当該政策分野を所管するセクションと協議を行う。これらの協議を踏まえ、必要に応じて条例案を修正する。

(6)　条例の素案確定

首長の意向も踏まえ、行政内部で条例案を確定する。

(7)　住民意見の募集（パブリックコメント）、条例案の修正、確定

条例案について住民意見を募集する。出された住民意見をもとに条例案を修正し、確定する。

(8)　条例案を議会に上程

(9)　議会で可決、条例施行

以上が、行政による政策提案の場合の基本的な流れだが、こうした業務を遂行する際に必要な点は次の三つである。第一に、「行政職員個人の当該政策分野における専門知識」である。とりわけ(3)や、それ以降の条例案の修正

過程は、組織的作業というより、むしろ個人の作業であり、当該職員の高い専門知識と法律知識が求められる。第二に、「行政職員個人の組織内調整に関する知識（ノウハウ）」である。いわゆる組織内における折衝術というべきものである。特に(5)における調整に求められる。第三に、全般に求められる「組織の分業による総合力・システム力」である。

こうした条例制定に関する一連の流れは、まさに行政職員個人の知識と、組織の総合力・システム力の融合である。

(2) 議会の限界

こうした行政における政策提案の流れを前提とすると、議会が政策提案するうえでの限界が見えてくる。一点目は、議会の構成に起因するものである。都道府県や政令指定都市など比較的規模の大きい議会は、通常、会派、党派に所属する議員によって構成されることから、議事機関として統一した意思形成を図ることが容易でないという側面がある（井出 一九七二）。

二点目は、議員の資質、あるいは専門性に関してである。複雑化した現代社会において、問題発見のみならず、問題解決の提案をすることは容易いことではない。とりわけ、議会の議員は選挙で選ばれて、その任期は四年しかなく、専門的知識を身につける時間的余裕は十分ではない（佐藤 二〇〇九）。

三点目は、議会事務局の体制である。もし恒常的に政策提案するのであれば、法務セクションをはじめ行政と同様の官僚機構が必要となるが、現状ではそうした体制が整備されているとは言いがたい。

四点目は、議会が政策執行機能を有していない点である。政策を提案する際には、投入できるリソースの認識や、具体の政策手法に関する蓄積などに基づく執行イメージを有していることが重要である。執行イメージなき提案は、政策や施策ではなく、単なる「思いつき」で終わる可能性がある。

以上のことから、議会が条例案を作成し、議案として審議し、可決するという一連のプロセスを想定すると、少なくとも現行の議会の構成や、議会事務局の仕組みや体制では、相当な困難が予想される。

（3）議会の強みと政策立案機能

一方で、議会の強みは、出身地域、性別、職業などバックグラウンドの多様性をもとに「住民の多様な意見をキャッチできること」、さらに、この多様性を背景として「地域事情に詳しい」、「住民の本音が聞ける」などの特徴が指摘されている（大森 二〇〇二、伊藤 二〇〇七）。また、議員の非専門性に関連して、「住民感覚の意見を出すことができる」、「住民が困っていることが直感的に分かっている」などの指摘もある（村松・伊藤 一九八六）。併せて、会派、党派で構成されている議会の場合は、同一会派のネットワークを通じた「他地域からの政策情報入手」という強みもある（田口 二〇一〇）。

このような議会の強みを前提とすると、基本的には政策過程における最初の部分、すなわち問題発見において、議会の特色が最も発揮できると言える。つまり、現行の議会における議員構成や、議会事務局の仕組みや体制においては、主として問題を感知する能力や、民意を吸収する能力を最大限に生かすべきである。

これまでの考察から議会の政策立案機能に関し、二つの方向が浮かんでくる。ひとつは、議会の存在感を高めるうえでも、発見した問題を行政に任せておかず、自ら条例化・政策提案しようとするものである。もうひとつは、現行の議会が置かれている諸条件を踏まえ、議会は発見した問題を行政に伝え、条例化・政策提案に向けた後の過程は行政に任せるとするものである。次に、この二つの方向性に沿って、条件や課題を整理していくことにする。

5　機能に応じた議会のあり方

(1) 住民の意思表示

政策立案機能を含め、議会がどのような機能を担うのか、あるいは議会にどのような機能を期待するのかということは、基本的には有権者たる住民がどのように考えているのかということと深く関わる。先に示した二つの方向性の中で、たとえば政策立案機能について、首長及び行政と同様の政策提案、条例制定までを期待するのであれば、議会にはそれなりの専門性が必要となる。また、たとえば議会は監視機能をしっかりと行使する、そして政策提案は首長と行政に任せ、自らは行政への問題提起と最終的な決定部分を担うのみでよいというのであれば、むしろ議会には多様性が求められることになる。

いずれにしても重要なことは、住民が議会の役割や機能を一定理解し、何を期待するのかということをしっかりと意思表示することである。同時に、こうした住民の意思表示を支えるために、可能であれば何らかの依拠できる羅針盤があることが望ましい。すなわち、議会にコストはかけたくないというポピュリズムに扇動された安易な定数削減や報酬削減に流されることなく、自らが主導的に考えるための拠り所である。次に、議員定数と議員報酬からみた議会の方向性（多様性か、専門性か）と、さらに議会の方向性からみたスタッフ機能のあり方について整理しよう。

(2) 議員定数と議員報酬からみた議会の方向性

まず、議会改革の俎上に載せられている議員定数をマトリクスの縦軸、議員報酬を横軸に置き、議会の方向性や課題について確認していくことにする。第一象限は、議員定数も多く、また議員報酬も高い場合である。議員構成の多様性は実現できるものの、議員報酬が高いことから専業の議員が増え、地方政府の財政全般における議会経費の占める割合が大きくなる。したがって、議員の活動が特定の地域や団体への利益誘導に傾斜したり、また、そのことによって議員の活動が住民に見えないような状況に陥れば、住民に不満が蓄積することが考えられる。行政改革や議会改革として議員定数や議員報酬の削減が指摘されている背景には、住民からみて、多くの議会がこの象限に位置しているととらえられていることがある。

第二象限は、議員定数は多いが、議員報酬は少ない場合である。いわゆるボランティア型議会である。議会の強みのひとつである多様性が実現できる一方で、議員報酬が少ないということでボランティア的な位置づけとなり、場合によっては優秀な人材が集まらず、また専業ではなく副業の議員が多くなる可能性がある。したがって高度な専門性については期待できない側面もある。さらに多様性を実現するために、課題とされているサラリーマンや公務員などが副業として議員になれるような仕組みの変更があわせて求められる。この象限における議会の方向性は、多様な立場から行政の活動を監視する場合や、多様な住民意見を吸収し、それを行政に伝えるとともに、最後の議決部分での決定権を行使する場合である。

第三象限は、議員定数も少なく、また報酬も少ない場合である。議会の存在感が希薄化し、住民からその活動が見えない場合に、この第三象限でいいのではないかとの意見もあろう。ただし、そのような議論は、二元代表制の是非そのものを考える際の論点であり、議会の存在を所与と考えれば、この象限を選択する積極的な論拠は見出しにくい。

第四象限は、議員定数は少なく、議員報酬は高い場合である。少数精鋭のプロフェッショナル型議会である。議員定数を減らすということは、選挙で当選するための票が従前より多く必要となることから、必然的に一部支持者の利益のための議員活動ではなく、より全体の利益を目指した議員活動が求められる。したがって、行政への口利きを中心とする活動ではなく、政策提案ができるような専門性を高めることにもつながる可能性がある。さらに議員報酬が保障されていることから、専業の、そして専門化した議員による議会が誕生する可能性がある。同時に、少数で構成されていることに伴い、統一した意思形成が図りやすく、首長と並ぶ機関としての活動が期待できる。一方で、とりわけ規模の大きな自治体においては、議員構成が住民の縮図とは言いがたいものになる可能性があり、代表機能や監視機能を行使するうえで、多様な住民意見を反映させる仕組みの検討も必要となる。たとえば、必ずしも多くの議会で積極的な導入が図られていない請願者や陳情者の議会での陳述機会の確保、公聴会（地方自治法第一〇九条第五項）や参考人制度（同条第六項）の活用、さらに北海道栗山町などで実施されている議会による住民報告会の開催や、熊本県御船町の議会モニター制度など、多様な住民の声を聴く工夫が必要となろう。

以上、四つの象限の特徴を整理したが、議会は監視機能を中心に担うこととし、政策立案については問題発見より先の過程を行政に任せ、最後の決定権だけを握るというのであれば、多様な構成メンバーが参加できるボランティア型の第二象限へ向かうことが望ましい。他方で、議会は監視機能に加えて、問題発見から、さらに政策提案・条例制定までを担おうというのであ

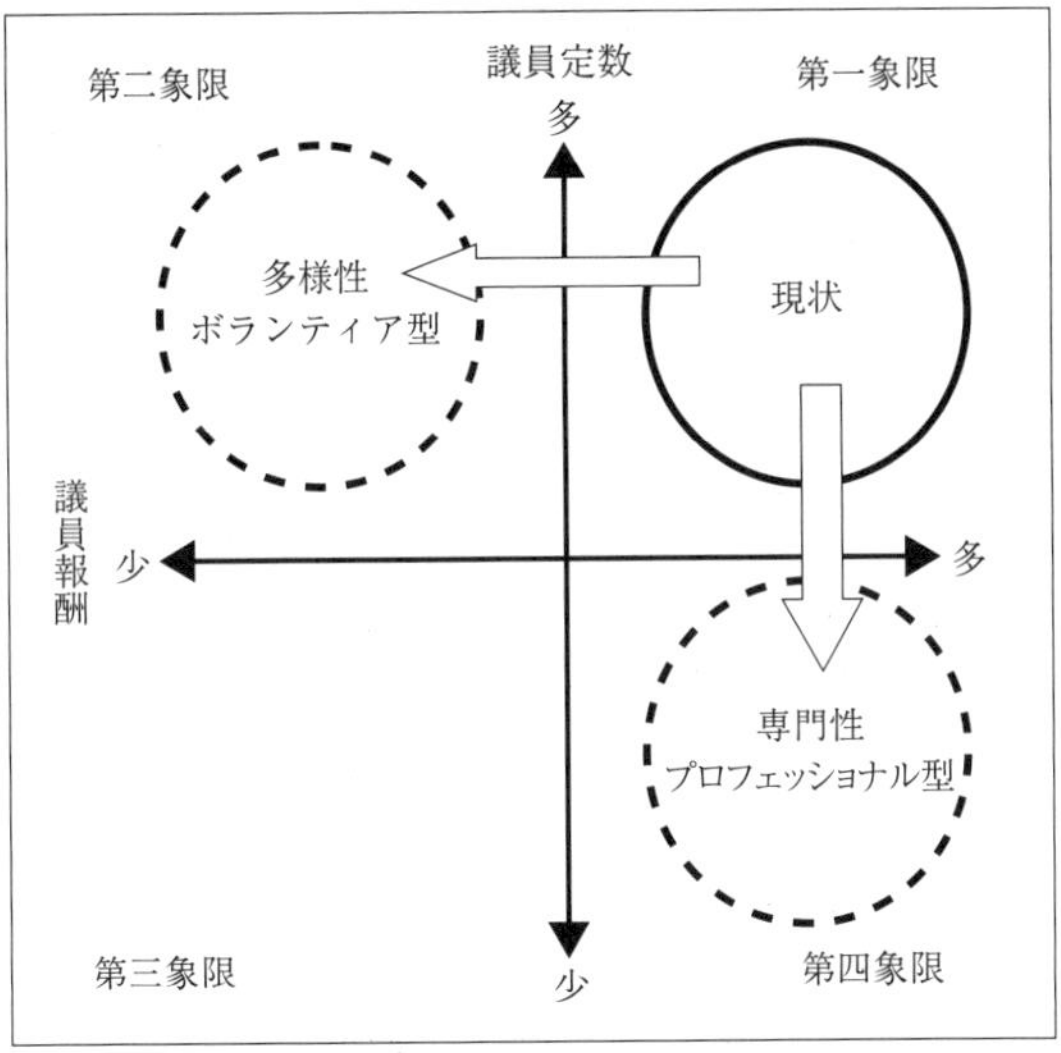

図2-2　議員定数と議員報酬からみた議会の方向性
（出所）筆者作成

れば、専門性を高め、さらに全体の利益を志向する第四象限を目指していくことが望ましい（図2－2）。

（3）議会の方向性とスタッフ機能

議会が多様性を目指すのか、あるいは専門性を目指すのか、という方向性によってスタッフ機能の考え方も変わってくる。たとえば議会が専門性を重視し、政策立案機能を高めるとすれば、スタッフ機能の充実については、どのような選択肢があるのだろうか。以下で、三通りの方法を考えたい。

第一に、現行のスタッフ機能のほとんどを担っている議会事務局の人員の増強である。政策分野ごとの担当制を布くことができれば、議会の専門性をサポートし、きめ細かい政策立案につなげることもできる。その場合、議会の政策立案機能のみを考えるのであれば、人員増強に当たり首長部局で政策執行を経験した職員が議会スタッフに着任することによって、具体的な政策内容を考える際に大きな手助けになる。とりわけ規模の大きな自治体は職員数も比較的多いことから、条例を改正することによって議会事務局の定員を増やすことも対応可能であろう（地方自治法第一三八条第六項）。

第二に、できるかぎり行政組織を活用するという方法が考えられる。たとえば埼玉県嵐山町議会は、平成二三年六月に「緑と清流、オオムラサキの舞う嵐山町ストップ温暖化条例」を制定する際、あらかじめ行政の例規審査会に、例規としての文言修正や関連法規との調整の検討を求めている（渋谷 二〇一一）。さらに、執行機関である行政との協働が不可欠であるとし、行政担当者からの実施不能との指摘があれば変更することを議会の合意事項として確認している。また、大分市議会は、二〇一一年三月に「大分市子ども条例」を制定する際、行政の全部局に意見募集を行っている（阿部 二〇一一）。こうした事例以外にも、たとえば議会事務局職員と行政職員を兼職とするなど行政によるサポートをシステム化することも検討課題となろう。ただし、首長の政策方針に反するものや、首長野党の政策立案に対して、どこまで行政職員が関われるのかという現実的な課題は残る。

第三に、近隣自治体と協力し、議会事務局の事務を共同で行うことを目的とする一部事務組合などを設立し、広域で事務局機能をシェアすることが考えられる。他自治体の情報を共有できることによって、より視野の広いスタッフを育成できることが考えられる。とりわけ中小規模の自治体においては職員数が少ないことから、議会事務局の人員を充実させるにも限界があるため、こうした広域で事務局機能をまかなうということについて将来的に検討する余地はあろう。

以上、政策立案機能をサポートするためのスタッフ機能の充実に関して、三つの考え方を示した。議会の政策立案機能は、執行機関である行政との協調、あるいは連携が必要であることから、スタッフ機能における行政との相互連携について、今後とも多面的に模索していかなければならない。

一方で、議会の多様性を生かし、監視機能を重視する場合のスタッフ機能について、二つの留意点に触れておく必要がある。第一に、行政機関からの独立である。第3節（2）で示したように、監視機能は適正な地方行政を確保するための緊張感を伴うチェック機能である。したがって、監視機能を重視するのなら、スタッフ機能は行政機関から完全に独立しているべきであろう。その場合、議会事務局の人事権が実質的に首長にあるような現在の多くの自治体の状況はできるだけ改善すべきである。また、議会が自らの予算を検討し、議案として上程できない現行法制上の問題も深刻である。

第二に、調査や分析機能の強化である。地方政府の財政は、専門用語と独自ルールに包まれたある種の専門領域である。また、個々の政策についても、複雑化した地域問題に対して特効薬のような解決策は乏しく、また利害関係が輻輳するなか、対症療法的に実施されているものも少なくない。したがって、そうした行政の活動をチェックするために、議会事務局には、財務状況の目利きや、政策の効率性や効果を分析する機能が強化されることが望まれる。外部の専門家についても、必要に応じて活用すればよい。

以上、これまでみてきたように、議会が専門性を高め、政策立案機能を充実させるのであれば、事務局体制を増員し、場合によっては行政と連携することによってサポート体制は強化させる必要がある。他方で、議会に最も期待されている監視機能に関しては、スタッフ機能は行政機関から独立し、調査や分析の機能を充実させることが望まれる。

いずれにしても、議会の目指す方向性や重視する機能によって、スタッフ機能の考え方が違うということが確認できるであろう。

6　これからの二元代表制の検討

本章は、現行の法制度下での二元代表制を前提として、議会の機能や、機能に応じた議会のあり方について議論をしてきた。もとより、総務省の「地方自治法抜本改正についての考え方（平成二二年）」では、議員による内閣の編成や議員からの特別職選任など、議会が執行権限の行使に事前の段階から責任を持つという形態や、完全に独立した二元代表制を目指すという形態なども今後議論すべき選択肢として示している。したがって、議会のあり方について、将来的にはもう少し議論の幅を広げる必要があるかもしれない。また、本章の考察は、掲げた問題の大きさからみると、あくまでも課題の一部を整理した程度にすぎない。しかしながら、現時点での基本構造や機能、さらに向かうべき方向性と課題を確認しておくことは重要であろう。

最後に、これまでの考察を踏まえて、これからの二元代表制の検討にあたってとりわけ留意すべき点を指摘しておきたい。一点目が、「議会の問題を地方政治の問題としてとらえること」である。地方政府では、首長と議会は二元代表制として住民から直接選挙で選ばれる。したがって、議会改革として近年指摘されている問題の多くは、議会だけを議論の俎上に載せるのではなく、地方政府の統治構造の問題として議論すべきである。また、行政においても情報公開や住民参加など、二元代表制における代表機能に関する部分については、議会の役割も議論しておくことが望まれる。

そのためには、二点目として「首長と議会が、互いの機能や役割を認識し尊重すること」が求められる。そもそも二元代表制は、システムとして明確に確立し、常に保障されているわけではない。二元代表制は、やや抽象的な表現ではあるが、議会と行政がお互いを尊重しあう、いわば「良識」のうえに成り立っている。首長による専決処分の濫用や、首長が議会招集義務を果たさない場合などによって議会が混乱するのと同様に、先述のとおり議会が監視機能を過度に振りかざすと、行政の機能は一時的であれ麻痺する可能性がある。お互いに良識が欠如しておれば、どんなに法律を改正し、運用を見直しても、崩れたバランスの修正は困難であろう。

そして、言うまでもなく三点目として「住民が地方政府や議会に関心をもつこと」が重要である。本章で何度も指摘したように安易な「行政改革」や「議会改革」という言葉に流されることなく、自らの意思で地方政府の形を作り上げることが求められる。もとより、そのためには議会はこれまで以上に住民と目線を合わせ、しっかりと向き合わなければならない。地方分権の進展は、「地方政府をどうしますか」という住民への問いかけでもある。住民の主体的な意思を具体化するうえで、自治体の事情に応じた多様な議会が実現できるような制度や仕組みの改正も求められる。同時に、住民が首長や議会の議員を直接選ぶことのできる「選挙」の意味や重みを改めて確認する必要があろう。

注

（1）鹿児島県阿久根市で、二〇一〇年四月以降、当時の市長が補正予算、条例案、副市長の選任などを専決処分した事例。
（2）二〇一一年四月の大阪府議会議員選挙で、知事が代表する地域政党である「大阪維新の会」が過半数を確保した事例ほか。
（3）二〇一〇年一二月に、市民税の恒久減税や議員報酬の半減などを争点に、名古屋市で市長が主導したリコールが成立した事例。
（4）平成二三年一月二六日に総務省が発表した『地方自治法抜本改正についての考え方（平成二二年）』において議論の必要性が指摘されている。
（5）議会側でも、議案段階で介入するより、執行過程に介入して政策を修正させたほうが効果的であるという意見もある。［田口 二〇一〇］の一一〇および一一八頁を参照。
（6）たとえば、多摩市、富士市、御船町、塩尻市、多治見市など。
（7）たとえば、井原市、大町市、川崎町、四万十町、田川市など。
（8）総務省『地方自治法抜本改正についての考え方（平成二二年）』の九頁を参照。
（9）条文の量と内容に関しては、次に説明する政策立案機能と比べると明らかである。監視機能の重要性に関しては、たとえば、［中邨二〇一二］の三四頁を参照。
（10）村松、伊藤は、このことを「黙示の影響力」と表現している。［村松・伊藤 一九八六］の九八～九九頁参照。

参考文献

阿部剛四郎「多様な市民参加で「子ども条例」を制定」廣瀬克哉・自治体議会改革フォーラム編著『議会改革白書二〇一一年度版』生活社、二〇一一年。

阿部斉「首長の役割」新藤宗幸・阿部斉編著『概説 日本の地方自治』東京大学出版会、二〇〇六年。

井出嘉憲『地方自治の政治学』東京大学出版会、一九七二年。

伊藤修一郎『自治体政策過程の動態』慶應義塾大学出版会、二〇〇二年。

伊藤正次「自治体の政治機構」伊藤正次・磯崎初仁・金井利之編著『ホーンブック地方自治』北樹出版、二〇〇七年。

上田誠「中心市街地活性化における政策意図の変容」日本公共政策学会編『公共政策研究』第一〇号、有斐閣、二〇一〇年。

江藤俊昭「自治を担う議員の役割とその選出方法」日本地方自治学会編『分権型社会の政治と自治』敬文堂、二〇〇四年。

江藤俊昭『地方議会改革』学陽書房、二〇一一年。

大森彌『分権時代の首長と議会――優勝劣敗の代表機関』ぎょうせい、二〇〇〇年。

大森彌『新版　分権改革と地方議会』ぎょうせい、二〇〇二年。

大山礼子「首長・議会・行政委員会」松下圭一・西尾勝・新藤宗幸編著『岩波講座　自治体の構想4　機構』岩波書店、二〇〇二年。

金井利之「首長と議会の対立を超えて」『月刊ガバナンス』八月号、ぎょうせい、二〇一〇年。

駒林良則「二元代表制の再検討」日本地方自治学会編『分権型社会の政治と自治』敬文堂、二〇〇四年。

佐藤竺「自治を支える議会・長」今川晃、馬場健編著『市民のための地方自治入門』実務教育出版、二〇〇九年。

渋谷登美子「市町村初！　議員提案でストップ温暖化条例を制定」廣瀬克哉・自治体議会改革フォーラム編著『議会改革白書二〇一一年度版』生活社、二〇一一年。

曽我謙悟・待鳥聡史『日本の地方政治――二元代表制政府の政策選択』名古屋大学出版会、二〇〇七年。

田口一博「首都圏都市型自治体議会の会派における政策形成」礒崎初仁編著『変革の中の地方政府――自治・分権の制度設計』中央大学出版部、二〇一一年。

辻清明『日本の地方自治』岩波書店、一九七六年。

中邨章「これからの地方議会と議会人の役割」『月刊ガバナンス』六月号、ぎょうせい、二〇一一年。

廣瀬克哉「議会改革の到達点と今後の課題」廣瀬克哉・自治体議会改革フォーラム編著『議会改革白書二〇一一年度版』生活社、二〇一一年
村松岐夫・伊藤光利『地方議員の研究』日本経済新聞社、一九八六年。

M. Lipsky, *Street-Level Bureaucracy : Dilemmas of the Individual in Public Services*, Russell Sage Foundation Publications, 1980.
（M・リプスキー著、田尾雅夫訳『行政サービスのディレンマ』木鐸社、一九八六年）

（上田　誠）

第3章　職員の政策形成能力

1　地方分権と政策形成能力

(1) 政策形成能力を巡る社会環境

ここ二〇年ほどの間における地方分権議論のなかで、「自治体職員の政策形成能力」が主要なテーマとして扱われていることには論を俟たない。国からの都道府県や市区町村への権限・財源移譲を十分に生かして団体自治を進めるためには、それらを「使いこなせる」だけの政策形成能力が求められるし、また、住民主体のまちづくりをサポートし、住民自治をともに推進する政策形成能力が欠かせない。

一世を風靡したニューパブリックマネージメント（ＮＰＭ）の考え方は、効率志向のもと市場や民営化を重視するが、事務を民間に任せた結果、いくつもの失敗を経験してきたのも事実である。たとえば、介護保険料の不正受給や建築確認・検査の民間開放によって生じた耐震偽装問題などが挙げられる。一方で、「自治体職員＝政策形成能力を有した存在（であるべき）」という住民からの期待は依然として根強いことも事実である。

このように期待される政策形成能力とは、そもそもどのように把握できるであろうか。さらには、その育成手法は適切に機能しているのであろうか。『地方公務員研修の実態に関する調査（二〇一〇年三月自治大学校）』における都道府県知事意見においては、「自ら考え、判断し、行動する資質を備え、高い専門性・知識と政策立案能力を身

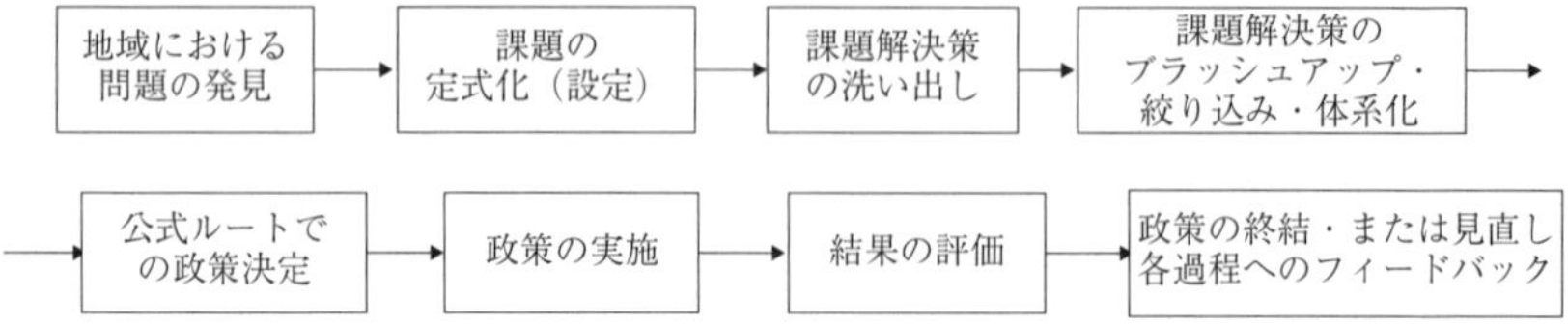

図3－1　自治体の政策過程モデル

（出所）［日高2000：24］を筆者一部加工。

につけた人材」（一〇八頁、傍点筆者）を求める声が上がっている。この背景には、現在の自治体職員の政策形成能力が不十分であるという認識がある。

そこで、本章では、自治体職員の政策形成能力を掘り下げて検討することとしたい。

(2) 政策形成能力の理解

政策形成の前提には、地域における何らかの公共的な問題があり、そして、政策形成能力とは、問題解決のための政策を作る能力となる。解決のために作成した政策は、必ずしも最適なものとは限らない。このため、作成した政策は実施後、評価に移され、改善されることになる。それゆえ、政策案を作成する能力、実施する能力、評価する能力、さらに改善する能力も政策形成能力に含まれる。自治体の政策過程を実務に配慮しながらわかりやすく図示したものが図3－1である[1]。つまり、政策形成能力とは、図3－1で示された政策過程の各フェーズ（局面）を遂行できる能力の総体ということになる。ただし、「公式ルートでの政策決定」そのものは、条例の制定・改廃や予算の議決など、二元代表制において自治体議会が担うため、自治体職員の政策形成能力からは形式的には除かれる。しかしながら、自治体議会による条例案提出件数は非常に少なく、自治体職員によってブラッシュアップ（磨き上げ）され、選択され、体系化された政策を議会が追認することに留まっているのが現状である。その意味では、自治体職員による課題解決策のブラッシュアップや絞り込み、体系化は、政策を具体的に方向づける非常に重要なフェーズである。

自治体職員の階層や職位に応じて、重視されるフェーズは異なることにも注意しなければならない。たとえば、若手の吏員クラスや住民と相対することの多い第一線職員には、「問題の発見」から「解決策の洗い出し」までの三つのフェーズが不可欠な要素として求められるのに対して、所属長級や幹部クラスの職員は、「解決策のブラッシュアップ・絞り込み・体系化」を図り、「決定」へ向けて、「公式ルート」での調整を図っていく能力が求められる（田中 二〇〇六）。

ところで、従来、課題解決策のブラッシュアップや絞り込み、体系化については、自治体内部のみでの決定過程で進められることが多かった。たとえば、決裁（稟議）システムにおける、起案者（課題担当部局の一職員）から決裁権者（首長など）にまで至る過程や、首長・理事者などによる政策（調整）会議を想起すればわかりやすい。また、首長の諮問機関として設置されている審議会等が、当該局面において、相応の役割を担う場合がある。現在でも自治体が政策を中心的に担う主体であることには変わりないため、内部での決定過程は自治体の政策決定で欠かせないものである。ただし、政策過程のうち問題発見や課題の定式化、解決策の洗い出し、ブラッシュアップ、体系化、さらには実施、評価に至っても、常に行政のみで進められるとは限らない。むしろ、NPOや自治会などの多様な主体によるネットワークをうまく管理しながらこれらのフェーズを担うことが、後述する問題の探索などの意味において重要である。多様な主体によるネットワークの管理をいかにうまく行うかはとりわけ重要な政策形成能力であり、本章の後段ではネットワークの管理を具体的に論じる。したがって、政策形成能力とは、政策過程の各フェーズを遂行できる能力の総体であり、とりわけ多様な主体によるネットワークの管理をうまく行う能力が求められていると言える。

2　自治体における「政策形成能力」への対応

自治体職員の政策形成能力を身につける方法が自治体職員個人に委ねられているのでは非効率であり、能力習得の実行性も乏しい。一人ひとりの自治体職員が、政策形成能力なるものを、しっかりと習得できるための組織的な人材育成の仕組みが整えられ、具体的にその効果が発揮されなければならない。個々の職員の政策形成能力が充実してこそ組織が稼働し、政策が実りあるものとなるのである。このような職員の能力向上のための組織的な育成システムは、どのような実態であろうか。もちろん、職員採用という入口の段階で、政策形成能力の高い人材を確保するという方法もありうるが(2)、現下の財政難のなかで大量採用は見込めないし、何より、各自治体の抱えている地域課題の状況は一様でなく時間によっても変化することを思えば、採用後の組織的トレーニングこそが重要である。

この節では、自治体が政策形成能力をどのように位置づけ、いかに育もうとしてきたのかを検討することにしよう。研修基本方針で政策形成能力に注目するようになった兵庫県の例を取り上げる。

(1)　政策形成能力への注目

兵庫県自治研修所は、戦後から一貫して、包括的な職員研修プログラムを展開してきた。同研修所では、現在の都道府県職員研修所では珍しくなった、研修生の宿泊施設を依然として有し、県職員だけではなく、神戸市を除く県下市町職員の人材育成をも担う組織である。また、一九九四年には兵庫県政学会(3)を創設し、その後も自治体人材育成のパイロットケースを数々生み出してきた。

このような兵庫県自治研修所における研修基本方針（一九九二年度）では、「職員のそれぞれが、豊かな感性で県民の多様なニーズを的確に受けとめ、自らが主体となって」、「国際的な視野の中で、日本全体を展望しつつ、地域の持つ力を最大限に発揮させようとする視点にたって政策を案出することが肝要である」（五頁、傍点は筆者）と述べられている。この時に初めて、兵庫県という自治体が、職員研修所を通じてであれ、自らを自律した政策形成主体として位置づけたのである。そして、阪神・淡路大震災という未曾有の事態を経験した直後の一九九五年度の研修計画では、一層その流れに拍車がかかる。「行政を担う職員の資質能力の向上が従来にもまして重要」（三頁）と説かれ、そのうえで、「柔軟な発想による政策形成能力の向上」（四頁、傍点筆者）という重点事項が打ち出されたのである。

一九九〇年代には、各自治体とも、国の定めたルールに従って政策を実施するだけでは、それぞれの地域特性に応じた施策展開や地域づくりが難しいことを、認識し始めたように思われる。求められる職員像は明らかにこれまでとは異なり、これからの時代に対応する政策形成能力が求められるようになったのである。

(2) 能力育成の三本柱

一般的に言えば、職員の能力を育成する三つの方法としては、研修所研修や職場外研修と呼ばれるOff the Job Training（以下Ｏｆｆ－ＪＴと記載）、職場研修としてのOn the Job Training（以下ＯＪＴと記載）、そして自学を挙げることができる。これらのうちの一つでも十分に機能しなければ、職員の政策形成能力の育成は不完全となる。とりわけ、ＯＪＴは、政策形成能力向上に対する影響力が最も大きい。Ｏｆｆ－ＪＴに関しては、意識変容（行動変容へのきっかけ）をもたらすことができるが、実際の行動変容に向かわせるのは、ＯＪＴを通じてである。

しかし、わが国の自治体における研修では、体系的な人材育成システムに組み込まれたＯＪＴは、ほとんどなく、政策形成能力育成の大半を、Ｏｆｆ－ＪＴに委ねてきたというのが実情である。

(3) Ｏｆｆ－ＪＴの限界

筆者は、兵庫県自治研修所における政策形成系（住民との協働力育成）研修の受講生に対し、意識変容と個人・組織の行動変容についてのアンケート調査を実施したことがある。これは、本人と所属長を対象にしたフォローアップ・アンケートであり、受講後の意識・行動面で全く変容がなければ「一」、相当の変容があった場合を「五」とした五段階評価によるものである。

アンケートの結果からは、Ｏｆｆ－ＪＴの限界を垣間見ることができる。「他人の話に傾聴ができるようになった」や「仕事に取り組む際、これまでより広い視野を持てるようになった」とする意識面の項目では、受講生・所属長ともに、五段階評価で三・八ポイント前後の平均値を示した。一方、「自分一人でワークショップの企画ができるようになった」や「他の専門家の力を借りて、ワークショップが開催できるようになった」、「自らがファシリテーターとして、ワークショップの運営ができるようになった」の行動項目では、いずれもおおむね一・七から一・九の平均値にしか至らず、ほとんどの受講生に十分な変容が見られないことが明らかになったのである（田中二〇〇七）。

Ｏｆｆ－ＪＴは、意識面を変えるきっかけにはなりえても、行動面の変容までもたらすものではないと言える。地域における政策形成は、机上で鉛筆を握り、パソコンのキーボードを叩いていれば実現できるものではない。行動面の変容は実務でのトレーニング（ＯＪＴ）によらなければ期待できないのである。また、効果の現れにくい研修の予算は漸減傾向にあり、研修所側も積極的なプログラム開発を行わなくなっているなか、トレーニングとして実効性が上がるようなＯｆｆ－ＪＴの設計・実施もなく、政策形成能力の育成に繋がっていないのが現状である（土山 二〇〇八）。

(4) OJTの本質

行動面の変容が期待できるOJTは、経験や実践に裏づけられたトレーニングである。ただし、それは単なる執務の経験ではなく、政策形成に有効な経験であることが求められる。ある地域課題に対する政策形成の初心者は、政策形成を担ってきた先輩職員を手本とし、言語的・非言語的に学習する。初心者か否かを問わず、期待された妥当な政策をアウトプットとして作り出すことができるガイドラインがあればよいが、そのようなガイドラインによっておおむねのアウトプットは期待できても、完全に期待通りの政策を創造するのは困難である。その理由は、政策を取り巻く環境変化などの外的要因もあるが、一方で政策形成は、担当する職員の属人的な「こつ」や「わざ」により完成度が変わるからである。(4)

政策形成が「わざ」や「術」といったものに関わるのであれば、その能力は、短期間のOff－JTにより一朝一夕で身につくようなものではない。もちろん、成功事例に基づく政策形成演習などのように、Off－JTの研修プログラムには有益なものも多い。他方、長年の政策実務の経験を通して透徹した洞察力と鋭敏な嗅覚を体得した者の政策形成のわざには、相応の価値がある。Off－JTにおいて、成功事例に基づく研修プログラムに参加して政策形成の訓練をするにしても、政策実務の経験が豊富な人の方が広い範囲のさまざまな視点をもっているため、研修中の訓練において優れた政策案をつくりだすことができる。したがって、政策形成能力が「わざ」の領域に関するものである限り、経験の積み重ねを重視することは不可避なのである。

ところで、長年自治体に勤務したから政策形成に有効な経験が身につくというものでもない。自治体職員を長年していると前例踏襲の思考様式に甘んじ、次節の事業指向型発想しか持ちえない職員もいる。そのような職員が積み上げてきた経験のなかには問題の本質を見極める力は含まれない。逆に、若いから政策形成に有効な経験が少ないとも言い切れない。地域のために責任感をもって課題を解決する姿勢と問題の本質を見極めようと探索する訓練が有効な経験になり、政策形成能力に発展する。ＯＪＴの本質はこのような有効な経験をもつことであり、経験から導かれる広い視野と鋭い洞察力によって、問題の本質に迫ることができるのである。このような仕事を通じた政策能力形成に直結する経験は、On the Job Experience（以下ＯＪＥと記載）とも言える。

では、問題の本質に迫るとはどういうことであろうか。次に、認識型問題と探索型問題の議論を通じてこの点を探ることとしよう。

3　認識型問題と探索型問題

（1）認識型問題

真山（二〇〇一）による認識型問題と探索型問題の議論のうち、まず認識型問題について論じよう。いま、「最終処分場の処理能力（受け入れ容量）が限界に近づきつつある」という問題が、ある自治体において生じていると想定する。まず、この問題については、地域住民の誰しもが、現地を確認すれば容易にその深刻さを理解でき、たとえ現地に視察にいかなくとも、自治体による図面や統計データを使用した現状説明を受けて、誰もが現状を容易に認識できる。認識型問題は、このように誰の目にも明らかに認識された問題である。このような問題の構造は必ずしも明確ではないが、さしあたり現状を少しでも改善することが課題となるものである。

これまでの自治体は、もっぱら、こういった認識型問題を扱うことを得意としてきた。住民や議員からの苦情や陳情などがきっかけとなり明らかにされた認識型問題について、緊急かつ具体的な解決行動を、その都度考えてきた。最終処分場の例では、当該自治体の行動としては、ただちに、新規処分場の建設が解決策として出された場合は、政策過程で示されるところの「問題の発見」はなされたものの、「なぜ、最終処分場の処理能力が限界に近づ

【認識型問題】「最終処分場の処理能力が限界に近づきつつある」

↓

【行政課題】「ごみ処理に支障をきたさないようにする」

↓

【解決策】「新規処分場の建設事業を立案、実施」

図3－2　事業指向型の問題対応フロー

（出所）［真山2001：129］の図を筆者一部修正。

きつつあるのか」という問題の本質を検討しないまま、つまり「課題の定式化」から「解決アイデアのブラッシュアップ・体系化」に至るまでが一切なされないまま、解決行動に移り、事業指向型の問題対応となる（図3－2参照）。

このフローでは、「最終処分場の処理能力の限界が近づきつつある」という問題に対する原因解明が一切なされていないにもかかわらず、新規処分場建設という解決策がいきなり出されるが、こういった飛躍が可能であるのは、解答があらかじめ用意されているからである。Aという問題にはXあるいはX'という事業（パッケージ）が、Bという問題にはYあるいはY'という事業（パッケージ）が、各自治体行政の積年のレパートリーとして用意されており、対応のパターンができあがっているのである。あるいは、他の自治体で成功している政策を、少しかたちを変えて、自分のところに適用して済ませている場合も少なくない。最終処分場の事例でいうと、他の自治体では、山間部を切り拓き、コンクリートで囲うなどの遮断型処分場で対応しているが、当該自治体では、山間部の自然環境に配慮し、より安全な最終処分を行うために、海上埋め立てによる管理型処分場の建設で対応するといったことである。

このような事業指向型の対応では、問題の要因に対する分析が十分に行われないため、過去に蓄積された問題とはどこがどれだけ一致しているのかがわからない。また、過去にうまくいった、他の地域で成功したからといって、スムーズな解決が図られるという保証もない。そもそも、そういった先進事例や過去の経験が適切であったかどうかの評価もされていない。本質を追究しない誤った解決策によって、問題をより深刻かつ複雑にしてしまう可能性すらある。このような非常に単純化された対応を繰り返していると、本質的な問題を発見したり、将来発生するであろう地域内の大きな問題を見つけ出したりする能力が育たないことになるのである（真山 二〇〇一）。

（2）探索型問題

探索型問題とは、ある程度まで意識的に問題を探し求めて初めて見つけ出せるような問題のことであり、本質的な問題や将来の問題を発見することになるのであって、より良い状態や新しい価値を追求することになるものである。また、通常は、いまだ多くの人の目には、それほど深刻かつ明白な問題とはなっておらず、問題解決の必要性も表面化していない状態であるが、あえて問題としてとりあげ、それへの対応を議論するということは、現状に対する挑戦であり、現状に満足している人々に対する積極的な問題提起となる。このように、問題を探索的に扱うことは、根本的ないし本質的な問題解決に近づくことができたり、具体的な問題が発生する前に原因を取り除くことができたりする可能性も大きくなる（真山 二〇〇一）。真山の言葉によれば、認識型問題に基づくものが受動的・対症療法的政策形成であるのに対して、探索型問題に対応するのは能動的・問題解決的政策形成ということになる。

探索型問題として、ごみ処理問題を考えた場合、ごみ処理能力を脅かすような事態がなぜ生じているのかということにまず目が向けられる。ごみが発生するからその対応といった発想ではなく、それが発生しないように考えるのである。このため、ごみを出すというライフスタイルそのものが問題であると受け止め、それが発生しにくいような政策が検討されるのである。積年のレパートリーとして用意されている対応策を選ぶのではなく、あらためて問題の本質を見極め、その要因を解決する政策が提示される。(5)

（3）文脈に即した理解

自治体における問題発見の特徴としては、一般に、地域の有力者や議員など大きな声に反応しやすいことや、問題を組織や所掌事務の範囲内でとらえ、その枠組みにおいて対応策を考えがちであることが挙げられる。したがって、いかに重要な問題でも、自らの組織の範囲外の問題と見なされれば、無視される可能性がある。通常、こうした情報は他の部署と共有されることはない。このことは問題発見における行政の特徴と限界である。それでは、問題を探索的に扱うためにはどのようにすればよいか。目に見えている、あるいは認識できている問題の視点をずらすこと、具体的には、複数の文脈を設定し、それぞれの文脈に置き換えて問題を読み解くことが、問題の本質追究へ向けた鍵になる。

図3－3　買い物かごを押して歩く高齢者

（出所）筆者撮影（2009年8月大阪府枚方市。一部車ナンバー加工あり）

図3－3は、地方都市にみられる日常的な光景で、買い物かごを押して歩く高齢者の後ろ姿である。まず、認識型問題として、この場面をとらえた場合、「車道と歩道が分離されておらず、歩行者と自動車・バイクが接触事故のおそれがある」という背景が想像でき、その結果、「高齢者が危ない」という問題の気づきを得る。そして、「ガードレールの設置」や「歩道の嵩上げ」といった解決策が考案される。

一方で、この問題を探索型問題として扱う場合には、図3－4のような文脈を設定することができる。一つは、路線バスなどの公共交通の整備が十分でないために高齢者が危ないという理解である。もう一つは、商店街が衰退し、郊外まで買い物に行かなければならなくなったため、高齢者が危ない道路を通行せざるを得なくなったという理解である。認識型問題とは異なり、文脈①「公共交通機関の整備・充実」
→背景：「路線バスやコミュニティバスが整備されておらず（廃止されており），買い物場所まで，自宅から（危険な道路を）歩かざるを得ない」
⇒結果「高齢者が危ない」
文脈②「中心市街地の活性化」
→背景：「自宅のすぐ近くにあった商店街の小売店舗が潰れており，郊外にある大型スーパーまで，自宅から（危険な道路を）歩かざるを得ない」
⇒結果「高齢者が危ない」

図3－4　異なった文脈による問題の理解

（出所）筆者作成。

異なる文脈によって、公共交通の整備や中心市街地の活性化といった問題として考えることができるのである。問題を探索的に扱うことは、いくつかの文脈を設定し、各文脈に応じた問題把握を意味する。このような文脈を設定する能力は、特にOJTによって得た経験による広い視野と洞察力に基づくことが多いのである。

4　ネットワークによる政策形成

（1）ガバメント単独による政策形成

自治体が単独で政策を形成するという考え方は、公共政策を行政のみが担うものとしてきた従来のとらえ方である。NPOや自治会、学校、民間企業などの多様な主体と協働を促進する場合でも、実際には、自治体が政策主体であってその他の主体は下請けになることがしばしばある。

たとえば、地域における子ども（学齢期にある児童・生徒）の安全・安心という地域課題の対応のために、自治体はNPOに対して子ども預かり事業の下請けをさせ、学校には指導依頼を行う。商店街には防犯カメラを設置し、自治会・町内会へは登下校時の見守りを依頼する。安全・安心に関わる専門家には対策アドバイザーになってもらう（図3－5参照）。

政策過程における政策形成能力の議論でいえば、職員個人または安全・安心担

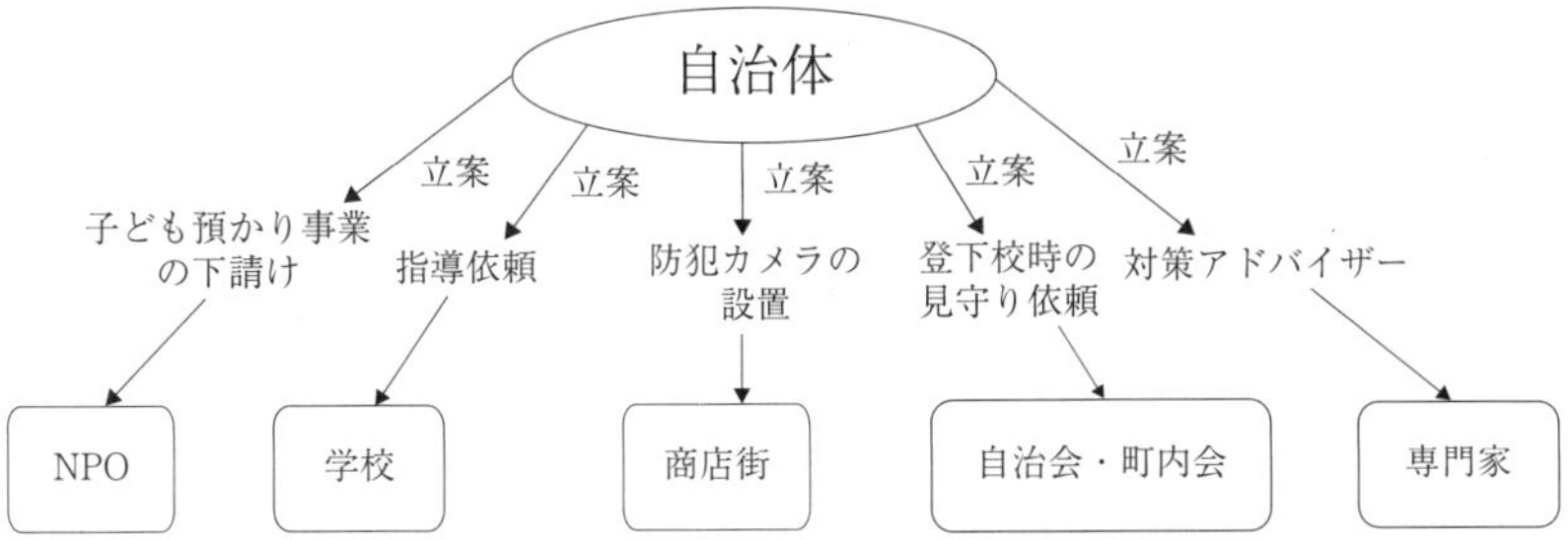

図3－5　ガバメント単独による政策形成（安全・安心関連政策）

（出所）筆者作成。

当課として、地域の子どもに安全・安心面でどういった問題が生じているかに気づき、課題設定を行い、各主体に対する解決アプローチを考え、取捨選択し、優先順位をつけ、自らで実施、または各関係主体に実施協力を働きかけるというものが、ガバメント単独による政策形成のスタイルである。このように、自治体が政策形成そのものを行ったうえで、行政以外の多様な主体は自治体が立案した政策を実施する役割にとどまる。

しかし、このようなガバメント単独による政策形成は、前例踏襲に陥り、課題は他の主体からチェックされないために認識型問題として設定される可能性が多分にあるという限界を指摘することができる。

(2) ネットワークによる政策形成

自治体を唯一の政策形成主体としてとらえる「ガバメント単独による政策形成」に対置されるものとして、「ネットワークによる政策形成」を考えることができる。ネットワークを構成するのはＮＰＯや自治会、学校、民間企業などの多様な主体であり、自治体もネットワークにおける一つの主体である。また、ＮＰＯは他のＮＰＯと連携しているなど、多様な主体はそれぞれが個別にネットワークをつくっている。

ネットワークによる政策形成においては、自治体単独で課題を設定し、政策を立案するのではなく、多様な主体とともに、課題を探索し、政策を立案する。

さらに多様な主体とともに政策を実践する。多様な主体が相互につながっているために、政策課題に応じて臨機応変に各主体が保有する資源やアイデアが課題解決に向けて投入され、課題解決策のブラッシュアップにつながる。単独による政策形成ではないために、広い視野から問題の本質に迫る政策が形成される。その際、認識型問題ではなく探索型問題として政策課題が扱われるようになる。かつては、自治体が圧倒的な情報優位を背景に、ピラミッド構造のなかで、上意下達式に政策形成を行っていくことの方が合理的であったのかもしれないが、ネットワークによる政策形成では、現場における経験に基づき政策を立案し、各アクターがベストプラクティスを相互に学習しながら、政策を遂行していくのである（國領 二〇〇九）。

近年のガバナンスの論議においては、このような多様な主体による政策形成の重要性が指摘され、多くの自治体でＮＰＯや自治会等との協働事業を推進したり、協働のまちづくり指針が策定されたりするなどしている。多様な主体の政策形成はますます賛美され、自治体は他の主体と同じレベルの単なる一つの主体であって、多様な主体に対して、行政が掌握してきた様々な権限や財源をできる限り与えれば、政策の有効性はますます高まるというような意見も聞かれる。行政以外の多様な主体による政策運営は手放しに賛美されるばかりである。

しかし、自治体よりもＮＰＯ等の方がきめの細かな政策を展開できる領域も確かにあることは事実であるとはいえ、ＮＰＯや民間の公共政策の形成能力は常に高いわけではない。自治体は保有する資源が多く、これまでの経験やノウハウに加え、政策過程における議会や住民への説明責任を果たしてきた実績や、そもそもＮＰＯや自治会等の多様な主体に関わらない住民からみれば他の主体よりも正統性が高い。特に、地域における合意形成の面では、たとえばこれまで地域の合意形成機能が自治体から期待されてきた自治会だが、自治会に所属しない住民も多くなっていることから、自治会の正統性は低くなっている。これらの観点も踏まえれば、多くの分野では自治体の方が、政策形成能力にせよ正統性にせよ、高い場合が多い。ガバメント単独による政策形成に限界があるのはわかるが、だからといって、自治体以外の多様な主体が、あらゆる、もしくは多くの公共的な問題に対して、自律的にネットワークを駆使しながら対応するというようなことは幻想に過ぎない。やはり、自治体が多様な主体のなかでもとりわけ中心的な主体であることを認識しなければならない。

ローカル・ガバナンスの用語は多様に解釈されるものであるが、「公共空間に存在する諸問題の解決に向けて、政府（中央政府および地方政府を含むいわゆるgovernment）、企業（民間営利部門の諸主体）、NPO、NGO等（民間非営利部門の諸主体）のネットワーク（アクター間の相互依存関係）を構築し、それを維持・管理する活動（＝公共空間の協働管理）」（真山 二〇〇二：一〇〇）という理解がわかりやすい。このガバナンスの定義の特徴は、ネットワークの維持・管理にあり、それを担う中心的な主体としてローカル・ガバメントを想定することができ、その意味では、このようなガバナンスを実践できる能力こそが政策形成能力と言えるだろう。すなわち、自治体は中心的な政策形成主体として、公共的問題解決のために、それに対応できる多様な主体によるネットワークを維持しつつ、不足するネットワークは自ら形成に努め、公共的問題の解決に向けてネットワークがうまく機能するように管理する能力である。そして、そうした能力に裏づけられた政策形成こそがネットワークによる政策形成である。

（3）ファシリテーターとしての自治体職員

公共的問題の解決に向けてネットワークがうまく機能するように管理する能力、あるいは必要に応じて不足するネットワークを新たに形成し、維持する能力をもつ自治体職員は、前例にとらわれることなく、地域のために率先して行動し、新しいスタイルの事業を立ち上げることに長けている。それぞれがネットワークを保有する多様な主体をうまく動かし、公共的問題の解決に向けて事業を立ち上げていく能力であるとも言える。そうした能力は、ファシリテーターやコーディネーター、インテグレーターに求められるものである。まちづくりにおけるファシリラーやコーディネーターなどは、一般に、ＮＰＯや民間、大学教員らが担当することが多いが、自治体職員自らがその役割を担ってもよいはずである。むしろ、自治体職員が最も実情を把握しており、法令に基づく必要な権限をもっており、多様な主体や住民からも政策形成主体と認識されていることを考えれば、当面のファシリテーターは自治体職員の役割だと言える。

たとえば、商店街活性化のために、自治体職員が一般に行うことといえば、商店街が自ら取り組む物産市の実施、地方特産品の販売、空き店舗の活用、モニュメントや街路灯・誘導サインの設置、イベント開催などへの助成である。これらは、商店街が自ら事業に取り組むのであれば、自治体はそれに助成するという姿勢の事業である。しかし、商店街が活性化しない問題の本質は、商店街の商品やイベントが住民のニーズにそもそも全く適合しないからであるかもしれない。こうした場合、たとえば、これまでに十分な連携がなく、商店街に任せていては今後も連携する可能性のない主体を連携させることにより、住民の潜在的な需要を掘り起こす新しい商品開発が期待される。そこで、自治体職員は、ファシリテーター役として、たとえば若者中心のイベントの開催や大学生が商店街の個店と連携し商品開発を行うというような事業を創出するべく、多様な主体に働きかけるのである。

このようなファシリテーターとしての自治体職員は、いつまでも事業を推進する立場にあるわけではない。住民主体のまちづくりに移行するためには、自治体職員が事業立案・実施のために橋を渡した後は、その事業が軌道にのるようになると、自治体職員は事業推進の中心的な管理者から退き、資金や情報面での支援を行う役割になる。さらに、自律的に事業が運営されるようになれば、橋を切り離して、自治体以外の多様な主体が自ら事業を担っていく。このような自治体職員と多様な主体間の関係の変化を図示したものが図３‐６である。

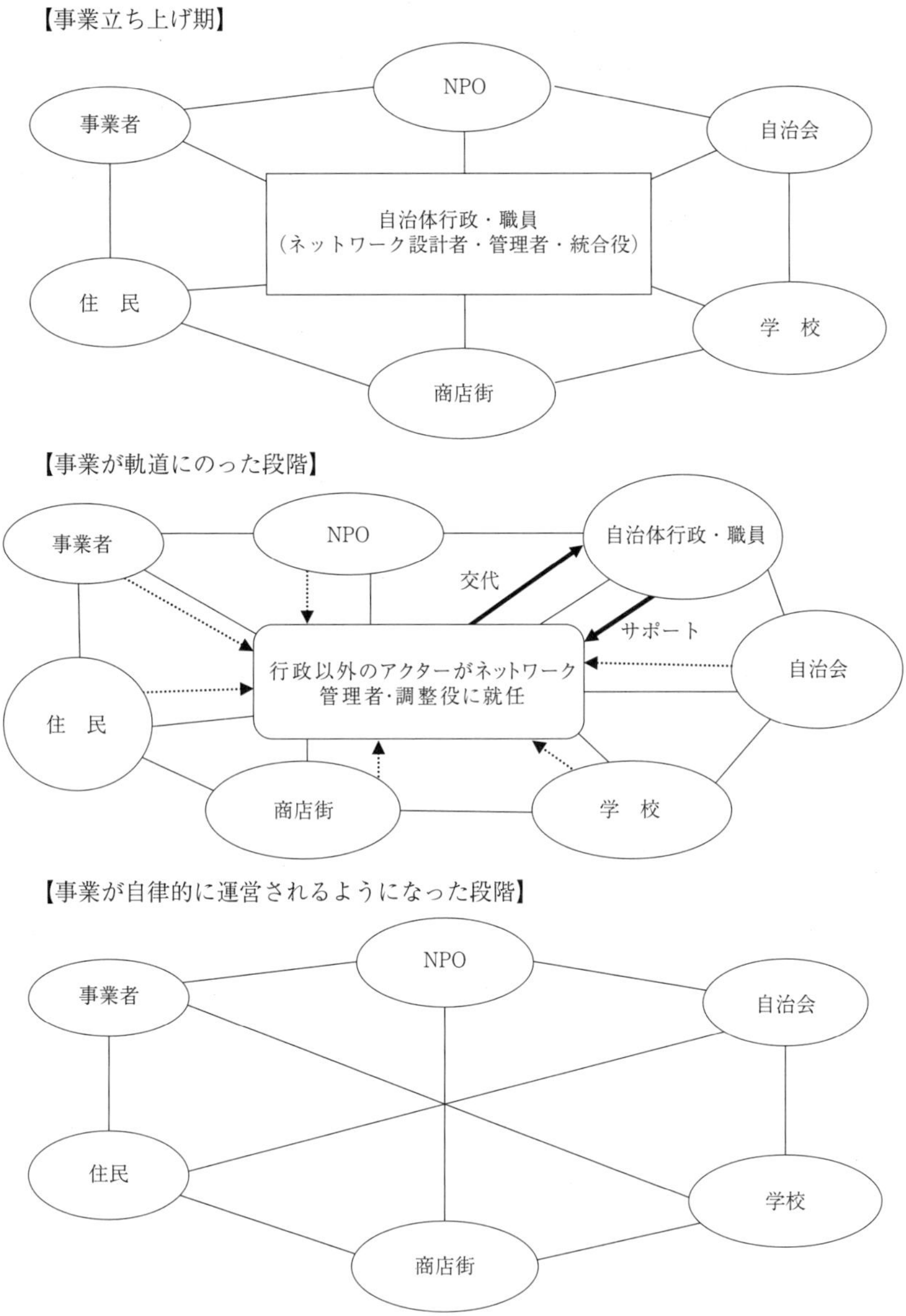

図3-6　多様な主体間の関係

（出所）筆者作成。

(4) 協働のプラットフォーム

ネットワークによる政策形成を成立させるためには、プラットフォームがなければならない。プラットフォームとは、ネットワークを通じた主体間の相互作用を活発なものとし、そのことにより課題に様々な作用を施し、解決を図っていくような場である。たとえば、合意調達の対象になる主体が多いネットワークでは、政策決定後の実施過程で、すでに決まったことを覆したり、政策を変容させたりするなど多くの障害が起こる可能性が高くなる。このため、プラットフォームにおいて合意形成を図ることを期待して、プラットフォームの立ち上げに際しては、ネットワークのアクターの多くが合意形成に関われる仕組みを担保しておかなければならないのである（真山 二〇一二）。

すなわち、プラットフォームとは、対話を通じて問題に対する基礎的な理解を目指す場とも言える。そして、その際に重要なことは、同じ語彙、文法、文脈、規範のうえに立って、ネットワークの主体が相互に作用していくことである。同じ言葉と規範がなければ相互に理解しあい、信頼することができないからである。さらに、プラットフォームは、多様な主体との間で具体的な解決策を確認し、課題に対する共通理解や進め方のルールを定める[6]といった機能を果たすことになる。また、主体によっては、課題解決の実際の現場から一歩引きつつ、前線で起きていることの情報を的確に分析し、対応策を組み立てる役割を担う。このような現場としてもプラットフォームは位置づけられるのである。

5 ネットワークによる政策形成と自治体職員の政策形成能力

最後に、ネットワークによる政策形成をうまく進めるために、自治体職員に求められる政策形成能力についてのポイントに言及しておきたい。

ポイントは、地域における問題への気づき・課題の定式化を踏まえたうえで、(1)ネットワークを概念化（設計）する能力（どのようなネットワークをつくるのか）、(2)統合（管理）する能力（できあがったネットワークをいかにして安定的に機能させるか）、(3)ネットワークの中で効果的な知識共有の慣行を作り上げる能力という三点に要約できる。[7]

まず、(1)については、「大局的な視野」、「戦略的思考」、「リスク分析」、「チーム作り」、「地域診断」[8]といったことが具体的な構成要素として求められる。いわば、ある地域課題に関しての目標を設定したり、大きな解決の筋道について構想したりする能力が発揮される必要がある。そして、ネットワークの立ち上げ期には、関係のある人・団体をすべて巻き込み、自由度の高いネットワークを形成していくことが重要になる。ただ参入を待つ受け身の姿勢ではなく、地域の各メンバーがネットワークの主体として位置づけられるように、自治体職員の側から関心のあるテーマを提示していくことも求められる。もちろん、ネットワークは、自由度の高い設計とし、閉鎖的にならないようにしておかなければならない。つまり、課題や地域の状況に応じて構成メンバーを考えなければならないのである。それゆえ、入退出ルールの策定も含めて、前述したようなプラットフォームの設定で必要となる高い法務能力も求められる。

次に、(2)については、「仲裁」、「交渉」、「対人コミュニケーション能力」などが挙げられる。課題解決のネットワークのなかで、お互いに考えていることや思い、取り組み内容、資源、情報などについて共有化を図り、双方の信頼感を醸成するのである。まさしく、自治体職員は「つなぎ役」として、コミュニケーションを積極的にとっていかなければならない。そして、対立が生じたときには、調停役を担うことになる。

また、ネットワークが間違った方向に進むような場合には、ファシリテーター、コーディネーター、インテグレーター（統合・調整役）としても、正統性と強制力を有した自治体がみずから乗り出し、プラットフォームを通じてネットワークを監督していくべきである。もちろん、規制的な側面だけではなく、構成メンバーにインセンティブを提供するという側面にも配慮していかなければならない。

課題解決に向けて最大の効果をあげていくには、あらゆる局面でネットワークの各部分がいかによく情報を交換し、さまざまな方法で知識を共有できるかにかかっている。その意味において、ネットワークの中での、効果的な知識共有の慣行を作り上げる能力が必要となる。各主体によって異なった経験が持ち寄られ、状況に応じた適切で有益な応答が可能となり、そこから大きな価値（課題解決）が引き出せるようになる（ゴールドスミス・エッガース邦訳 二〇〇六）。このような状況で、自治体職員は先導的役割を果たし、各アクターの知識共有を促進するとともに、各主体が機能するように権限を与えるエンパワーメントを進めることも検討が必要となる。

最終的には、自治体職員主導により形成された課題解決ネットワークであっても、しっかりと自律していくように、緊張感と信頼感のバランスをとりながら、他の主体にセンター機能を徐々に委ねていくべきで、各アクターを評価（批判）しつつ育てていく視点は欠かせない（風間 二〇一〇）。

以上のような政策形成能力に対応するためには、厳しいトレーニングや採用戦略のみならず、自治体行政そのものの文化的転換（モードチェンジ）が求められることにもなろうが、まずは、現実の課題解決現場を、数多く経験・体験すること（ＯＪＥ）からはじめ、政策形成能力育成を進めなければならない。

注

（1）当該モデルは理念型にすぎないが、自治体の現場で担当事業を進める際には意外にも常に意識されているわけではない。こうした状況に対して、自治体職員の政策形成能力の欠如が指摘されることもある［山谷 二〇一〇］。

（2）京都発の新しい取り組みとして注目を浴びている一般財団法人地域公共人材開発機構（http://www.colpu.org/index.

html 参照：二〇一一年一一月一一日確認）において、たとえば、そこで「地域公共政策士」の資格をとった人材が、自治体職員として提供されていくことを考えてみると良いだろう。

（3）自治体学会の兵庫県バージョンという位置づけがある。二〇〇三年に「兵庫自治学会」に改称。

（4）ＯＪＴにおける政策形成の領域は、実務はもとより、研究面でも十分に開拓されていない。その理由としては、政策を形成（デザイン）するためのガイドライン等が、サイエンス（客観的に把握されるもの、あるいは体系的・科学的な知識に基づいた技術やわざ）とアート（客観的に把握されないもの、あるいは属人的に習得される技術やわざ（こつ））の領域にまたがるにもかかわらず、前者の追究に傾注し、後者の面である技（わざ）や術（じゅつ）といった領域に踏み込んでこなかったことが指摘されている［窪田 二〇〇八］。

（5）ごみ問題は、かつては認識型問題としてとらえられることが多かったため、理解しやすい事例として扱った。現在では、過剰包装やレジ袋の削減促進、多量排出者の指導、ごみ減量に関するフォーラム開催、環境教育など、探索型問題の観点からごみの減量対策がさまざまになされるようになっている。ただし、市民のライフスタイルそのものを変化させるほどの抜本的な施策はいまだ十分でない。

（6）課題解決ネットワークの仕組みや共通ルール、方法・手順などについて、条例等に規定しておくことは、有効である。［齋藤 二〇〇四］を参照のこと。

（7）こういった三本軸の整理の仕方については、主に［ゴールドスミス・エッガース邦訳 二〇〇六］の議論をもとにしている。

（8）日常的に公衆衛生活動を行っている保健師の地域に対するアプローチ手法である。［斉藤他 二〇〇〇］を参照のこと。

参考文献

風間規男「リスク社会と地域力再生戦略」真山達志・今川晃・井口貢編著『地域力再生の政策学――京都モデルの構築に向けて』ミネルヴァ書房、二〇一〇年。

窪田好男「公共政策の多様性と政策デザインのガイドライン」政策形成研究班『政策研究の新展開（研究叢書　第三八冊）』

関西大学法学研究所、二〇〇八年。

國領二郎「組織と混沌」組織学会編『組織科学』第四三巻第一号、白桃書房、二〇〇九年。

斉藤恵美子・狭川庸子・都筑千景「地域看護診断の方法」金川克子編著『地域看護診断――技法と実際』東京大学出版会、二〇〇〇年。

齋藤誠「自治基本条例の法的考察」自治体学会編『年報自治体学』第一七号、第一法規、二〇〇四年。

田中優「地方自治体における職員研修の変遷過程――兵庫県自治研修所を事例として」日本地方自治研究学会編『地方自治研究』第二一巻第二号、清文社、二〇〇六年。

田中優「地方自治体職員のガバナンス能力育成研修――兵庫県自治研修所の事例」『同志社政策科学研究』第九巻第一号、二〇〇七年。

土山希美枝「地方政府職員研修の調査と検証――日本と六カ国調査」土山希美枝・大矢野修編著『地域公共人材叢書第二巻　地域公共政策をになう人材育成――その現状と模索』日本評論社、二〇〇八年。

日高昭夫『自治体職員と考える政策研究――分権時代の新しい政治行政作法』ぎょうせい、二〇〇〇年。

真山達志『政策形成の本質――現代自治体の政策形成能力』成文堂、二〇〇一年。

真山達志「地方分権の展開とローカル・ガバナンス」『同志社法学』第五四巻第三号、二〇〇二年。

真山達志「地方分権時代におけるネットワークの設計と管理――現代の自治体行政に求められる能力」『法学新報』第一一八巻三―四号、二〇一一年。

山谷清志「政策の正当性・妥当性――政策評価の視点から」『地方自治職員研修』第四三巻一一号、二〇一〇年。
S. Goldsmith, W. D. Eggers, *Governing by Network: The New Shape of the Public Sector*, Broodings Institution Press, 2004.（S・ゴールドスミス、W・D・エッガース著、城山英明・奥村裕一・高木聡一郎監訳『ネットワークによるガバナンス――公共セクターの新しいかたち』学陽書房、二〇〇六年）

（田中　優）

第4章　危機管理と自治体

1　なぜ危機管理に注目するのか

東日本大震災以降、危機管理に対する関心が一段と高まっている。自治体においても、地域防災計画や各種の防災マニュアルの改訂、避難場所や経路の確認などが積極的に行われている。それらの取り組みは、大きな災害を教訓に来るべき災害に備えるという点で、大変結構なことである。

このような防災体制の充実にあたっては、自治体の危機管理、防災担当部署が中心となって、いわゆる関係部局が取り組むことになる。その際に、地震、津波、気象、土木、都市計画、あるいは防災の専門家といわれる人々が関わったりアドバイスをしたりする。至極もっともなことであるし、必要なことである。しかし、その時に見落とされがちなのが、危機管理において中心的な役割を果たす行政それ自体に対する検討である。

本書において一貫して意識していることは、地域の問題解決における自治体の重要性とその責任の重大さであるが、その観点からすれば、危機管理における自治体の役割はとりわけ重要である。自治体の中でも行政の役割は絶大である。先の東日本大震災の際も、ボランティアや民間企業が活躍したことは否定しないが、それでも終始一貫して重要な役割を果たし続けているのは行政であることは間違いない。にもかかわらず、行政についての冷静かつ緻密な分析なしに危機管理を論じるのは、あまりに不十分であるといわざるをえないだろう。

そこで本章では、危機管理という観点から自治体行政はどのような問題点を抱えているのかを検討する。危機管理はあくまでも行政を検討するための題材という位置づけである。したがって、自治体においてどのような防災体制を構築すればよいかというような話はほとんど出てこないし、自主防災組織の組織率を上げる方法を検討することもない。(1) しかし、危機管理を題材に自治体行政を検討すると、今日の自治体行政が抱えている問題が非常にクリアに見えてくるというメリットがある。なぜなら、危機管理は、住民の生命、財産の保護という行政の最も重要な機能に関わることであるから、それに対処する行政の実情を見れば、自治体がどこまで重要機能を果たせるのかを推して知ることができるからである。また、危機管理は通常（平常時）とは異なる状況を前提としていることから、危機管理に関する行政の意思決定や行動を検討することによって、ルーティンの業務をこなしているときには表面化しない行政の弱点や問題点があらわになるからでもある。

2　危機管理の意味と範囲

危機管理という用語は最近では頻繁に使われるようになっている。自治体でもその例外ではない。しかし、昔は防災という用語が一般的で、危機管理という言葉はそれほど使われていなかったように思われる。ところが、最近では、自然災害だけでなく、大規模な事故、伝染病が発生していることに加えて、近隣諸国からの武力攻撃の恐れなどが取り沙汰されるようになり、危機に該当する事象が多様化しているため、防災だけが唯一の危機管理ではないという認識が広がってきた。

法制度面でも、危機管理に関するものといえば、従来は一九六三年に制定された「災害対策基本法」を中心とした自然災害を想定した法体系が中心であった。これにより、危機管理の中心は伝統的に災害対策、つまり防災に置かれるようになったと言ってもよい。その後、一九九八年には「感染症の予防及び感染症の患者に対する医療に関する法律」が制定され、自然災害とは異なる社会的驚異についての関心も徐々に拡大していった。そして、二〇〇四年に「武力攻撃事態等における国民の保護のための措置に関する法律（国民保護法）」が制定されて以来、武力攻撃から住民を守ることを目的とした法体系も自治体の危機管理に位置づけられるようになっている。同法第三条二項には、「地方公共団体は、国があらかじめ定める国民の保護のための措置の実施に関する基本的な方針に基づき、武力攻撃事象等においては、自ら国民の保護のための措置を的確かつ迅速に実施し、及び当該地方公共団体の区域において関係機関が実施する国民の保護のための措置を総合的に推進する責務を有する」と明記されているのである。

このように、人々の感覚のレベルでも、法制度上でも、危機に該当する事態が広がり、それらへの対応、対策を危機管理と総称するようになってきたのである。本章が念頭に置く危機管理は、このような広い範囲のものである。具体的な危機としては、地震、津波、風水害などの自然災害はもとより、新型インフルエンザやO―一五七などの感染症の流行、鳥インフルエンザや口蹄疫などの家畜伝染病の流行、大規模な事件、事故、テロや暴動、武力攻撃、そして金融不安や株の大暴落などの経済的混乱も考えられる。もちろん、繰り返しになるが、これらについての自治体における対処方法を検討することが目的ではなく、これらの危機に備える、あるいは危機に対処することを想定した場合の自治体行政の問題点を検討することが目的である。

3　組織・体制の問題点

(1) 縦割り行政の問題

以前から行政の縦割りの弊害が繰り返し指摘されてきた。国、府県、市町村を縦に串刺しした縦割りは、行政の特徴ですらある。そして、そうそう簡単に縦割りを解消することができないことは周知の事実といってもよいだろう。したがって、現状の裏返しとして、総合行政の必要性が唱えられてきた。

このような縦割りの問題は、危機管理において端的に現れる。前述のように、危機ととらえられる社会事象は多様になり、複雑になっているのであるが、それらに対応する行政組織は従来通りの編成のままであることが多いからである。

人間の感染症は厚生労働省であるが、家畜の伝染病は農林水産省である。しかし、たとえば鳥インフルエンザの場合、養鶏場の鶏への感染が問題になるだけではなく、人への感染が危惧されることから厚労省と農水省の双方に関わりが出てくる。さらに、感染源となるのが野生の渡り鳥であることから、環境省や外務省も関与しなくてはならない。このように、一つの問題が多府省に跨がることは珍しくない。そして、外務省を除くそれぞれの府省と自治体、とりわけ都道府県レベルの部局は縦割りの関係が構築されていた。

また、自然災害への対応ということになると、関わる府省庁はもっと多くなる。とりわけ大規模災害になると、ほとんど全ての府省庁が関わることは周知の通りである。災害発生直後には総務省消防庁、防衛省・自衛隊、警察庁などが中心的な役割を果たすが、すぐに国土交通省、農林水産省、厚生労働省、文部科学省などが関わってくる。

以前から、国に比べて自治体の方が総合行政を展開していると言われていたが、やはり関係府省との縦のつながりは色濃く残っている。法律体系や補助金によって築き上げられた縦割りの関係はそう簡単には払拭できない。

このように総合行政が求められる危機管理にもかかわらず、行政の体制が縦割りになっていることが問題であることは誰の目にも明らかであることから、当然、それへの対応も行われている。国レベルでは、そもそも総合行政と内閣のリーダーシップを強化することを目的に設置された内閣府の下に防災担当の特命大臣が配置され、中央防災会議が置かれている。また、金融危機対応会議のほか、七つの政策統括官のポストの内の一つが防災担当となっている。つまり、総合調整官庁の中に総合調整担当部局を設置するという体制が採られている。

さらに、近年では政治主導の政治の必要性が叫ばれていることから、首相と内閣がリーダーシップを発揮することで総合性を確保しようとすることが顕著になっている。先の東日本大震災に際しては、あらかじめ法定されていた緊急災害対策本部の他に様々な「本部」や「チーム」が設置された。そこには各府省の職員が招集された。これらの災害対策のための政治主導型組織が有効に機能しなかったことは周知の通りであるが、いざとなったらこれほどまでアドホックな組織を作らないと総合的に対応できないことを示しているといえよう。

では、本書が関心を持つ自治体の場合はどうであろうか。縦割りの体制では、危機管理の現場を受け持つ自治体が機能不全を起こすことは、火を見るよりも明らかである。そこで、危機管理に対する関心の高まりを背景に、自治体でも危機管理監という職を置いたり、危機管理課（室）といった組織を設置したりして、危機管理体制の充実と総合的対応の体制を整備している例が多くなっている。その意味では、総合化の取り組みが徐々に進んでいるということができる。

これらの職や組織は、一般に首長直属であったり、総務系統の組織の中に位置づけられたりする。つまり、組織上は特定の分野に属さず、まさに組織横断的に活動し、首長の直接の指示の下で業務を行うことになっているのだ。しかし、多くの自治体のこれらの職や組織は、なんらかの危機的状況、具体的には自然災害や家畜伝染病などが発生した場合には注目されるが、平常時はその存在があまり意識されていない。組織図上は、それなりに高い位置づけであるのだが、やはり危機対応をする部署という印象が強いため、多くの事業担当部局からは、平常時の通常業務には関係がないと思われるようである。結局は、年に一～二回程度の防災訓練などでしか存在をアピールできないことになってしまう。

したがって、「組織による総合化」だけでは効果が限定的であり、「計画による総合化」や「リーダーシップによる総合化」などが同時に進められたときに、相乗効果でやっと総合化が実現する。そこで次に「計画による総合化」について、地域防災計画を題材に検討しておこう。そして、「リーダーシップによる総合化」については、組織の編成と権限との関わりで検討することにする。

(2) 危機管理計画の問題

危機管理に関わる計画として代表的なものが地域防災計画（以下、単に防災計画という）である。これは、災害対策基本法を根拠に各自治体において策定されているものであるが、その名の通り、自然災害を対象とした危機管理計画である。たしかに、わが国において最も頻繁に発生する危機状況は自然災害によるものである。毎年、どこかで必ず災害が発生しており、自治体は救助、復旧、復興に追われている。そこで、まずこの防災計画を中心に検討しておこう。

防災計画は、数ある行政計画の中でもきわめて特殊な計画ということができる。その理由は以下の通りである。第一に、防災計画は災害予防計画、災害応急対策計画、そして災害復旧計画の三つの計画で構築されているが、このうち災害応急対策計画と災害復旧計画は、実際に災害が発生しない限り大半は機能しない計画である。しかも、機能しない方が良いという計画である。したがって、一般的な行政計画と類似しているのは災害予防計画の部分だけである。

第二に、防災計画の大部分は想定に基づいて策定されていることが挙げられる。そもそも、計画が機能する事態がいつ、どこで発生するかが特定できない。危機の深刻度もあらかじめ特定できない。つまり、計画策定主体がコントロールできないばかりか、時間や場所も特定できない要素が多数含まれているのである。防災計画を策定する際に大きな議論になるのが被害想定をどの程度に設定するかということである。これは、総合計画を策定する際に人口フレームをどのくらいに設定するかに似ている。しかし、将来人口は統計的に推計でき、また人口規模自体を計画によってある程度コントロールできる（少なくともコントロールしようとしている）と考えられる。ところが、被害想定は過去の事例を参考にするとはいうものの、あくまでも想定であり、自然の力を計画によってコントロールすることはできないし、しばしば人知の及ばない災害が発生するものである。このように、防災計画は策定の基盤が脆弱で、実効性について常に不安を含む計画なのである。

第三に、自然災害による被害は住民の生命、財産の全体に及ぶため、防災計画は社会の多くの側面を対象にしなければならないことを指摘しておく必要がある。救助、救命、消防、医療、治安、ライフライン、住宅、交通、通信、食料、農業や産業、教育など、通常の行政が対象としているほとんど全ての分野が関わってくる。まさに総合的な計画なのである。それゆえ、関わるアクターも行政だけではなく、民間企業やボランティアなどセクターを越えた広がりがある。ところが、総合計画の策定に比べて、防災計画の策定は自治体の中でそれほど注目されているわけではない。防災の専門家と防災担当部局が、いわばひっそりと作っているというのが実情だ。住民の多くは、いつ、どのようなプロセスで防災計画が策定されたのかを知らない。もちろん、できあがった防災計画の内容を熟知している住民もほとんどいない。

以上のように、防災計画は特殊な計画という性格を持っている。特殊であることが、他より目立つことにつながればそれなりに意味があるのだが、特殊であることは直接の関係者以外には関心が持たれないということにつながることの方が多い。実際、防災計画は災害対策を総合的に進めるという点では、まさに「計画による総合化」を目指しているのだが、その目的は必ずしも十分に実現していない。

危機管理に関する計画は他にも色々あるが、どれも危機管理計画であるがゆえに防災計画と同様の問題点を抱えている。さらに、自治体は多くの種類の危機管理計画を策定しなければならないため、計画づくりそのものが目的化してしまっている。たとえば、自治体としては、「感染症の予防及び感染症の患者に対する医療に関する法律（感染症予防法）」に基づいて都道府県が策定する「感染症予防計画」、あるいは「武力攻撃事態等における国民の保護のための措置に関する法律（国民保護法）」に基づいて都道府県および市町村が定める「国民保護計画」を策定することになっているが、結局は標準的なパターンの計画を形だけ作っておくということになってしまう。

このような状況では、計画によって様々なアクターの行動を総合的にコントロールすることは無理である。計画による総合化ということはなかなか実現しそうにない。北海道のように、二〇〇九年四月に北海道防災対策基本条例を施行するなど、危機管理体制が充実している例もある。北海道における危機管理では、安全保障や防衛、さらには原子力発電所の事故などの比重が大きいため、自然災害中心の危機管理を行っている多くの自治体に比べて、危機管理の位置づけが高いと言える。また、静岡県は、一九七八年に制定された「大規模地震対策特別措置法」に基づいて静岡県を中心とした「地震防災対策強化地域」が設定されていることなどを受けて、地震に対する危機意識が高いこともあり、地震に対する備えが他府県に比べて充実している。しかし、危機管理計画が総合的に機能する可能性があると考えられるのは、まだまだ限られた自治体にとどまる。

表4－1　大阪府内市町村の危機管理関係組織

組織の類型	市町村名
危機管理課・室等	大阪市　堺市　岸和田市　豊中市　池田市　泉大津市　高槻市　枚方市　富田林市　寝屋川市　河内長野市　和泉市　柏原市　羽曳野市　藤井寺市　東大阪市　大阪狭山市　阪南市　**岬町**
安全・安心課等	吹田市　松原市　大東市　箕面市
防災課等	守口市　茨木市　八尾市　門真市　摂津市　交野市　**島本町**（自治・防災課）　**太子町**（地域振興防災室）
総務・企画・自治振興部門　その他	貝塚市（庶務課）　泉佐野市（市民生活課）　泉南市（政策推進課）　高石市（環境保全課）　四條畷市（生活環境課）　**豊能町**（自治人権課）　**能勢町**（住民課）　**忠岡町**（自治推進課）　**熊取町**（企画課）　**田尻町**（企画人権課）　**河南町**（総務課）　**千早赤阪村**（総務課）

（出所）おおさか防災ネット http://www-cds.osaka-bousai.net/pref/GovernmentInquiry.html のデータに基づき筆者作成。なお，係レベルでは「防災係」などがある例があるが，課ないし室レベルで分類している。

（3）組織編成・権限の問題

危機管理に関する自治体の組織体制は徐々に整備されつつある。前出の北海道を例にとれば、総務部のもとに危機管理局が設置されており、ここに参事、危機対策課、原子力安全対策課が配置されている。危機管理だけで自治体がこれだけの組織編成をすることは、十数年前までは考えられなかった。しかし、危機管理専門の職や組織を設置できるのは、やはり府県レベルやある程度の規模の市や区でないと難しい。

大阪府の市町村の危機管理に関する組織をまとめると表4－1のようになる。この表からもわかるように、市では単に防災にとどまらず危機管理という概念で行政活動を展開する組織体制が整いつつあるが、町村になると従来の消防防災の範疇で対応している。そして、町村レベルでの消防防災は、総務・企画部門の一係程度の位置づけであることが多い。

事務分掌上は防災をはじめ危機管理を担当するという点では、組織の名称が何であっても変わりはないが、組織については「名は体を表す」という側面がある。また、危機管理に関わる名称を冠した組織を作ることは、政策的に危機管理を重視しているというシンボリックな意味がある。そのような観点からすれば、規模の大きな自治体では危機管理が組織という点で充実しつつあるが、規模の小さな町村では、他の業務の付随的な位置づけにとどまっているという傾向にある。

しかし、危機管理関係の組織を作っている自治体でも、それは最近の取り組みであり、組織の持っているノウハウやスキルは必ずしも高くない。実態としては、危機管理全般を扱うだけの人員、権限、予算、情報等の資源を持っておらず、従来の消防防災課と変わりないというケースもある。

阪神淡路大震災以降、しばしば大規模自然災害が発生したり、地下鉄サリン事件、ＪＲ福知山線の脱線事故、鳥インフルエンザや口蹄疫の流行などの事件・事故等が相次いで発生したりしていることから、自治体で危機管理に対する関心や優先順位が高まっていることは間違いないだろう。そして、その現れが危機管理関係の組織の設置である。危機管理は総合的な対応が必要であるため、従前の事業部局のどこにも位置づけることができない。その結果、首長直轄の組織になることも少なくない。ただ、このような場合、首長をはじめ自治体関係者が高い優先順位と重要性を認識して首長直轄にしているわけではないということが問題である。組織図上は位置づけが高いように見えるのだが、日常的にはこれといった業務がなく、かといっていざという時の危機管理のスキルやノウハウが高いというわけではないという組織になっていることが少なくないのである。結局、危機管理関係の組織は自治体全体を総合的にコントロールするだけの権限も専門性も十分ではないことになりがちである。

ところで、危機管理という観点から自治体行政を検討する際にも、地方分権を進める中で生じている問題を避けて通ることができない。なぜなら、そこではやはり組織の権限の問題が出てくるからである。すなわち、今時の地方分権においては、並行して民間化と規制緩和が進められてきたことが特徴であるため、地方への権限移譲の前提条件として、規制緩和が唱えられたり、危機管理において必須となる行政手段の多くを民間化したりすることが少なくない。

たしかに、過剰な政府の関与は政府部門の無駄を生み出すだけでなく、民間部門の活力や主体性を削ぐことになる。しかし、国が規制緩和を進めるから、自治体も規制緩和を進めるべきであるとは単純には言い切れない。少なくとも、危機管理という観点では、地方ごとの実状にあわせた規制が必要となる場合が生じるはずである。

たとえば、建築規制については、建築基準法等によって国が定める一般的な規制に加えて、自治体がそれぞれの地域の地形、地質、人口密度、消防能力、住民の生活パターン等の特殊性に応じて「上乗せ」、「横だし」規制を加えることが必要になるのではないか。自治体の行う規制までを一律に規制緩和の対象にするのは、地方分権の趣旨に合致しない。地域住民が合意し自治体が独自に規制する限りにおいては、規制緩和の原則は適用するべきではない。今日、地球環境を守るための規制に対して批判や抵抗が公然とはできないのと同様、東日本大震災を経験した現在において、危機管理を目的にした規制については国内外の世論も拒否はできないはずである。ただ、大災害の教訓や経験といえども時間とともに薄れていくものである。早く対応しないと、危機管理を想定した規制はだんだん難しくなるだろう。その際に、自治体の政策能力が問われることになるのは言うまでもない。闇雲に規制を強化するのではなく、必要にして最適な規制を行うことが求められているのはもちろんであるが、同時に住民や関係者の納得と合意を得るような政策過程を展開することが必要なのである。

また、最近では行政改革の一環として現業業務を中心に民営化や民間委託が進められているが、このことが危機管理のうえではきわめて深刻な問題を生み出している。危機管理は、実際に危機状況が発生しない限り、計画や概念に過ぎないのだが、実際に危機状況に直面したときには、様々な実働部隊がなければ何一つ機能できない。計画としては万全のように見えても、実際には重機がなかったり、そのオペレーターが確保できなかったりということが起こるのである。また、自治体が災害を受けた他の自治体を支援する場合にも、自前のパッカー車がなくてはゴミ処理で協力することはできないし、そもそも被災地が一番求めている現場で復旧、復興に携われるプロを派遣したくてもその職員が既に自治体にはいないという状況になりつつある。自治体の危機管理能力を高めることを検討する際に、計画策定能力や危機管理の組織体制を整備することも大切であるが、肝心の手足になるべき組織体制が組めないことになっては、自治体全体の危機管理能力が低下することになる。

組織や人員の削減、ひいては人件費の削減に躍起になるがあまり、住民の生命と財産を守り、安心・安全な生活を保障するという自治体の最も重要な機能に直結している危機管理能力が弱体化していくことに目を向けないのは、あまりにも狭隘な視点であると言わざるをえない。目先のコストダウンが危機に対して脆弱な体質を作ることを肝に銘じておく必要がある。

4　自治体間連携の問題

(1)　地方分権と補完機能

地方分権の進展に伴って従来の国と地方の関係、さらには地方における自治体間の関係が議論されてきた。そこでは、国と地方の関係は対等平等の関係であり、都道府県と市町村の関係も対等横並びの関係であるということが強調されているのは周知の通りである。そして、地方分権の基本的な考え方として市町村優先主義があることも広く認知されている。一般論としてこれらのことに異論を差し挟むつもりはないが、危機管理に関しては一般論だけでは実態に即した議論が成り立たない面もあることに注意しなければならない。

このことは、先の東日本大震災によって明らかになっている。この大震災とその後の津波によって、基礎自治体が完全に機能停止してしまうという事態を経験した。災害によって庁舎が消失するとか、一時に首長をはじめ多数の職員が亡くなるという状況は、まったく想定できないことではないものの、現実味を持って対応が検討されていたわけではない。業務継続計画（ＢＣＰ）が自治体でも関心を持たれているが、活動の拠点となるべき庁舎や、最高指揮者の首長を失うということは、実質的には自治体行政としての機能が停止状態になっていると言ってもよい。東日本大震災の際には、それでも行政は一定の災害応急対策を実施していたのは、日本の自治体行政の優秀さと公務員の責任感の強さの表れであるといえよう。とはいえ、庁舎もなく、職員が激減し、情報通信手段を失った自治体行政が、自立的に業務を遂行することには限界がある。そこで注目しなければならないのは、基礎自治体同士の横の支援や機能補完（水平補完機能）と、市町村と都道府県の間、さらには自治体と国との間の縦の支援や機能補完（垂直補完機能）である。

(2) 垂直補完

垂直補完という点では、しばしば補完性の原理が取り上げられる。市町村でできることは市町村で、どうしてもできないことは都道府県で、都道府県でもできないことだけを国でやるという考えである。この考え方に従えば、地方に関わることの大半は市町村でできるし、その方が適切である。いわゆる市町村優先主義が主張される所以である。しかし、これはあくまでも平常時の話である。危機管理においては、必ずしもこの常識的な整理が成り立たないことがある。すなわち、平常時は各自治体が恒常的に一定の機能を完遂できない場合の補完が問題になる（たとえば、平成の市町村合併の流れの中で合併しなかった小規模町村など）のに対して、危機管理の場合は、一時的に機能の低下や麻痺が起こっている場合の臨時的補完が問題になるので、検討の視点や要素が異なる。

では、危機に際しては国が集権的に地方行政を代替して執行するのが良いのかというと、これまた単純にはそうとは言えない。大震災の際の避難所を考えてみれば判るように、住民のことをよくわかっている職員が必要であるし、様々な救援、復興活動では土地勘があり住民気質を知っている職員が必要である。つまり、簡単に国の職員が代替できるわけではない。府県レベルの職員であれば、土地勘などの点でかろうじて市町村職員の代替が可能である。

そこで、危機管理を前提に垂直的な補完を考えると、次のようなことを考えておく必要がある。平常時は、いわゆる補完性の原理に基づいて市町村を中心に地方行政が運営されることが望ましい。しかし、いざ危機状況が発生した場合は、市町村業務の一定部分を府県レベルで補完する体制を構築する必要がある。その際に重要なのは、あくまでも補完であるから、中心が市町村であることには変わりない。市町村を中心としつつも府県が有効に補完するためには、常日頃から府県が市町村の実態をしっかり把握し、いかにすれば市町村の仕事がスムーズに進むかということに配慮することに心がける必要がある。知事が選挙を意識して市町村のやるべきことにまで手出し、口出しして、市町村との関係を悪化させているというような事態は、危機管理時の垂直補完が難しくなる典型である。

また、国と地方の関係では、市町村の支援に回って手薄になった府県レベルの補完を国が担うべきである。しかし、国の場合は、地方に対する人的な支援よりも財政的な支援と権限の付与が重要になる。地方に対してできるだけ早急に一定額の財政支援を行い、将来の財政負担についても最小限のルールの下で国が保証することが求められている。また、通常の法制度とは異なる特例的な権限移譲を行うような仕組みが必要である。端的にいえば、「カネは出すが口は出さない」という補完体制である。これは平常時でも求められていることではあるが、危機管理においてはとりわけ重要である。災害時に、被災地域に国が乗り込んで対策本部を設置したり、国の職員が自治体に入り込んだりした場合、自治体ではかえって混乱してしまうものである。

アメリカの連邦緊急事態管理庁（Federal Emergency Management Agency）をモデルにした、日本型ＦＥＭＡの設置が主張されることがある。しかし、日常的に総合的公共サービス供給主体としての基礎自治体が完備している日本の場合は、住民が日常生活の大きな部分で自治体に依存している度合いが強い。そこにアメリカのようにアドホックな国の機関が入り込んでも地方で上手く機能するという保証はない。

(3) 水平補完

水平補完機能については、市町村間、府県間の支援、補完が検討対象になる。これらの水平補完機能はさらに、近隣の自治体間の補完と、遠隔地の自治体間の補完に分けて考える必要がある。隣り合っているかすぐ近くの補完は、先に述べた土地勘や住民気質についての知識という点でも、そして物理的に近いという点でもきわめて有効な補完である。したがって、災害時の相互応援協定にみられるような補完の体制をあらかじめ設定しておくことが有益である。

しかし、近隣であることは自然災害や感染症の発生などでは同じ危機に見舞われる可能性が高いことから、遠隔地の自治体との補完関係を確立しておくことも必要である。以前から、何らかの縁を基に友好関係や姉妹関係で付き合いをしてきた自治体が多く存在する。このような関係を、単に友好交流にとどめるのではなく、危機における水平補完に発展させることが必要であろう。

もっとも、危機管理において有効に補完するうえで、いわゆる類似団体のように規模や特性が似通っていることにあまりこだわる必要はないが、常日頃から情報交換を密にしておくことが求められる。とりわけ重要になるのは、危機管理能力と危機管理体制で、ほぼ同水準を持っている自治体同士であることである。なぜなら、危機管理のスキルやノウハウがない自治体では、他の自治体の危機管理を支援できないからである。また、受け入れる自治体の危機管理能力が低いと、支援に行った自治体職員が有効に活動できないからでもある。

自治体によっては、災害に備えて図上訓練やロールプレイング方式によるシミュレーション訓練などを実施して、かなり具体的な対策をとっているところがある反面で、地域防災計画を作っただけで満足して、年に一回の恒例になった住民防災訓練程度しか実施していないところもある。つまり、自治体においては、防災の分野だけに限定しても、かなり実力にばらつきがあると想定される。ましてや、広い意味での危機管理全般となると、その差はもっと大きいと言わざるをえない。経験や実力であまりに差がありすぎると、有効な補完、協力関係は実現しない。これは単に自治体の規模による違いで起こる問題というより、危機管理に対する意識と準備の違いによって起こる問題である。

ともあれ、危機の種類や程度は様々であるため、どの程度の範囲を想定したら有効な水平補完機能が確保できるかは一概に定めることはできない。したがって、危機管理のために府県より広い範囲を統括できる道州制が有効だというような議論は、限られた経験に基づく一つの見解に過ぎず、人知の及ばないような事態にも対応することを念頭に置いた危機管理という視点からすれば稚拙な主張である。色々な補完のパターンを幾重にも準備するという原則で議論をすべきである。

5　ボランタリーセクターと行政の関係

阪神・淡路大震災以降、危機管理におけるボランティアやＮＰＯなどのボランタリーセクターに対する関心が高まった。大きな災害が発生すると必ず全国から「災害ボランティア」が集結することが通例となっている[(2)]。今や、危機が発生した際に、行政の有する資源と能力だけで対応できないことが周知の事実となり、ボランタリーセクターの協力なくしては危機管理は成り立たないと考えられている。もっとも、行政はこれらの活動主体との良好な関係を築いているのかというと、必ずしも満足のいく状態ではない。まだまだ関係の模索という段階であると思われるが、ボランタリーセクターと行政との関係を考える際には、少なくとも次の二点が重要である。

第一は、前述のように近年では平常時でも社会における全ての公共的問題を行政だけで処理することは不可能になっており、ボランタリーセクターが社会システムの一翼を担っているということである。また、ボランタリーセクターの主要メンバーであるボランティアやＮＰＯは日常から行政とは異なるネットワークを築いており、このネットワークは危機状況においても有効であり、かつ行政を補完するように機能することである。もっとも、それらのこと自体は、多くの行政関係者も既に認めているところである。より重要なのは次の点であろう。

第二は、ボランタリーセクターが重視されてきたにもかかわらず、平常時においてもこれらの活動主体と行政の間の意志の疎通は未だに十分とはいえないということである。民主党が政権を獲って以来、「新しい公共(3)」が模索されているし、「パートナーシップ」は今や決まり文句のように多用されている。あるいは政府セクターと民間セクターの概念に「ボランタリーセクター」とか「コミュニティセクター」といった新しい概念が付け加わって、社会の構成要素が多様化している。さらに、これらのボランタリーセクターと行政との間の協働、協力関係を定めた協定として「コンパクト(4)」が締結されつつある。しかし、言葉や概念が一人歩きしているだけで、必ずしも実態が伴っているわけではない。特にパートナーシップとかコンパクトといったカタカナ語は、日本語にまったく同じ言葉がなかったことの証であり、それだけ日本人には馴染みにくい面もある。

福祉サービスにおける「ボランティアの活用」とか地域活性化における「民間活力の導入」も一種のパートナーシップかもしれない。しかし、いずれにおいても、行政と民間それぞれの活動主体の特性や本質の違いを十分に自覚したうえで、お互いに相手の特長や持ち味を理解し認めあって、それぞれが出来ることをやって相互補完するという本来のパートナーシップとはほど遠い。これでは、平常時ですら信頼関係が築けておらず、危機状況において上手く機能するとは思えない。

したがって、平常時から行政とボランタリーセクターがお互いの本質や特長を知り、それらを認め合うことが必要である。たとえば、ボランティアやＮＰＯは必要即応、臨機応変を特徴としているのに対して、行政は公平・平等を活動の原理としている。そして、危機状況では往々にして行政の活動原理よりもボランティアの原理の方が有効であるケースが多いものである。危機管理において行政とボランタリーセクターがどのような役割分担と相互補完をするのかについて、この根本的な違いに基づいた議論が必要となる。そのうえで、全てのアクターが相互に資源の依存関係を構築して、安定して機能を発揮できるためには、地域の実情や実態に合ったネットワークを構築しておくことが求められる。介護、教育、子育て等々の政策の形成、実施に関わるセクターを越えたネットワークの構築と、その維持管理がしっかりできていれば、危機管理においても有効である。そして、そのようなネットワークを作り、管理するうえで、自治体行政の役割は今なお重要である(5)。

6　意思決定の問題点

(1)　組織におけるプログラム化

国、地方を問わず行政活動は平常時を前提に体系化されている。また、行政組織は、行動をできるだけプログラム化し、行動をルーティン化して、組織目的の達成を図り管理を容易にしようとする傾向がある。平常時においては、プログラム化やルーティン化はたしかに有効であることが多い。すなわち、業務の安定性と迅速性を高めることに貢献しているのである。行政活動を規定している法令も、大半は平常時を前提とした規定である。法律に基づく行政が要請されているため、手続は厳格かつ詳細にルール化されている。そして、法令に規定された手続の繰返しは、徐々に活動のルーティン化をもたらすことにもなる。

このような平常時を前提としたシステムは、行政の日常活動を合理的かつ能率的に進めることを可能にし、合法性を確保することに寄与している。しかし、通常と異なる事態が発生した場合や想定されていないような問題に直面した場合には、対応が遅れたり有効な問題解決が図れなかったりすることになる危険性もはらんでいる。したがって、行政における問題解決行動についての検討が必要となるのである。

(2) 状況定義の問題

プログラム化やルーティン化が進んだ組織が、通常とは異なる問題（その典型が危機である）に遭遇した場合、最初にしなければならないことは状況定義（状況把握）である。状況定義が的確にできないと、その後の対応は不可能である。問題解決的行動が必要となったときでも、従来からの行動様式の範囲内で状況定義をしようとすることは、古くから指摘されているところである[6]。したがって、危機における状況定義のためのチェックリストは一定の有効性を持つ。しかし、ともすると事態への対応の手順や内容の方に重きが置かれる傾向があり、初期段階での状況定義についてのプログラムが不十分になりがちである。まず、事態を正しく把握するためのチェックリストであるとか情報伝達経路を確立することにより、組織メンバーが危機を正しく認識できるようにしておくことが重要である。

このような意味では、従来はメカニカルなシステムの危機管理の方が進んでいると考えられていた。たとえば、航空機に何らかの異常が発生した場合、乗員はまずチェックリストに基づいて状況把握を行う。このチェックを行うことによって、どこにどのような異常が発生しているのかをできるだけ早く正確に知ることができるのである。航空機はもともと人間が考えた設計に基づいて組み立てられたパーツの集合体であるため、チェックリストが作りやすい。しかも、各パーツがシステム全体で果たしている役割や機能があらかじめ分かっているし、そのパーツの不具合がシステムにどのような影響を与えるのかについてもかなりの程度まで把握されている。しかし、福島の原子力発電所の事故では、人間の作ったシステムでも状況定義すら困難になることが明らかになった。ましてや、行政組織が対応している社会システムは複雑で未解明な部分が大きいため、状況定義のためのチェックリストを作るのが困難である。ではどうすれば良いのか。

さしあたり、情報収集のために連絡をとるべき相手方のリストを整備するとか、情報伝達の複数のルートを用意しておき使用の順序を定めておくといったことが考えられるだろう。そして、集めた情報をあらかじめ用意したチェックリストに照らして状況を整理するのである。実はこの種の行動のプログラムは、既に多くの防災計画や危機対応マニュアルなどにだいたい定められているのである。しかし、ある程度のチェック項目を設定することは可能かもしれないが、あらかじめ状況を把握するための完全なチェックリストを作成しておくことは諦めざるをえない。その最大の原因は、危機状況下では情報伝達が想定通りには行えないし、取得した情報の信憑性についての確認がただちにできないなど、情報面での制約が多いからである。完全情報に基づいて判断することが合理的意思決定であるが、危機管理においての決定は合理的意思決定から最も離れた極端に限定された合理性の下で行うことになる。(7)

そこで、次善の策は状況定義を行う責任者を明確にしておくことである。言うまでもなく、組織は権限の体系であるから、もともと決定権限を持っている人は明確になっている。組織の長が最終決定権を有しているし、必要に応じて専決権が定められており、決定の役割分担ができあがっている。しかし、危機の際には利用可能な全ての情報が通常の決定権者に集まるとは限らない。しかも、東日本大震災の例にもみられるように、そもそも決定権者が本来の役割を遂行できるという保証はない。そこで、一定の条件（複数の手段を使っても上司に連絡がとれないとか、連絡をとるだけの時間的余裕がない場合など）が揃えば、状況定義の権限を自動的に付与するシステムをルールとして確立することが必要になる。もちろん、ルールなどなくても、緊急避難的行為が認められることはあるので、いざとなれば個人の判断で行動することは可能である。しかし、行政組織のメンバーは常日頃から無難な選択をすることになれているため、のちに責任を追及されるような判断を避けようとするものである。したがって、明文化した権限付与のルールと、一見明白な瑕疵がない限り責任を追及されないルールを定めておかなければならないのである。

以上のように、平常時にはプログラム化された業務処理を得意とする行政組織であるがゆえに、危機管理においても可能な範囲で問題解決的行動をプログラム化しておくことが有益ではある。しかし、危機管理をプログラム化するというのは、ある意味で大きな矛盾をはらんでいる。なぜなら、本当の危機とは想定を超えていたり想定外であったりするものであるからだ。

(3) 自治体行政組織の意思決定

日本の行政組織の場合、さらに危機管理が不得意になる要素を持っている。特に自治体行政には顕著にみられる要素である。それは、第一に日常の業務遂行が集団的に進められるというスタイルである。以前から、日本の行政組織は「大部屋主義」で業務を遂行することが一般的であると指摘されてきた[8]。個人に対して明確な決定権の付与が行われていないことが多い。その結果として特定の個人が意思決定を行うというより、集団として意思決定を行うことになる。職場環境も個人として仕事をするというより、数人が顔を合わせてお互いの行動が常に見合える状態である。そのような環境であるから、常日頃から相談や意見交換がやりやすい。したがって、良く言えば個人の独断専行を許さない体制であるが、悪く言えば個人が責任を持って意思決定をすることがなくなるのである。諸外国の行政機関のオフィスが、パーティションで区切られていることが多いのとは対照的である。

このような環境で業務に従事していると、危機管理との関わりでは次のような問題が生まれる。すなわち、日常とは異なる状況に遭遇すると個人では意思決定ができなくなり、大きな遅延や機能麻痺を引き起こす危険が大きいという問題がある。組織メンバーと相談したり、上司の指示を仰いだりしない限り、自己の責任で意思決定をすることができない。これは危機管理においてはきわめて深刻な問題である。前述のように、危機管理は最もルーティンとは異なる状況であるから、状況定義から始まって具体的な対応策までの非ルーティンの意思決定を連続的に行わなければならないし、しかもそれがいつものメンバーと共同して行えないのである。個人の責任で意思決定をする習慣がなく、そのトレーニングを受けていない人には、危機管理業務を遂行することが困難になることが多い。

個人に一定の仕事が完結する程度の権限を付与して、個人の責任で業務を遂行するという姿勢は、危機管理にとって有効であると同時に、仕事の達成感と結果に対して職員個人が評価されうることから、モチベーションの向上にもつながる。[9]そろそろ自治体における業務遂行形態の見直しを検討すべきであろう。

(4) 政策形成の欠如

もうひとつの重要な要素は、自治体行政ではこれまでしっかりとした政策形成が行われていなかったことである。ここでいう政策形成とは、問題を把握し、その問題を分析して課題を抽出し、その課題を実現するための政策を策定する一連のプロセスを指している。単に新規事業を企画立案することではない。[10]従来の自治体は、国が示した政策の枠組みの中で事業を実施することを中心業務としていた。その結果、決められた事業を実施する能力は高いが、自ら問題を発見する能力が低くなってしまっている。そもそも問題を発見しようという発想が欠如している傾向すらある。

このことは、前述の問題解決行動で必要な状況定義や、危機管理で求められる主体的に意思決定をする能力の低さにもつながるのである。常に問題意識を持たない者が、危機状況で状況定義を行い、どこにどのような問題があるのかを的確に把握することは不可能に近い。また、常日頃から問題を分析することがない者が、危機状況で情報を分析することも難しい。

以上のことは、単に自治体職員個人の問題にとどまるのではなく、組織全般にも当てはまるのである。事業を担当する部署は、もっぱら事業実施のことだけを考え、地域社会や住民生活の中にある問題を見つける発想がない。むしろ、問題は事業を実施するうえでの障害として排除すべきものという意識の方が強くなる。このような組織では、業務に直接関係のない問題は気づかないか無視するようになる。そのため、危機状況のように、通常の業務の範疇に収まりきらない問題を把握する素地が育っていないことが多い。

自治体行政は、問題を解決するための手段や方法については関心があるし、それなりのノウハウや実績を持っている。危機管理についても、現状が明確に把握できた後にその状況に対応する手段や方法についてはそれなりに知識を蓄積している。しかし、危機管理のスタートラインであり最も重要といえる状況定義が苦手なのである。したがって、今日の自治体行政には問題発見から始まる政策形成を積極的に行うことが求められているのである。そして、自治体は、地方分権の時代に地域の実態や住民ニーズに適応した独自の政策を開発することを求められている。自治体に対して地方分権が要請するものと、危機管理が要請するものは、多くの部分で共通するのである。

7　地方分権と自治体の危機管理

地方分権の進展に伴い、自治体に対する期待は大きくなっている。そこでの自治体とは必ずしも行政を指しているわけではない。むしろ近年では、行政の役割は相対的に縮小するべきだという議論が少なくない。「新しい公共」の議論に典型的にみられるように、行政（政府部門）が担っていた公共的機能を、民間企業やＮＰＯなどの非政府部門が担うことが求められている。

しかし、危機の際の行政の役割を過小評価するべきではない。特に基礎自治体を中心に自治体行政は、危機発生直後からまさに命がけで対応をしているのである。いかに全国からボランティアが集まるとしても、行政の機能の全てを代替できるわけではない。それゆえ、自治体行政は危機管理能力の向上を図ることが責務となるのである。しかし、本章が指摘したように、危機管理能力は特別の訓練だけで高まるのではなく、基本的な組織編成や日常の業務への取り組みの中で高められる面が大きい。縦割り行政の打破、総合化、垂直・水平補完関係、ボランタリーセクターと行政の関係、政策形成の推進と意思決定過程の改革など、以前から自治体において検討すべき問題として指摘されていたことでもある。

危機管理について検討することによって、今日の自治体行政の課題が改めて明確になる。また逆に、今日の自治体行政が抱える問題を一つずつ解決することが危機管理能力の向上につながるのである。そして、喫緊かつ重要な危機管理能力の向上という課題を視野に入れることによって、これからの行政改革のひとつの方向性が見出せるのではないだろうか。

注

（1）このような観点で自治体の防災体制を検討したものとしては［中邨　二〇〇〇］を参照のこと。

（2）ボランティアに注目が集まるきっかけにもなった阪神淡路大震災の経験を基に行政とボランタリーセクターの関係を議論したものとしては、［早瀬　一九九五］および［佐野　一九九五］が参考になる。なお、危機管理におけるボランティア等と行政の関係についての筆者のより詳しい見解は［真山　一九九七］を参照。

（3）自民党麻生内閣の時代に事業者団体、消費者団体、労働組合、金融セクター、NPO・NGO、専門家、行政などから選ばれた代表による「安全・安心で持続可能な未来に向けた社会的責任に関する円卓会議」が設置され、行政と民間の諸セクターとの間の役割や責任の分担が議論されはじめた。民主党への政権交代が行われたことにより、現政権は第百七十三回国会における内閣総理大臣所信表明演説に基づき、二〇一〇年に「新しい公共円卓会議」を新たに設置して、協働のさらなる推進を模索し始めた。同円卓会議は『「新しい公共」宣言』を発表し、そこでは「私たち国民、企業やＮＰＯなどの事業体、そして政府が協働することによって、日本社会に失われつつある新鮮な息吹を取り戻すこと、それが私たちの目指す『新しい公共』に他ならない」としている。

(4)　一九九八年にイギリスで政府（行政）とＮＰＯ・コミュニティ組織などのボランタリーセクターとの関係について示した文書が公表された。この内容については、政府とボランタリーセクターの双方が合意していることから「コンパクト（協定・協約）」と呼ばれている。コンパクトは「契約」ではないため法的拘束力は発生しないが、互いの役割を明確にしたうえで双方が合意し、署名、発行されたものである。『イギリスのコンパクトに学ぶ協働のあり方――ボランティア・市民活動、ＮＰＯと行政の協働をめざして』（東京ボランティア・市民活動センター、二〇〇三年）などを参照。

(5)　自治体におけるネットワークの設計、構築、管理に関しては［真山 二〇一一］を参照。

(6)　意思決定における状況定義に関しては、[March & Simon 1958] および [Simon 1977] を参照のこと。

(7)　意思決定における合理性の問題については、[Simon 1983] を参照。

(8)　「大部屋主義」は大森彌によって指摘された日本の行政における業務遂行形態の特徴である［大森、1987］。もちろん、いくら大部屋主義とはいっても、職員個人に業務分担があるのは当然であり、一定の決定権を個人が行使しているのも事実である。ただ、多くの場合は、それはルーティンワークの範囲に限られることが一般であり、この範囲を越えるような事案では集団的に対応することになる。大部屋主義と言われる日本型行政の実態をより詳細に検討したものとしては［入江 二〇〇四］を参照のこと。

(9)　公務員のモチベーションの問題については、［太田 二〇一一］が参考になる。

(10)　政策形成のとらえ方は［真山 二〇〇一］を参照のこと。

参考文献

入江容子「地方自治体における職務管理――大部屋主義の再検討と目標管理の導入へ向けて」『日本労働研究雑誌』第四六巻第二・三号、二〇〇四年。

太田肇『公務員革命――彼らの〈やる気〉が地域社会を変える』ちくま新書、二〇一一年。

大森彌『自治体行政学入門』良書普及会、一九八七年。

佐野章二「生まれるか『ボランティアといえる住民』――阪神・淡路大震災とボランティア活動」『都市問題研究』第四七巻第八号、一九九五年。

橋本信之「危機管理と自治体組織」『都市問題』第九三巻第二号、二〇〇二年。

早瀬昇「ボランティア活動の特性と活動推進上の課題――阪神・淡路大震災への取り組みを素材に」『都市問題研究』第四七巻第八号、一九九五年。

中邨章『行政の危機管理システム』中央法規出版、二〇〇〇年。

真山達志「地方自治体における危機管理システム」『ジュリスト　阪神・淡路大震災特集』一九九五年。

真山達志「危機発生時のおける行政システムの課題」『都市問題研究』第四九巻第一号、一九九七年。

真山達志「防災行政の課題」日本行政学会編『年報行政研究三二号　比較の中の行政と行政観・災害と行政』ぎょうせい、一九九七年。

真山達志『政策形成の本質――現代自治体の政策形成能力』成文堂、二〇〇一年。

真山達志「危機管理と計画」『都市問題』第九三巻第二号、二〇〇二年。

真山達志「危機管理に必要な自治体の能力」『自治体危機管理研究』第七号、二〇一一年。

真山達志「地方分権時代におけるネットワークの設計と管理――現代の自治体行政に求められる能力」『法学新報』第一一八巻第三・四号、二〇一一年。
J. G. March and H. A. Simon, *Organizations*, Wiley, 1958.（J・G・マーチ、H・Aサイモン著、土屋守章訳『オーガニゼーションズ』ダイヤモンド社、一九七七年）

H. A. Simon, D. W. Smithburg, and V. A. Thompson, *Public Administration*, Alfred A. Knopf, 1950.（H・A・サイモン、D・W・スミスバーグ、V・A・トンプソン著、岡本康雄他訳『組織と管理の基礎理論』ダイヤモンド社、一九七七年）

H. A. Simon, *The New Science of Management Decision*, Prentice-Hall, 1977.（H・A・サイモン著、稲葉元吉他訳『意思決定の科学』産業能率大学出版部、一九七九年）

H. A. Simon, *Reason in Human Affairs*, Stanford Univ. Press, 1983.（H・A・サイモン著、佐々木恒男他訳『意思決定と合理性』文眞堂、一九八七年）

（真山達志）

第Ⅱ部　リレーションシップ

第5章　公共サービスの質とグレーゾーン

1　政府民間関係におけるグレーゾーンの拡大

(1) グレーゾーン

本章は、公共サービスにおける政府と民間の関係、特に、公共サービスの民営化や民間委託といった事柄を中心に扱う。新しい公共経営（New Public Management〈以下ではＮＰＭと言う〉）などの隆盛に伴って、多くの公共サービスにおいて、企業やＮＰＯなどの民間組織が公共サービスの実施を担うようになった。政府民間関係の曖昧な部分は、グレーゾーンと呼ばれるが、近年のＮＰＭ改革はこうした領域をいっそう拡大させたように思われる。グレーゾーン拡大の課題は何かを探るのが本章の目的である。

日本の公共サービスは国や地方自治体本体の公務員によってのみ提供されているわけではない。政府の関与が大きい準行政組織や、さらには政府の規制のもと様々な民間組織が公共サービスの提供に参加している。政府本体ではないものの政府の関与や規制が強い組織、そして、それら組織の活動がグレーゾーン領域である。純粋に政府本体の活動領域でもなく、純粋に民間企業の活動領域でもない中間領域に存在する組織や活動が本章の検討対象である。

図５－１は公共サービスの供給主体に着目して、グレーゾーンの領域を図示したものである（真山 二〇〇一：三

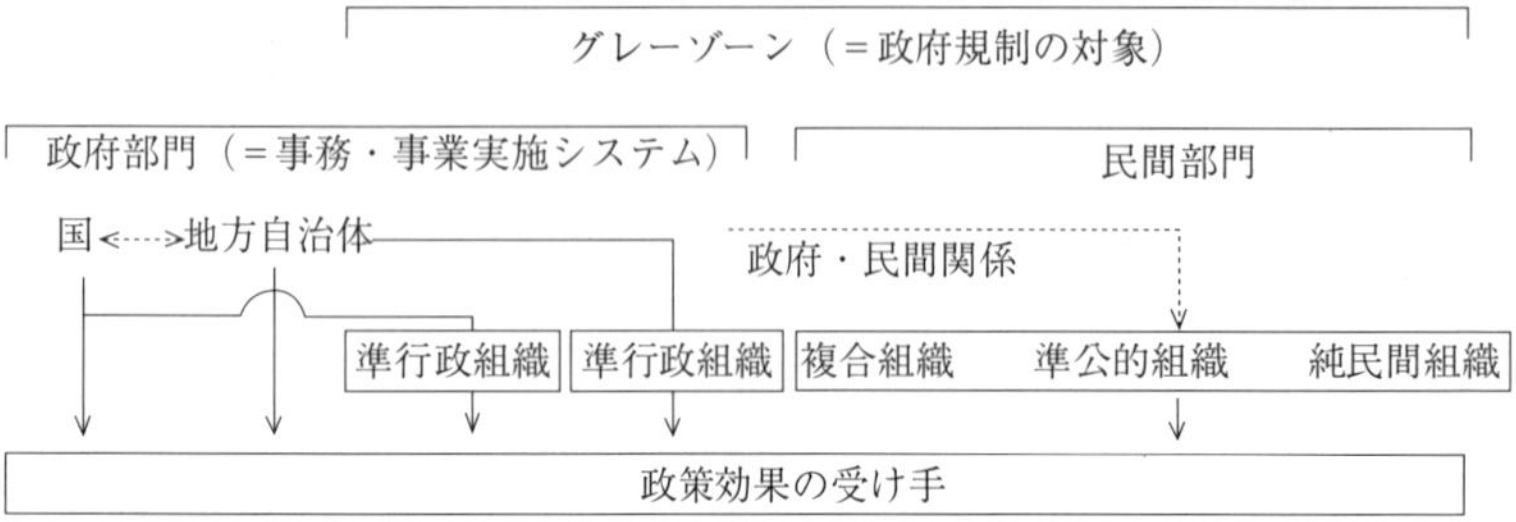

図5－1　グレーゾーンの概念

（出所）［真山 2001：33］。一部加筆修正。

三）。具体的なグレーゾーンの組織として、第一に、国、地方それぞれのレベルにおいて存在する準行政組織が挙げられる。国レベルの準行政組織の代表は、特殊法人である。特別の法律等に基づいて政府によって直接設置される組織であり、人事や予算について政府の強いコントロールを受ける。地方自治体においては地方公社等が準行政組織に該当する。

第二に、複合組織と呼ばれるものがある。形式は株式会社など民間組織の形態をとりつつも、政府がその株式を保有するなど、政府の関与が強い団体である。国レベルの特殊会社や、地方レベルのいわゆる第三セクター等がこれに該当する。

そして第三に準公的組織と呼ぶべき存在がある。政府の認可や規制がある一方で、非営利活動（公益活動）を行うことを前提に税制の優遇措置等が認められる団体である。公益性の高い特別目的のために存在する、いわゆる公益財団法人・社団法人、学校法人、社会福祉法人等が挙げられよう。

一般に、グレーゾーンとは、こうした政府関与の強い組織を指す言葉であると思われるが、広い意味では、これ以外に、公共サービスの委託を受けて活動する株式会社といった純民間組織もグレーゾーンと呼びうる。ごみ収集や学校給食を受託している民間企業等がそれに該当する。こうしてみると、法的根拠を持ち、公費で運営されている公共サービスの分野でも、政府本体ではない団体が活動する領域が大きいことが分かる。

(2) NPM改革とグレーゾーン

近年のNPM的な改革手法は、こうしたグレーゾーンとも大きく関わっている。NPM改革においては、競争原理導入や権限移譲による効率的な公共サービス運営が目指され、政府本体以外の様々な準行政組織・民間組織の公共サービスへの参加や民間企業的な経営手法の導入が進められた。そのすべてを網羅することは難しいが、代表的な改革手法として次のようなものを挙げることができる。

(1)　準行政組織等の設立

政府の関与の強い特殊法人等を設置し、公共性の高いサービスを担わせる手法である。二〇〇一年四月より独立行政法人の制度が設けられ、政府の業務を部分的に切り離して独立行政法人に実施させることになった。独立行政法人は特殊法人と比較すると、資金調達や納税といった点で自立性が高いとされ、特殊法人から独立行政法人への移行も促された。

(2)　民営化

「民営化」の概念は様々な意味合いで用いられるが、ここでは、政府本体や準行政組織が事業主体となるサービス提供から、複合組織や純民間組織等の民間部門が事業主体となるサービス提供へと移行することと定義したい。郵政三事業（郵便、郵便貯金、簡易保険）が、郵政事業庁、郵政公社を経て、日本郵政株式会社によって実施されるようになったケースがこれに該当する。

(3)　民間委託

政府が事業主体となりサービス供給の責任を担いつつも、その業務の実施を準公的組織や純民間組織等の民間部門に委託することである。学校給食やごみ収集等の業務委託の事例が多く見受けられる。サービスの提供に公共施設が必要な場合は、次の公設民営やＰＦＩといった手法も用いられる。

(4)　公設民営

公共施設やサービスの運営を包括的に民間部門に委ねる手法である。公の施設の運営を包括的に民間企業やＮＰＯ法人などに委ねる指定管理者制度はこの手法に分類できる。民間の経営手法を導入することにより、施設運営のコスト削減とサービスの質の向上を実現することを目的としている。図書館や博物館、体育施設、文化ホールの運営等に導入されている。

(5)　ＰＦＩ（Private Finance Initiative：民間資金活用）

民間の経営手法だけでなく、民間の資金をも活用し、公共施設等の建設・管理運営を一体的に民間に委託する手法である。指定管理者制度と比較すると、施設の新規建設が必要な場合に用いられることが多く、事業期間が長くなる傾向がある。文化施設や庁舎の建設事例が多い。

(6)　利用者選択

利用者が様々な供給者の中から自分の好きな供給者を選んで、サービスを利用できるようにする。公共サービスの供給者が利用者の意向に敏感になる状態をつくり、サービスの向上等を図る。保育所の利用や公立小・中学校の学校選択制がこれにあてはまる。利用者が様々な供給者の中から、より良いところを選択できるように、政府や第三者機関が様々な供給者を評価して情報提供を行うこともある。

この他、公務員の業績評価、予算管理手法等ＮＰＭによる改革は多岐にわたる。民営化や民間委託は、従来より継続して行われてきたものであるが、近年のＮＰＭはこうした改革の傾向を再度強化するものであった。結果として、政府と民間の間のグレーゾーンはいっそう、拡大したと考えられる。すなわち、株式会社等が複合組織や純民間組織として従来の公共サービスの実施に参加する機会がよりいっそう増加したのである。様々な改革手法により、公共サービスの供給組織間の関係はきわめて複雑になり、「政府の領域」と「民間の領域」には単純な境界線を引くことが困難になっている。

このように、公共サービスの実施を様々な形態で民間組織に委ねていくことの是非については、大きく意見が分かれている。民間組織を公共サービスに積極的に参加させていくことを肯定的にとらえるのか、否定的にとらえるのかの判断には、この種の改革のメリットとデメリットの比較が不可欠である。

真渕勝は民間委託を対象として、民間委託推進派の主張するメリットと反対派の主張するデメリットを整理している（真渕 二〇〇九：一八三）。それによれば、民間委託推進論者はメリットとして、まず経費節減を主張する。金銭的なメリットであり、職員の勤務形態等の違いから直営よりも委託の方が安い金額でサービスを提供できるというものである。また、「業務量の変動に柔軟に対応できる」、「少数の公務員で多くの事務事業を実施できる」という人的・時間的なメリットがある。現業のサービスの実施や管理にまわす人手を軽減することにより効率化が図られるというものである。そして民間企業の「専門技術や知識を活用」できることにより、サービス内容が向上するというメリットも主張される。

民間委託反対派の主張するデメリットはこのような推進派の意見に真っ向から反対するものになる。まず、経費節減のメリットに対しては、経費節減は人件費の抑制や労働時間の過密化によってもたらされ、「労働条件の切り下げに結びつく」ことが指摘される。また、民間委託をした公共サービスで何らかの事故や問題が起こった場合に「行政責任が曖昧になる」、「民主的コントロールが及ばなくなる」ことを警戒する議論もある。そして、企業が営利追求のみを目的とし、「サービスの質が低下する」などといったデメリットがあることが主張される。

こうした議論は民間委託のみならず、郵政事業等のような民営化や独立行政法人化等の準行政組織設立についても当てはまる議論の構造のように思われるし、個別の事例で具体的なメリット・デメリットを確認する作業は、グレーゾーン拡大を検討するうえで有益であると思われる。本章は、児童福祉施設のひとつである保育所を事例に、こうした傾向の課題を検討する。近年、公立保育所を廃止して、社会福祉法人が設置運営する私立保育所へ転換するという公立保育所の民間移管が全国の自治体で実施されている。この動きは公立保育所の「民営化」と称されることが多いが、保育の実施責任そのものは引き続き自治体が担っていることを考えると、前述の分類における「民間委託」の拡大に分類するのが妥当であろう。民間移管には様々な視点から賛否が寄せられているが、特に、移管された保育所の質をめぐって、推進論者と反対論者の意見は大きく対立している。民間移管は許容されるべきか、その問題点は何か、これらの問いを本章では追求し、グレーゾーン拡大の課題を検討することにしたい。

2　公立保育所の民間移管

(1) 保育所の現状

保育所は、児童福祉法に規定された児童福祉施設のひとつである。児童福祉法第二四条は、保護者の仕事や病気などが原因で保育時間が十分にとれない乳幼児に、市町村が保育所等によって対応することを規定しており、同法第三九条において「日日保護者の委託を受けて、保育に欠けるその乳児又は幼児を保育することを目的とする施設」として保育所が規定されている。保育所には人員、施設等について最低基準が設けられている。それらの基準を満たして都道府県知事の認可を受け、その費用の多くを公費によって運営される保育所は、一般に「認可保育所」と呼ばれる。保育サービス全体で見れば、これ以外に、認可外保育施設も多数存在しているが、本章での対象は認可保育所である。

表5－1　保育所総数・定員等

		保育所数	定員（人）	利用児童数（人）	定員充足率（%）
平成21年		22,925	2,132,081	2,040,974	95.7
平成22年		23,068	2,157,890	2,080,114	96.4
	うち公立	10,766	1,010,742	890,484	88.1
	うち私立	12,302	1,147,148	1,189,630	103.7

（出所）［厚生労働省 2010］。

二〇一〇年四月一日現在の保育所の総数は二万三〇六八カ所である（表5－1）。設置主体別に、市町村等が設置主体となる公立保育所、社会福祉法人等が設置主体となる私立保育所に分類できる。公立保育所が一万七六六カ所、定員一〇一万七四二人、対する私立保育所が一万二三〇二カ所、定員一一四万七一四八人であった。近年、公立保育所の割合は減少しており、私立保育所への移管が背景にありそうである。

保育所をめぐる行政機関と利用者の関係、すなわち保育所の利用方式について述べておきたい。保育所の利用方式は、「行政との契約方式」と言われる。すなわち、利用者は利用したい保育所を選択して利用を申請し、市町村は利用者と契約を結ぶ方式を採っている。市町村は公立保育所によって自ら保育を実施するか、社会福祉法人等の私立保育所に委託して保育を実施する。私立保育所の事業者は市町村からサービス提供の契約を受諾し、委託費用の支払いを受けることになる（図5－2）。したがって、このような保育所の利用方式は、行政機関が実施の内容を判断する「措置方式」や、利用者がサービスを選択したうえで、事業者と直接契約する介護保険制度の「事業者との契約方式」とは異なったものである（小林 二〇一〇：二二八）。

二〇〇八年五月に全国社会福祉協議会と全国保育協議会が発表した『全国の保育所実態調査報告書』は、保育所の現状を把握するのに有益である。人口五〇万人以上の比較的人口の多い地域では定員九一人以上の保育所が半数を占めており、人口規模が大きい地域ほど保育所の定員も大きくなる傾向にある。入所人員の年齢別構成は「〇歳」五・九%、「一歳」一二・一%、「二歳」一五・七%、「三歳」二一・五%、「四歳」二二・七%、「五

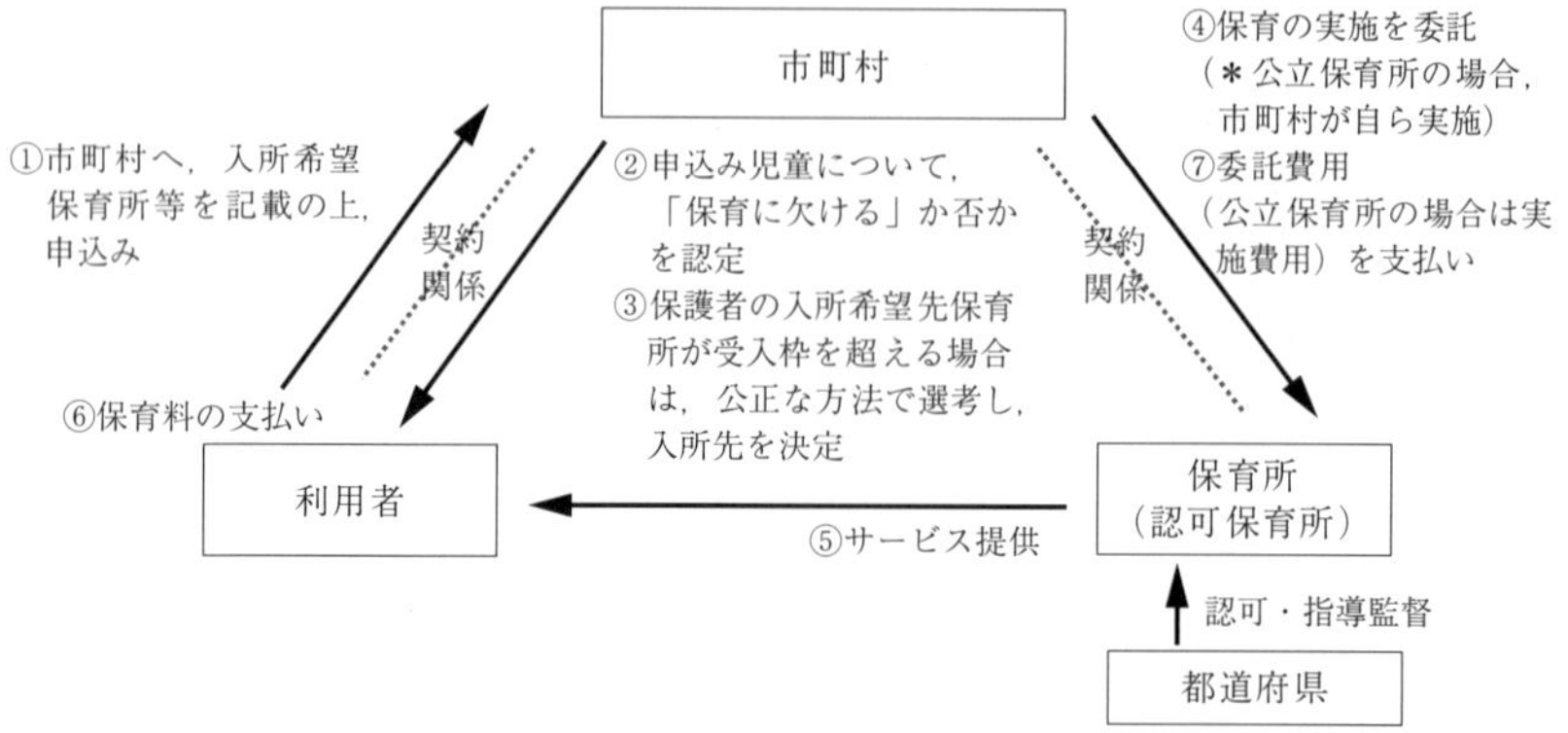
市町村
①市町村へ，入所希望保育所等を記載の上，申込み
②申込み児童について，「保育に欠ける」か否かを認定
③保護者の入所希望先保育所が受入枠を超える場合は，公正な方法で選考し，入所先を決定
④保育の実施を委託（＊公立保育所の場合，市町村が自ら実施）
⑦委託費用（公立保育所の場合は実施費用）を支払い
契約関係
契約関係
⑥保育料の支払い
利用者
保育所（認可保育所）
⑤サービス提供
認可・指導監督
都道府県

図5－2　認可保育所のサービス提供のしくみ

（出所）［厚生労働省 2009：23］に一部修正。

歳」二二・一％となっている。平日の平均開所時間は一一・四時間で、八割以上の保育所が「七時台開所、一八～一九時台閉所」としている。

（2）待機児童問題と保育所改革

保育所の抱える課題のひとつは、待機児童増大への対応である。保育所の定員増等の結果、二〇〇三年をピークに二〇〇七年まで待機児童が減少する傾向にあったが、二〇〇八年度より再び増加に転じている（図5－3）。その原因として就労を希望する親の増加等によって保育ニーズが増大したことが考えられる。この待機児童数には、入所可能な保育所があるにもかかわらず特定の保育所を希望している場合や、自治体の単独施策（認可外の施設など）を利用している児童は含まれない。潜在的なニーズはより大きいと考えられる。

このような待機児童の増大に対して、自治体の財政制約により保育所の増設は追いつかない状態にある。そのため、保育所の提供に民間団体を積極的に参加させようとする動きも活発になっている。

第一に、私立保育所の設置主体の規制緩和が挙げられる。かつては、保育所の設置主体は地方公共団体や社会福祉法人に限定されていた。しかし、二〇〇〇年に、株式会社等も設置主体になれるよう

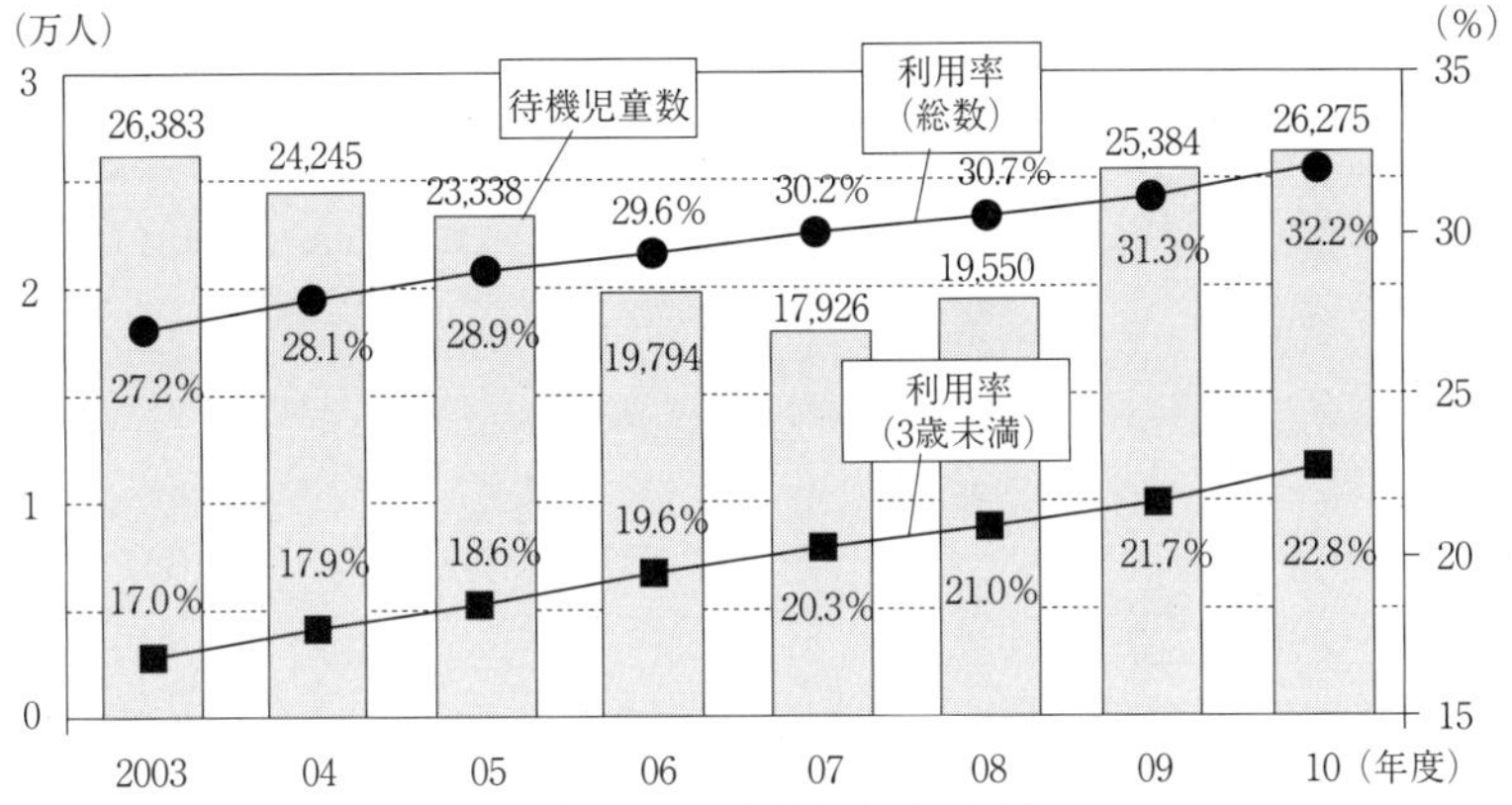

図5－3　待機児童数の推移

（出所）［厚生労働省 2010］。

表5－2　設置主体別保育所認可の状況（2007年4月1日現在）

市町村	社会福祉法人	社団法人	財団法人	学校法人	宗教法人	NPO	株式会社	個人	その他	計
11,603	10,163	4	227	171	277	54	118	212	19	22,848

（出所）［厚生労働省 2009：34］。

に規制緩和され、表5－2のように株式会社やNPO法人等が設置主体となる事例も増えている。

第二に、公立保育所への公設民営方式の導入が挙げられる。保育所の設置主体は従前通り自治体であるものの、運営・管理を社会福祉法人・民間企業に委ねる方式である。二〇〇一年に東京都三鷹市で運営業務のみを認める事例が見受けられたが、二〇〇三年以降は民間団体を指定管理者として包括的に管理運営業務を委ねる事例も多い。

第三に、公立保育所の民間移管が挙げられる。公立保育所を廃止し、保育所の土地・施設を民間の社会福祉法人等に無償貸与・有償譲渡するなどして、事実上、設置主体を公立から私立へと切り替える方式である。

二〇〇五年九月の全国社会福祉協議会と全国保育協議会『市町村保育行政及び公立保育所の運営に係る実態調査報告書』によれば、二〇〇〇年度から二〇〇四年度の公立保育所の民間移管は一一二件、管理運営の民間委託が九四件、二〇〇五年度から二〇〇九年度の予定においては民間移管が一九七件、管理運営の民間委託が一五三件と予定されており、全国各地で保育所の公設民営や民間移管が進んでいることが分かる。(1) 公設民営方式もＮＰＭ的改革手法のひとつであり、本章の検討対象の範囲ではあるが、より大きな議論を引き起こしたと思われる民間移管に焦点を当てて、その是非をめぐる議論をみていくこととしよう。

3　公立保育所民間移管と保育所の質

(1) 民間移管をめぐるコストと質の議論

全国各地の自治体で進められている公立保育所の民間移管の賛否をめぐっては、様々な議論が展開されている。

公立保育所民間移管推進の論拠として、第一に主張されるのはコスト削減である。二〇〇三年三月二八日の内閣府国民生活局物価政策課『保育サービス市場の現状と課題――「保育サービス価格に関する研究会」報告書』は、公立と私立保育所の保育士給与を比較している。この調査においては、平均賃金（月給）は公立保育所の保育士が三〇万一七二三円、私立保育所の保育士は二一万三九五〇円、年齢階層（平均）は公立が三七・〇歳、私立が三一・四歳となっている。公立保育所の方が保育士の年齢が高く、それに伴って給料も高くなる傾向にあることが、公立保育所の高コストの構造的原因であることが示されている。

そして、第二に、私立保育所の質的優位を主張する議論である。前述の二〇〇八年の全国社会福祉協議会と全国保育協議会による『全国の保育所実態調査』においても、園の施設の築年数、低年齢児の受入、開所時間について、私立保育所の質的優位をみてとれそうである（この調査では「公営」「私営」という運営主体別の分類がなされているが、

「公営」は公立保育所に、「私営」は私立保育所に概ね相当すると思われる）。保育所施設の築年数を運営主体別でみると、「私営」は「六年未満」の築年数の浅い保育所が一五・三％を占めているのに対し、「公営」では築三一年以上の保育所が三九・〇％を占めており、「公営」は「私営」に比べて、築年数が古い傾向にある。また、低年齢児保育については、特に〇歳児の現員割合は、「私営」が七・七％であるのに対し、「公営」は三・九％にとどまっており、〇歳児および一歳児の受入れを行っていない公立保育所が多く存在することが示唆されている。また、「公営」は「私営」に比較して、開所時間が短い傾向にある（全国社会福祉協議会・全国保育協議会 二〇〇八：一六、二〇、二二）。

こうした公立保育所に対する私立保育所の質的優位を大規模な調査に基づいて実証的に主張する研究もある。表5－3に掲げているのは、そうした研究の一例である（清水谷・野口 二〇〇四）。保育所の質を示す様々な指標を設定して、それを点数換算して評価するアプローチによって、公立認可保育所、私立認可保育所、認可外保育施設のサービスの質を比較している(2)。たとえば、構造的指標としては保育士の常勤比率や経験年数・児童一人当たりの保育所面積等が設定され、発達心理学的指標としては運動会の実施・園外保育の実施等が設定されている。

分析の結果、公立保育所は私立保育所に比べて低い点数しか獲得できなかった。公立保育所は構造的指標で勝っているのに対して、私立認可保育所の方が父母の利便性等いくつかの点において優れていることが指摘されている。全体として、公立保育所のサービスの質は私立保育所に劣っており、公立保育所が高いコストで運営されていることは正当化できないと結論づけられている（清水谷・野口 二〇〇四：九五〜九六）。

しかし、一方で、こうした保育の質に対する認識に異議を唱え、民間移管に反対する意見もある。民間移管の際に質の内容として示されることが多い延長保育、一時保育等の実施率の向上等が必ずしも本質的な保育の質であるという絶対的な合意はない。むしろ、コスト削減を伴う民間移管の成果として計測しやすい指標が選ばれているにすぎないのかもしれない。

表5-3　公立保育所と私立保育所の質の比較研究事例

	公立認可	私立認可	認可外	公vs.私	公vs.認可外	私vs.認可外
構造的指標	5.54	4.53	4.39	公＞私***	公＞認可外***	
発達心理学的指標	11.67	11.90	10.67	公＜私***	公＞認可外***	私＞認可外***
父母の利便性	3.62	4.93	4.39	公＜私***	公＜認可外***	私＞認可外***
その他のサービス	1.92	1.98	1.76			
	22.77	23.39	22.86	公＜私***		

***は5％水準。空白の欄は平均値に有意な差がない場合を示す。

・構造的指標
①保育士の能力・資格に関するもの（常勤の比率，経験年数，研修への参加など）
②保育所の施設に関するもの（児童一人当たりの保育室面積，屋内外遊技場面積など）
・発達心理学的指標
①発達環境に関する指標（運動会の実施，園外保育，リズム体操実施など）
②子どもの健康・安全管理に関する指標（定期健康診断の実施，園庭への防犯カメラの設置など）
・父母の利便性
（駅からの近さ，延長保育時間の長さ，苦情処理窓口の設置など）
・その他のサービス
（障害児保育の有無，休日の園庭を地域住民に開放していること，ホームページの公開など）

（出所）［清水谷・野口 2004：88］。

より重要な保育の質とは、「子どもと保育者の共感の営み」や「父母とともに子どもを育てる関係性」、「子どもの権利の代弁性のレベル」であるという主張もある（垣内 二〇〇六：八五）。こうした保育の質を成立させる条件として、第一に重視されるのは保育士の「専門性」である。専門的知識と技術（学習と研修を欠かすことができないこと）、実践の裁量性（一人ひとりの個性を認めて、その子どもにあわせた働きかけが求められること）、経験（経験豊かなベテラン保育士の存在が必要であること。ゼロ歳児から五歳児まで仮に二年ずつ経験するとなれば一二年必要となる）等が求められる。また保育士が保育の使命を自覚していること、保育をすることの社会的な意味が現場と経営者に自覚されていることも重要な条件であると考えられる。そして、これらを担保するためにも、保育士に保育者専門職として十分な賃金・労働時間の保障があり、必要な労働環境が維持されることも重要な条件となってくる。公立保育所の民間移管は保育コストの削減のみが優先されたものであり、これらの保育内容や保育条件を台無しにするというのが、民間移管反対論者の立場である（垣内 二〇〇六：六二〜六五）。このように、公立保育所民間移管に対する賛否は分かれており、民間移管による保育の質の変化のとらえ方にも大きな違いがある。

(2) 横浜市立保育所廃止処分取消請求事件

具体的にひとつの自治体の事例に基づいて、公立保育所民間移管における保育サービスの質をめぐる議論を検討してみたい。事例として選択するのは、横浜市である。横浜市の公立保育所民間移管は、民間移管された保育所の保護者らによる訴訟へと発展し、横浜市と保護者らの間で、サービスの質についての見解が激しく対立した。

この事件は、二〇〇四年四月に横浜市が四つの市立保育所を民間移管したことに反対する園児の保護者らが、同市を相手取り、四保育所の民間移管取り消しと慰謝料の支払いを求めた事件である。二〇〇六年五月に横浜地裁は、民間移管取り消しは認めなかったが、民間移管にあたり、市の裁量権行使に逸脱があったなどとして、同市に対し、在園児一世帯当たり一〇万円計二八〇万円の慰謝料支払いを命じた。民間移管の方針は、実施一年前に四保育所の保護者に通知されたが、その後、保護者との協議が不十分な状態で、横浜市が拙速に移管を進めたことに裁量の逸脱が認められた。しかし、横浜市は控訴し、二〇〇九年一月の控訴審判決で、東京高裁は、地裁判決を取り消し、そのうえで民間移管の取り消しを求める訴えを却下し、慰謝料請求も棄却した。同年一一月、最高裁は、原告側の園児がいずれも卒園していることから、「訴えの利益がない」として、原告側の上告を棄却、原告敗訴が確定した。(3)

公立保育所民間移管をめぐる訴訟は、横浜市に限られたことではない。高石市、大東市、枚方市などにおいて公立保育所民間移管をめぐる様々な訴訟が起こされている。公立保育所民間移管にあたっては、公立保育所の廃止を定めた条例が制定されるが、これらの裁判では、保護者らの請求の認容にあたって、こうした保育所廃止条例制定の処分性、保育所廃止条例の違法性、などが主要な争点となる（河村 二〇〇九：二一〇〜二一七）。

保育所廃止条例制定の処分性をめぐる議論とは、民間移管を定めた条例制定が行政訴訟の対象となるかどうかという論点である。通常は、条例制定そのものではなく、条例に基づいて行政処分が行われたときに初めて訴訟の対象となると考えられている。ただし、条例制定が特定の個人の具体的な権利義務に直接の影響を与える場合は、条例制定を対象に行政訴訟を提起しうるとされている。公立保育所民間移管を定めた条例がこうしたケースに該当するかどうかである。

保育所廃止条例の違法性については、まず保育所選択権等の侵害の有無が争われている。保護者らには、保育所の選択権や、選択した保育所で継続的に保育を受ける権利等があるのかどうか、民間移管がそうした権利を侵害するものであったかどうか、という論点である。また、保育所廃止と保育の実施の解除の関係が問題となる。児童福祉法第三三条の四は、市町村長は、保育の実施を解除する場合には、あらかじめ児童の保護者に対し、保育の実施等の解除の理由について説明するとともに、その意見を聴かなければならないとしているが、公立保育所民間移管による設置運営者の変更が在園児童・保護者にとって「保育の実施等の解除」に当たるのかどうか、また解除にあたっての手続に問題がなかったかどうかという論点である。

横浜市事件は、公立保育所廃止の取り消しと損害賠償を請求した事件であった。地裁判決においてのみ、損害賠償請求が認められている。保育所廃止条例制定の処分性については、地裁判決においては条例制定の処分性が認められたが、高裁判決においては認められなかった。その後、最高裁は処分性を認めている（公立保育所廃止条例が処分性を有し、行政訴訟の対象となることは、公立保育所民間移管をめぐる多くの判決で認められている）。保育所廃止条例の違法性については、地裁判決は、保育所選択権等を法的利益とし、早急な民間移管に裁量の範囲の逸脱・濫用を認め、こうした利益の尊重を欠いているとした。しかし、高裁判決においては、こうした利益が最大限尊重されているとして、保育所廃止条例に違法性はないとされた。

（3）横浜市事件における保育の質

特に保育所廃止条例の違法性の点において、保護者らは、民間移管された保育所においてサービスの質が低下し、保護者らの利益が侵害されたことを強く主張した。第一審横浜地裁の判決に採用された原告側の証拠には保護者らが感じた質の低下が述べられている。

横浜市は第一審において、保育所のサービスの質の向上を指摘した。民間移管によって、延長保育、一時保育、休日保育等の実施状況が向上し、様々な保育ニーズに柔軟に対応できることが主張された。横浜市のこの主張は、様々な報告書等において一貫している。表5－4にみられるように、市は公立保育所よりも私立民間保育所の方が延長保育等の実施率において優れていると主張している。また、横浜市が二〇〇八年一〇月に公表した『市立保育所民間移管検証結果報告書（平成一六～二一年度移管）』には、二〇〇四年度から二〇〇九年度にかけて二四園を民間移管することによって、年間四億八一〇〇万円、約一七％の経費を縮減できることが示されている。そして、民間移管された保育所の保護者の満足度がおおむね良好であることも主張されている。民間移管された園の保護者を対象としたアンケート調査[4]では、総合的な満足度としては、「満足」が五四％、「どちらかといえば満足」が三五％で、保護者の大半が民間移管後の保育所に満足しているという結果が示されている。「移管前とそれほど変わらなかったため、大きなトラブルはなかった」という保護者の意見も掲載されている（横浜市こども青少年局 二〇〇八：八、一二）。

しかし、園児・保護者らの質に対する認識は全く逆であり、民間移管によって延長保育等の恩恵は特になく、保育所のサービスの質が大きく損なわれたことを主張している。地裁判決別紙には、原告の主張した質の低下が述べられているが、それは大きく三つに分けることができるであろう。

第一に保育士の変化である。経験豊かな保育士の減少による保育の質の低下が述べられている。泣いている子どもを放置している、子どものけがに気づかないなど保育士の指導力不足、コミュニケーションの欠如、保育士と保護者の信頼関係欠如等が主張されている。

第二に民間移管後の移管先社会福祉法人の組織としての方針による保育環境の変化である。民間移管された保育所のひとつでは、園児が保育士に「さん」「くん」をつけて呼ぶことを原則としていた。民間移管以前は、子どもたちは保育士を「先生」と呼んでいたため、子どもたちには混乱が生じたという。保護者の要望で改善されるまでには相当な時間が経過した。また、裸足遊びの禁止、猛暑の中でも水遊び禁止、畑での野菜栽培の経験の廃止、季節に合わせた室内装飾の廃止等、従前の保育活動が維持されなくなった保育所もあった。そして、移管先法人のひとつでは、宗教色のある園歌が導入され、違和感を持つ保護者もいた。

表５-４　横浜市における延長保育等の実施率

事業名	市立保育所（全102カ所）	民間保育所（全318カ所）
障害児保育	102カ所（100%）	301カ所（94.7%）
時間延長サービス	56カ所（54.9%）	301カ所（94.7%）
一時保育	36カ所（35.3%）	182カ所（57.2%）
乳児保育	61カ所（59.8%）	282カ所（88.7%）
産休明け保育	12カ所（11.8%）	228カ所（71.7%）

（出所）［横浜市こども青少年局　2009：4］。

これらの結果、第三の変化として、民間移管による保育環境の変化や子どもたちの変化が起こった。移管後一週間もたたないうちに、民間移管された四園中、二園で園児に大けがが発生した。備品の転倒や園児が投げた物が他の園児に当たり大けがにつながったとされる。また、多くの園で登園拒否等が発生することになった。これらの保護者が感じる質の低下は、民間移管後、四園のひとつで行われた保護者へのアンケートでも示されている（図５-４）。多くの保護者が保育士の力量不足、保育の質の低下を感じている。保護者らによるアンケートの分析手法については詳細を確認できていないが、多くの保護者の心情を代表するものとして裁判所に証拠として提出されたと

[数字の読み方]
①各項目の数字は0が「変化がない」を意味します。そして，プラスの値だと「良くなった」，マイナスの値だと「悪くなった」ことを意味します。
②目立った変化がある項目（0から0.5以上離れた値になっている項目＝70%以上の人が「良くなった」または「悪くなった」と考えている項目）は，数字を線で囲みました。特に，1以上離れている項目（85%以上の人が「良くなった」または「悪くなった」と考えている項目）は二重線で囲みました。
③保護者の方の意見が割れた結果「変化がない」となっている項目に◇印をつけました。

1．園での生活	
○あそび	
・種類の増減	−0.26
・中身の変化	−0.70
○散歩・外遊びの回数の増減	−0.99
○夏祭りの中身の変化	−0.25
○運動会の中身の変化	−0.03 ◇
○みんなの会の中身	−0.14 ◇
○その他の行事の	
・種類の増減	0.33
・中身の変化	−0.09
○生活を豊かにするもの（飾付など）の	
・種類の増減	−0.42
・中身の変化	−0.46
○保育のための保育士の手当て	
・保育士の数の増減	−0.68
・保育士の力の変化	−1.42
○給食・おやつの中身の変化	−0.34
2．対話	
○朝の引継ぎのときの対話の	
・回数の増減	−0.66
・保護者の話が伝わる	−0.98
・保育士の話がはっきりしている	−0.93
○夕方の引継ぎのときの対話の	
・回数の増減	−0.62
・保護者の話が伝わる	−0.67
・保育士の話がはっきりしている	−0.70
○担任との対話の	
・回数の増減	−0.22 ◇
・話し合いの姿勢の変化	−0.21
・保護者の話が伝わる	−0.42
・保育士の話がはっきりしている	−0.68
○主任との対話の	
・回数の増減	−0.89
・話し合いの姿勢の変化	−0.46
・保護者の話が伝わる	−0.67
・主任の話がはっきりしている	−0.41
○園長、副園長との対話の	
・回数の増減	−0.45
・話し合いの姿勢	−0.53
・保護者の話が伝わる	−0.67
・園長、副園長の話がはっきりしてる	−0.73
○園からのお知らせの	
・回数の増減	−0.15
・説明内容のわかりやすさ	−0.61

3．安全	
○怪我	
・怪我の頻度の増減	−0.39
・怪我の程度の変化	−0.19
○危険箇所	
・危険箇所の数の増減	−0.63
・危険度の変化	−0.60
○安全のための保育士の手当て	
・保育士の数の過不足	−1.17
・保育士の力の変化過不足	−1.15
4．衛生・健康	
○清掃	
・清掃の回数の増減	−1.37
・園のきれいさの変化	−0.99
○園庭の整備・清掃の変化	−0.77
○病気	
・病気の回数の増減	0.06
・病気の程度の変化	0.07
5．全体	
○園に対する信頼度	
・これまでの信頼度	−0.91
・これからの信頼度	−0.24 ◇
○園に対する安心感	
・これまでの安心感	−0.97
・これからの安心感	−0.27
○保育の質	
・これまでの保育の質	−1.47
・これからの保育の質	−0.30
○民営化によって保育園は子どもたちにとって良くなった	−0.64
○民営化によって保育園は保護者にとって良くなった	−0.65
○民営化によって保育園は全体として良くなった	−0.61
6．今後（行ってほしいものに丸印をつけてください。複数でもOKです。）	
○朝7時以前の延長保育	2
○夜8時以降の延長保育	4
○休日保育	11
○年末保育	2
○病児保育	16
○病後児保育	16
○一時保育（臨時保育）	7
○交流保育（近隣他園との交流）	3

横浜市立保育所廃止処分取消請求事件（横浜地裁，2006年5月22日判決）
原告側　甲105号証

図5-4　保護者によるアンケート調査

（注）横浜地裁裁判記録を筆者が閲覧，筆記したものである。なお，本章執筆にあたって，事前に原告・代理人に学術目的の掲載使用の許諾をいただいた。

いう事実が重大であろう。保育士の数や指導力、コミュニケーションの不足、園児への危険度が増したと感じている保護者が多いことが読み取れる。横浜市が主張したように、公立保育所の民間移管によって、障害児保育や時間延長サービス等の実施率の向上といった部分での保育所の質は全体として向上が期待できるかもしれない。しかし、民間移管される園の保護者が感じる質の認識はまったく別のものだったのである。

(4) 信頼関係と移管手続

園児・保護者らの主張する質の低下について、筆者の見解を次の二点にまとめておきたい。

第一に、園児・保護者らの質の認識が多岐にわたることである。けがの多さや、保育士とのコミュニケーションの不足といった問題は大規模調査では捉えることができない重大な保育内容の変化であるように思われる。

第二に、信頼関係の喪失が保育の質の低下に直結している可能性があることである。園児・保護者らと保育士との信頼関係、また園児・保護者らと横浜市の信頼関係の悪化である。保護者らには、当初の保育の期待や前提が急に覆されたことに対する憤りが大きい。すなわち、性急な移管手続が、保護者の不信感を招き、質に対する認識をさらに悪化させた可能性がある。

こうした問題の解決策のひとつは、意見反映手続や移管手続の強化、厳格化であるように思われる。民間移管が避けられない場合でも、保護者の質に対する意見を受け止め、移管の際に反映させていく手続を強化すれば、保護者の期待する保育の質の水準を維持し、また同時に信頼関係も維持できる可能性が広がると思われる。

前述の横浜地裁判決にみられるように、民間移管に関わる裁判をきっかけとして、多くの自治体で民間移管の際のガイドラインの明確化が行われることになった。横浜市も、従来の『横浜市立保育所の民間移管について（実施基準）』を改定し、二〇〇九年一〇月に『市立保育所民間移管実施基準』を公表し、移管手続を策定している。新たな実施基準においては、民間移管にあたっては保護者に十分な情報提供を行うこと、保育の質を確保し、優良な法人を選考することが基本方針として述べられている。実際の移管にあたっての諸条件として、移管保育所の年間行事の継承、保護者の宗教活動の多様性に配慮し、過度に宗教的な行事は行わないこと、職員については経験年数のある職員を一定数確保することなどが定められている。

また、移管の公表から移管までの期間を二年六カ月として長期化を図っている。横浜市の移管スケジュールは大きく三段階に分けられる。第一に、保護者説明の段階がある。民間法人への移管発表は二年半前に行われ、約半年かけて保護者説明会や移管園見学会が実施される。二年前からは、第二の段階として法人選考の段階に入る。法人選考委員会が設置され、移管先法人の選考が行われる。そして移管一年前より引継ぎ・三者協議会の段階となる。保護者、移管先法人、横浜市からなる三者協議会によって、保育所の開所時間、三歳児以上の主食（費用、提供方法等）について協議が行われ、合意形成が図られる。

このような移管手続の制定が、すべての保護者の満足度を獲得できているかについては入念な検証が必要であると思われる。また、手続さえ整備すれば民間移管を進めることには問題がないという風潮が広がることも警戒すべきである。しかしながら、移管手続の明確化は、保護者・園児らの認識する質の反映への努力として一定の評価ができると思われる。入念な移管手続によって園児や保護者の質の認識を保障し、保護者と自治体との信頼関係を維持する可能性を追求すべきである。保育所の質は、自治体と保護者の関係そのものとして、議論されるべきなのではないだろうか。

4　グレーゾーンの管理責任

以上の内容をふまえて、公立保育所の民間移管は許容されるべきか、民間移管の問題点は何か、という冒頭の問いに対する本章の見解を示しておきたい。また、グレーゾーン拡大の課題について述べたい。

まず、民間移管が許容されるべきであるかという点についてである。この点について、筆者は、消極的ではあるが、民間移管を許容する立場をとりたいと考える。民間移管によるコスト削減、延長保育等の実施率の向上など、民間移管のメリットについて、ある程度の具体的な証拠が集まっているように思われるのがその理由である。また、特に大都市部において、認可保育所不足から、認可外保育施設に通わざるをえない状況に陥っている児童に、認可保育所を整備することも、公平性の観点から重要であると思われる。私立保育所の増設により、定員を増加させていく選択肢は許容せざるをえないように思われる。自治体の保育所への支出削減だけではなく、構造的に保育に対する公費が不足していることが問題として議論されるべきであろう。

しかし、民間移管に大きな問題があることも明白である。延長保育の実施率の向上といった指標のみで、保育の質は表現できるものではない。保育には大規模な調査で捉えられない側面が多く、そういった側面ほど、保育にとって本質的に重要な部分であることが横浜市の事例から明らかになった。園児・保護者の感情を無視した性急な民間移管は、自治体、保育士、園児・保護者らの信頼関係を大きく損ね、保育の質をいっそう低下させることになる。利用者に民間移管が許容されなければ、最終的には訴訟になる場合もあり、自治体にとっては大きな負担となる。民間移管が許容されるとしても、自治体には優良な移管先を選定する、園児・保護者らの意見を聴取する、という新しい制度設計の責任が発生するわけであり、こうした作業も加えたトータルのコストにより、民間移管の是非を判断する視点を持つべきであろう。いずれにしても民間移管を検討する自治体関係者には、保護者らが主張する保育の質の低下に対して真摯に対応し、慎重な移管手続を模索する姿勢が求められる。

国・地方を問わず、政府部門の財政状況を考慮すると、コスト削減を意識して、民間委託等を進めるＮＰＭ改革は今後も様々な公共サービス分野で実施が拡大される可能性がある。地方自治体においては、図書館や体育施設等への指定管理者制度やＰＦＩ方式の導入といった改革が今後も進められると考えられる。それらの改革は新たなグレーゾーンをいっそう拡大させる可能性があろう。公立保育所民間移管をめぐる議論のように、こうした改革においても、公共サービスの質の低下の問題、利用者の意見を反映した移行手続が課題になる可能性があるように思われる。たとえば、高い公共性を有するとされてきた公立図書館の運営を民間企業等に委ねることにも賛否両論がある。民間企業等の参入を支持する立場からは、コストの削減とともに、改革によって開館日数・貸出者数・貸出冊数等の向上が見られたこと、利用者の満足度も良好であることがメリットとして主張されている。しかし、図書館のサービス内容低下や、子どもへの読み聞かせ会等を行っている地域ボランティアとの連携が希薄になる可能性があることを理由に図書館の運営を民間企業に委ねることに反対する意見も根強い。保育所、図書館はともに必要とされる公共サービスであり、その内容には効率性や経済性はもちろんのこと、平等性や公正性も求められる。そして、そのサービスの影響はきわめて大きなものであるにもかかわらず、測定しにくいものである。民間組織の参入にあたっては、自治体には、慎重に質の変化を捉え、十分な時間をかけて住民の理解を得ていく姿勢と、その結果を長期的な視点に立って住民に明らかにしていくことが求められる。

グレーゾーンの拡大によって、グレーゾーンに対する管理責任が政府に生じているのである。しかし、この公的責任は、縮小され、曖昧化された責任に陥り、市民の不信感を募らせる結果となる可能性がある。政府は、グレーゾーンのサービス内容を守るために自発的に制度や手続を整備することで、責任を全うすべきである。

注

（1）二〇〇五年一月実施。全国二九五〇自治体の公立保育所所管部署担当者に回答が依頼されている。有効回収率は四九・二%。実際に民間移管・民間委託された保育所の実績（および今後の予定件数）が回答されている。
（2）内閣府物価政策課「保育サービス価格に関する研究会」における「適正な保育費用単価とサービス内容に関するアンケート調査」のデータに基づいている。一〇都県の公立、私立認可、東京都の認可外をランダムに抽出してアンケート調査。点数換算に関しては、例えば、サービスの提供の有無に関する項目については、「あり」を一点、「なし」を〇点、児童保育士比率、勤続年数等は平均以上を一点、平均未満を〇点とするといった評価がなされているようである。
（3）『読売新聞』東京朝刊二〇〇六年五月二三日、二〇〇九年一月三〇日、同夕刊二〇〇九年一一月二六日。
（4）二〇〇八年三月実施。配布数一一二四通、回収数四五八通、回収率四一%。回答者属性：移管前から在園の保護者四二%、移管後に入園の保護者四六%、無回答一二%。

参考文献

大宮勇雄「保育をめぐる〈コストと質〉」『賃金と社会保障』一三四〇号、二〇〇三年二月下旬。

垣内国光『民営化で保育が良くなるの？――保育の民営化問題ハンドブック』ちいさいなかま社、二〇〇六年。

河村学「公立保育所の廃止（民営化）をめぐる法律問題」杉山隆一・田村和之編著『保育の理論と実践講座第四巻・保育所運営と法・制度――その解説と活用』新日本出版社、二〇〇九年。

厚生労働省『社会保障審議会少子化対策特別部会第一次報告――次世代育成支援のための新たな制度体系の設計に向けて―参考資料集』二〇〇九年二月二四日。

厚生労働省『保育所関連状況取りまとめ（平成二二年四月一日）』二〇一〇年九月。

小林理「社会福祉サービスの供給方法と利用方法――措置と契約等」宇山勝儀・船水浩行編著『社会福祉行政論――行政・財政・福祉計画』ミネルヴァ書房、二〇一〇年。

清水谷諭・野口晴子『介護・保育サービス市場の経済分析』東洋経済新報社、二〇〇四年。

全国社会福祉協議会・全国保育協議会『市町村保育行政及び公立保育所の運営に係る実態調査報告書』二〇〇五年九月。

全国社会福祉協議会・全国保育協議会『全国の保育所実態調査報告書』二〇〇八年五月。

内閣府国民生活局物価政策課『保育サービス市場の現状と課題――「保育サービス価格に関する研究会」報告書』二〇〇三年三月二八日。

狭間直樹「政府市民関係としての公共サービスの質」『公共サービスのあり方に関する調査研究』大阪公共サービス政策センター、二〇一〇年九月四日。

真山達志「政府体系の構造」今村都南雄・武藤博己・真山達志・武智秀之編著『ホーンブック行政学』北樹出版、二〇〇一年。

真渕勝『行政学』有斐閣、二〇〇九年。

三野靖「公立保育所民間移譲判決の比較検討」『自治総研』三四七号、二〇〇七年九月。

横浜市『今後の重点保育施策（方針）――保育サービスのさらなる充実に向けて』二〇〇三年四月。

横浜市こども青少年局『市立保育所民間移管検証結果報告書（平成一六～二一年度移管）』二〇〇八年一〇月。

横浜市こども青少年局『市立保育所民間移管実施基準』二〇〇九年一〇月。

横浜市立保育所廃止処分取消請求事件（横浜地方裁判所　平成一六年（行ウ）第四号）、平成一八年五月二二日判決。


（狭間直樹）

第6章　地域自治組織と自治体

1　地域自治組織づくりの流行とその現況

(1) 地域ガバナンスという背景

昨今、自治体内分権や地域自治の制度設計に関する議論が盛んに行われるようになっている。特に、二〇〇三年に第二七次地方制度調査会が「地域自治組織」の設置を提言し、二〇〇四年には地方自治法や合併特例法が改正されて以降、各自治体（市町村）は自治体内分権等の取り組みを始めるようになった。地方制度調査会の答申が出た時期から明らかな通り、この自治体内分権や地域自治の議論が盛んになった背景は、市町村合併である。合併による市町村の大規模化で、自治体と住民との距離が拡大して、人々の声が政治行政に反映されにくくなるという不安があったのである。ただ、合併するかどうかを問わず、厳しい財政危機をクリアしなければならないという課題も自治体内分権への期待の背景になっていると言えよう。

多くの地方都市や農村部地域では、少子高齢化が激化し、人口減少も相まって地域経営は厳しい隘路に入り込んでいる。人口構成の変化や経済停滞の影響もあって財政的な逼迫も慢性化している。そのような状況の中で、自治体が中心的に地域経営、公共サービスの生産供給を行っていくことが難しくなっている。そうなると自治体は、新しい地域経営の考え方、そのための具体的な方策を編み出さなければならない。自治体のヒト・モノ・カネの諸資源の制約が厳しくなっているとすれば、様々なアクターが持ちうる資源を持ち寄って有効活用していくことが重要となる。つまり、効果的な地域運営のために、自治体と住民等とがネットワークを作り、相互に連携と協力を行っていく、いわゆる「地域ガバナンス」の確立が問われるようになっているのである（山田・新川 二〇〇五）。そうした地域ガバナンスの実現のためには、自治体も地域社会も新しい発想に立った組織運営・地域運営を行っていく必要がある。このような文脈で構想され、具現化されているのが、自治体内分権とそこで機能する地域自治組織である。

（2）広がりつつある地域自治組織

いわゆる「地域自治組織」とは、地方自治法等に定められた「地域自治区」や「合併特例区」を意味する場合が多い（牛山 二〇〇六）。すでに主として合併自治体でこれらは導入され、活動を開始している。ただ、どちらかというとこの一〇年余りで各地に広がりつつあるのは、地域自治区等とよく似た機能を有する、各自治体で独自に構想されたタイプの組織である(1)。

さて、独自タイプはいまどれくらいの自治体で導入されているのだろうか。全国の取り組みの現況については、地域活性化センターが二〇一〇年に実施した調査結果が参考となる(2)。地域自治組織の導入実態がほとんど解明されていない中、この調査は全国市区町村を対象にしており、しかも回答率がきわめて高い貴重な調査である。以下、調査結果と適宜具体例を示しながら、地域自治組織の実態を明らかにしておこう。

地域自治組織が整備されている自治体は、一一四九のうち、一〇八（市区で一四・八％、町村で三・六％）である。導入が広がりつつあるといっても、導入済みの市区町村はそれほど多くはないようである。おおむね、地域自治組織は、小学校区を単位に設置され、一つの組織に様々なアクターが参加することが前提とされている。では、どの

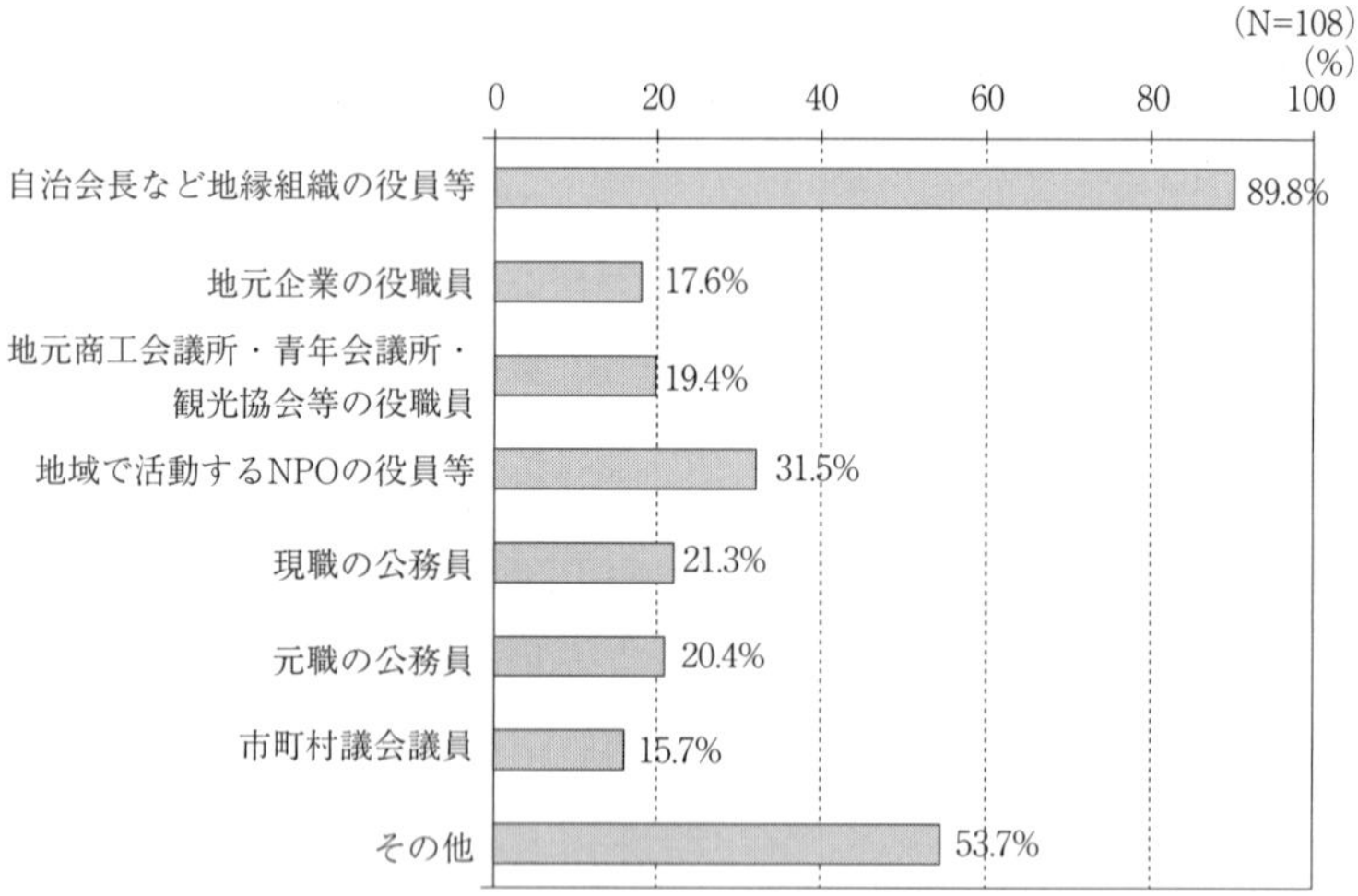

図６－１　地域自治組織の参加アクター

（出所）［地域活性化センター 2011］。

ようなアクターが参加しているのだろうか。最も多いのが自治会の役員である（八九・八％）。自治会以外では、ＮＰＯの役員（三一・五％）の参加が多い。くわえて「その他」に該当するが、地区の各種団体（子ども会、学校関係者、民生委員代表等）も参加が顕著である（図６－１）。地域自治組織は、自治会を中心として各種のアクターによって構成されることが特徴であることが明らかである。たとえば、大阪府池田市の「地域コミュニティ推進協議会」は、「地域内に居住する市民（地域内で働く者・学ぶ者・事業所を有する法人その他の団体を含む）」が構成することとされているが、市が発行したＰＲ冊子には、具体的に「自治会等、地域内住民、民生委員、地区福祉委員会、ＰＴＡ、商工団体、ボランティア団体、老人クラブ、こども会」等が参加者として例示されている。これらのメンバーは、組織の意思決定に携わる理事会や役員会のメンバーということになるが、メンバーの選出方法については、多くを占めるのが自治会等の代表者がそのままメンバーに就く「宛て職」か、「団体からの推薦」である。「公募制」は全体の一六・七％にすぎなかった。

なお、選出方法については、最終的に首長が選任の権限を有するケース（「首長による委嘱」）もあることを付記しておく。愛知県名古屋市や滋賀県高島市がこのケースに該当する。名古屋市は、小学校または中学校区に「地域委員会」を設置するモデル事業を行っているが、委員は住民の投票を通じて、市長が委嘱を行うことで選任される（詳しくは後述を参照）。高島市では、合併前の市町村エリアに「まちづくり委員会」を設置し、委員は各エリアの住民から支所長が推薦し、最終的に市長が委嘱することになっている。

様々な団体から構成される地域自治組織であるが、多くの地域自治組織には事務局が設置されている（八三・三％）。つまり、地域自治組織は単なる諸団体の集まりというだけでなく、一つの組織としてまとまって行動しうる体制を持っているということが言えよう。

地域自治組織の台所事情はどうであろうか。地域「自治」組織というからには、独自の収入源を持っているのだろうか。結果をみると、総事業費の平均は六八九万円、その内訳の大半は、自治体からの交付金ないし補助金から構成されているようである（六九・六％）。独自収入としての会費はほんの一部である。多くの地域自治組織は自治体からの支援を必要としているのである。こうした資金的支援には、個別事業補助、指定管理委託金といったものが含まれるが、特に注目したいのが、「一括交付金」である。実際、地域自治組織を導入する自治体のうち、一括交付金を採用するのは約半分に達する（四八・一％）。一括交付金は、使途がもともと決められている補助金とは異なり、一定額を地域自治組織に配分し、組織内部でその使い道を決定できる資金である。一括交付金については次節において詳しく触れる。

（3）財政分権の動向

地域自治組織の取り組みのなかで、最も重要な特徴の一つが「財政分権」を行うことである。ここでいう財政分権とは、自治体における公的資金の使途決定に関与する権限を地域自治組織に分割することであるとしておく。具体的には、先に触れた「一括交付金制度」と「予算提案制度」がある。これらの財政分権制度は、資金の使い道を住民が決めることができるという意味で、地域自治組織の「自治」の実質を担保し、くわえて地域内部で独自の公共サービスの生産供給を推進することをねらいとするのである。

「一括交付金」は、地域自治組織自身が配分を決定・執行できる資金である。一括交付金は二つの種類に分けられる（木原 二〇〇九）。一つは、既存の各種団体への補助金を束ねて一括で交付する方式である。もう一つは、既存の補助金を廃止して、新しい算定方式に基づいて交付する方式である。このように二種類に分かれるといっても、もともとの各種団体への直接的補助がなくなるという点は、共通している。つまり、一括交付金は、既存の団体ごとの縦割り型補助金を横割り化し、地域自治組織がその使途を判断できるようにするところに特色がある。言いかえれば、既存の補助金が一括交付金の主な原資となるということである。ただ、既存補助金が関係しているために、補助金の交付目的に関連する事業は、配分額決定については地域自治組織に委ねつつ、継続して実施するように定められているケースがある。もっとも、三重県名張市の「ゆめづくり地域予算制度」のように、一定額の予算枠配分によって、各組織でその使い道を原則自由に決定できる仕組みを採用するケースもある。

もう一方の「予算提案制度」は、地域自治組織が事業提案を行い、自治体予算の配分に決定権を行使するタイプである。これは一括交付金とは異なり、自治体予算の使途に関わるものであるが、基本的には地域レベルで実施される事業の立案とそのための予算を決定するという仕組みである。たとえば、大阪府池田市では、前出の各協議会に「予算提案権」を付与している。協議会は予算提案書を市に提出し、限度額九〇〇万円程度で提案を市の事業として予算化する仕組みである。また、東京都調布市の「地域カルテに基づく事業提案制度」は、各地区における課題解決のための事業を対象として、地区協議会が事業を提案できる制度である。一地区あたり三〇〇万円を限度とする。それを市の予算編成過程に乗せ、最終的に市予算として決定する。[3] わが国の自治体における予算編成過程は、きわめて閉鎖的であると言われてきた（森脇 一九九一）。これまでは、各種団体が予算編成に関わることができたとしても、行政各部局に要望・陳情を行う形で影響力を行使するような間接的な参加であった。「予算提案制度」は、従前の圧力団体的な参加とは異なり、地域自治組織が予算編成過程で公式に意見伝達を行うことが認められることを意味している点で、これまでの自治体予算編成過程のあり方を大きく変える可能性があると言えよう。

地域組織が公的資金の配分を決定するという仕組みは、これまでのコミュニティ政策ではほとんど検討されてこなかった点であり、いわゆる自治体内分権の特色そのものである。地域ガバナンスを考えるとき、一括交付金も予算提案もどちらも実質化していくことが望ましい。ただ、地域の人々の自主的課題解決という点に注目すると、公的資金の使途を自己決定して地域内で執行するという一括交付金に着目すべきである。以下では、一括交付金をメインに議論を進めていきたい。

2　地域自治組織と財政分権の正統性

（1）地域自治組織と財政分権

地域自治組織は、一言で言えば、住民が地域コミュニティにおける課題解決を目指して様々な意思決定を行う装置である。これまで自治会にせよＮＰＯにせよ、コミュニティ団体は業務委託とか自治体との事業共催であるとか、主として事業の実施部分でその役割が重宝されてきた。それに対して、地域自治組織は、自治体の意思決定の権限の一部をコミュニティに分割する試みなのである。自治体財政の逼迫に対応するという面もなくはないが、公共サービスの質向上を念頭に置きつつ、住民に身近な場所で、新しい公共を作り上げていくことを目的とする取り組みであることには間違いはない。

一括交付金による財政分権の取り組みは、自治体の意思決定権限の分割を通じて、地域ないし住民が自己決定を実践していくための制度的工夫と考えることができる。資金の使い道を住民が議論して決める過程を繰り返すことで、住民自治の素地がだんだんと形成されていくという展望が開けてくるのである。

さらに言えば、一括交付金は、住民による自主的な課題解決を実施していくことを可能にする仕組みである。地域自治組織は、一括交付金を元手に公共サービスの生産供給を担い、諸問題に適切に対応していくという機能が期待されているところである。それは、地域ガバナンスを前提とした、「コプロダクション」（co-production）の実現ということである。コプロダクションとは、住民はあくまでサービスの受け手・消費者にとどまるのではなく、公的機関も住民もサービスの担い手・生産者となることを示す概念（co＝共同、production＝生産）である（荒木 一九九〇）。コプロダクションを通じて、サービスの供給コストを抑えるだけではなくて、公的機関のサービスのみでは対応しきれないもろもろのニーズに対応することが目指されるのである。

このように地域自治組織への財政分権は、住民の意見を聞き置くとか、アリバイ的に参加を進めるような形式参加は論外として、自治体行政と事業を共催するような「パートナーシップ」段階の参加よりもさらに進んで、地域の目標や事業等を住民が自分たちで決める「自己決定」の段階に参加を強化していく取り組みなのである。[4]

（2）地域自治組織の正統性問題とその現実的処理

しかし、ここで留意しなければならない点がある。実は、地域自治組織は、民主主義的正統性を欠いているという批判がある（後 二〇〇六）。地域自治組織への財政分権は、公的な資金（原資は税）の使途決定権限の移譲を意味する。住民全体から徴収する税の原理に基づけば、少なくともその使い道を決める機関は住民全体を代表しなければならず、それが権限行使の正統性の根拠になる。それゆえ、自治体議会は意思決定の正統性をもつのである。となれば、地域自治組織の意思決定に関わるメンバーは、住民全体を代表しているかどうかが問われることになる。全住民の代表性を確保するためには、全住民がメンバーの選出過程に参加しうる仕組みが前提とされなければならない。先に見た通り、地域自治組織の多くは、団体代表か一部公募委員が参加しているケースが多く、全住民がその選出過程に関わることはできないのが現実である。民主主義的正統性がないという批判の根拠は、この選出過程に基づいている。

現時点での地域自治組織における正統性は、多くの住民が参加する自治会（その代表）と住民の利害に関わる団体をメンバーとし、場合によっては公募参加枠を設けることで、可能な限り利害関係者を多元的に網羅することを根拠にしているのである。利害関係アクターを網羅することによって、参加の公正性・公平性を担保し、また幅広いアクター間が個別利益の調整を行い、共通の利益の表明と実現を可能とするという面も期待されていると考えられる。自治体のなかには網羅性とともに、役員の民主的選出を強調するケースもある。たとえば香川県高松市では、「地域コミュニティ協議会」の原則として、「各地域の居住者や所在する法人、団体のほか、居住していない通勤、通学者も、所属する法人や団体を通じて、（中略）幅広い年齢層の住民や各種団体の参加による組織構成とすること」、「役員の民主的選出を行うこと」が掲げられている。(5) また、三重県伊賀市では、「住民自治協議会」の意思決定機関である運営委員会のメンバー選出条件を自治基本条例に定めている。それは、「組織全体の運営に当たる役員や代表者は、地域、性別、年齢、国籍等に配慮し、民主的に選出されたものであること」という条件である。ただ、これらは、基本的には利害関係アクターの網羅性という正統性の根拠を用いているといえる。

とりわけ多くの地域自治組織が自治会に頼るのは、自治会の加入が「自動加入」制を採る場合が多く、形式的に全住民を包括する形になっているからである。地域に住み始めた人を自動的に自治会員として扱う自治会は少なくはない。住民が活動に実質参加するしないにかかわらず、自治会はひとまず形式上全住民が構成する組織であるとみなされる。この組織の特性は自治体行政にとってありがたい特性となる。なぜなら、自治会長を「全住民の代表者」として扱うことができるからである。これまでも自治体行政は公共工事の実施や境界画定の際に、自治会長に立ち会いを依頼したり、協議を持ちかけたりしてきたが、これは自治会長＝住民代表の構図を活用しているのである。地域自治組織にも実はこれと同じ発想がある。つまり、自治会長が全住民を代表していると仮定すれば、自治会を地域自治組織の構成メンバーと位置づけておくことで、「事実上の正統性」を確保できるという発想である。

(3)「利害関係者の網羅性」の問題

しかし、「利害関係者の網羅性」という論拠にはかなりあやふやな点があると考えざるをえない。第一に、網羅するといっても本当に全団体・全住民を網羅できるかどうかは不確定である。地域社会には公式、非公式を問わず数えきれない団体が存在し、どの部分まで参加対象として設定するかは困難な作業である。網羅性という点では、ほぼすべての住民をカバーできるという発想から、自治会に対する各自治体の期待は大きい。とはいえ、自治会が多くの住民の参加を得ていることは確かであるが、すべての自治会で加入率が実態的に一〇〇％を確保できるとは限らない。くわえて、自治会長の選出方法も自治会ごとに異なり、必ずしも自治会長は民主的に選ばれているとは限らないという問題もある。たとえ、加入率が一〇〇％であったとしても、自治会長の選出方法によっては、全住民の意見を会長が代表するという保障はないのである。

第二に、実際の参加アクターは多元的で網羅的になるのかも不確定である。滋賀県高島市では、「まちづくり委員会」の委員選任を行ったが、自治会長や農協・商工会等の団体出身者が多くを占めるという結果になった（広原二〇〇八）。実は、「高島市地域自治組織設置規程」では、まちづくり委員は、区長または自治会長、ＮＰＯ等地域のまちづくりを推進する団体代表、まちづくり活動等に参加する個人、学識経験者、公募委員の中から、住民の多様な意見が適切に反映されるものとなるよう配慮しなければならないとされている。高島市のように、網羅性のための形式条件を定めていたとしても、実質的に網羅が困難となることにも留意しなければならない。

第三に、各種団体や公募参加によって、仮に実質的に参加アクターを網羅できたとして、各アクターが利害を調節できるかどうか不確定である。せっかく地域自治組織ができたのだから、地域全体のために協力しようと考える役員は少なくはないだろう。ただし、既存の各種団体代表にとっては、どうしても団体が持つ利益を無視できない側面があるし、やはりこれまで地域形成を担ってきた団体の発言力は、自治体にとっても決して軽視はできない。三重県伊賀市では、住民自治協議会への主体的な個人の参加を求めるため、各種委員の公募を進めているが、既存の団体代表と公募委員の間には発言力の差があり、公募委員個人の意見より団体代表の意見が通りやすくなっているという。そうなると、公募委員としては参加しても得られるものがなくなる。結局、協議会を始めた当初に比べると、委員を公募しても応募数が減少しているという(6)。この例は、歴史ある団体とそうでない団体、個人間の格差が問題の原因となっている。相互に利害の調節を行うためには、参加者それぞれが公平性とか公共性を認識して、偏りのない情報を持って議論に向かうことが求められると言えるが、実際はそうした能力を有する参加者は少ないのが現実であろう(7)。

(4) 財政分権をどう考えるか

地域自治組織は、新しい市民参加の仕組みとして各地で期待されている。先に確認した通り、この仕組みは、公的資金の使い道を決定する段階、つまり自己決定の段階にまで参加を強化するという意義を持つと言えよう。しかも、地域自治組織はコミュニティを単位に設置されていることから、参加のコスト感覚（参加の心理的な容易さ（アクセシビリティ）の面だけではなく、参加の有効性感覚を確保する面でも重要な取り組みであると言える。今後、地域の課題解決を有効にしていくためには、コミュニティでの住民の議論と活動が大事な要素である。

しかし、現在各地に浸透している地域自治組織は、最初から限界に直面していると言わざるをえない。地域自治組織が、民間の任意団体として自主的に地域づくり活動を行う面については全く問題はないし、むしろ積極的に取り組みを進めるべきところである。一方で、予算提案制度もそうだが、一括交付金については、一定の公的資金の使い道を地域自治組織が決めることになる。地域自治組織が必ずしも全住民の代表によって構成されているわけではない（全住民の意見を確実に反映できる保障がない）なかで、公金支出の使途に少なからず影響を与えることができる点をどう考えるべきであろうか。現時点では、各自治体は参加アクターの網羅性という論理で正統性の確保を試みているものの、形式的にも実質的にも正統性の問題を確実にクリアできる状況にはないと言うべきであろう。

正統性の問題がある一方で、自治会等の団体代表を中心として構成される地域自治組織の仕組みが継続されているのはなぜだろうか。それは、地域自治組織が決定と同時に執行も担うという制度設計を前提としているからである（名和田 二〇〇九）。一括交付金の使い道を決めても、それが実行されなければ確かに意味はない。自治体現場では、地域自治組織には「実行部隊」がないという意見がよく聞かれる。それは決めたことを実行する組織がないということである。この執行を達成するためには、既存の地域諸団体の組織力に依存するしかない。そのために地域自治組織のなかに部会をつくり、各団体が部会メンバーとなって事業を実施する様式が採用されるのである。自治会等が地域自治組織のメンバーとして期待されるのはこうした事情もあるといえる（名和田 二〇一二）。

現行の仕組みにおいて想定される最大の問題は、財政分権を通じて公共サービスの公正性・公平性が十分でなくなりかねないことである。というのも、地域自治組織は多元的なアクターが参加するから、正統性があるとされているのだが、実質的には特定の団体が中心になってしまうことがよくある。公募委員が存在するとしても、発言しにくい雰囲気があるとすれば同じことである。特定団体が中心になるということは、翻って言えば、自治体（その資金）が特定団体の「とりこ」になり、一部の声が公共サービスを左右しかねないことを意味しよう[8]。

最終的には、地域自治組織が一括交付金の受け皿であり続けるのであれば、全住民の利害を反映できる形で組織を運営せざるをえない。その仕組みとして、すでにメンバー選出の「投票制」が採用され始めているところである。たとえば、地域自治区の事例であるのが新潟県上越市、自治体独自の組織の事例であるのが愛知県名古屋市である。上越市の場合、地域自治区（地域協議会）の委員公募を行い、立候補者が定数を上回った時に投票を実施する。最後は市長が投票結果を尊重して委員を選任する方式である。対して名古屋市の場合は、選挙人登録を行う用紙を有権者に配付し、まずは選挙人登録をしてもらう。投票は、団体推薦候補者に対する信任投票と、純粋立候補者に対する投票とが行われる。最後は上越と同じく、市長が委員を選任する形を採る。ただ、まだまだ地域組織のメンバーを純粋に投票で選ぶという行動様式は斬新であり、地域の実情にあわないことも考えられる。実際、上越市では、第一回目の委員選任ではいくつかの地域で投票を実施したが、以降の選任では投票は行われていない。名古屋市はまだモデル事業の段階であり今後の展開を注視しなければならないが、多くの住民の関心が薄いなかで、有権者全体からみれば選挙人登録者の割合はかなり低かったようである（中田 二〇一二）。

3　財政分権の現段階——宗像市の自治体内分権の事例を中心に

今のところ、地域自治組織をめぐる正統性が大きな問題として指摘されたり、議論されたりする事態には至っていない。もちろん、正統性問題は今後クリアしなければならない深刻な問題である。ただ、地域社会の現状を踏まえると、正統性問題のクリアと言うよりむしろ、まずは少しずつ地域自治組織の取り組みを地域の状況に合致した形で進めていくことが目指されるべきである。前節までは正統性の問題を指摘したのだが、現時点は、採りうる手段を駆使して、予測できる不利益を最小限にとどめるよう工夫をしつつ、とにかく住民の参加経験の蓄積を進めて、地域自治組織の実質を作っていく段階にあると考えたい。とすれば、いま自治体においてどのような配慮をして地域自治組織を運営すればよいか、その過程で生じうる課題は何かということを検討しておかなければならない。

そこでそのための事例として福岡県宗像市をとりあげる。宗像市をとりあげる理由は、財政分権の仕組みは全国標準のタイプを採用していることに加え、他自治体に比べて、その取り組みが何年も継続され一定の経験が蓄積されているからである。また二〇一〇年から施策検証審議会を立ち上げて、これまでの施策を評価し見直しを図るという段階にまで進んでいる事例であるという理由もある。したがって、宗像市の取り組みを通じて、財政分権の成果と課題をより明らかにできるのである。

(1) 宗像市のコミュニティ施策とコミュニティ運営協議会

宗像市は、人口が一〇万人弱、高齢化率は一九・九％（二〇〇六年）である。二〇〇三年と二〇〇五年に周辺町村との合併を行っている。その結果、市内の各地域は、農村から都市化地域、また漁村までバリエーションに富んでいるが、おおむね自治会加入率は八〇％近くを維持している。したがって、自治会が地域社会の中心として住民の合意形成を図ることができる状態にある。

宗像市のコミュニティ形成は、近年に始まったのではなく、すでに三〇年ほどの歴史がある。一九八一年に「コミュニティ振興対策総合推進規程」を策定して以来、市としてコミュニティづくりを継続的に進めてきたのである。宗像市の地域自治組織づくりは、こうした蓄積を踏まえたものであると言ってよい。宗像市の組織づくりの契機は、一九九五年である。この年にコミュニティ施策の検討を開始し、一九九七年に「コミュニティ基本構想」が策定された。その後、二〇〇〇年にモデル三地区に「コミュニティ運営協議会」が設置されて、以降、市内各地区に協議会を広げて、二〇〇六年にはすべての地区（一三地区）で設置されることになった。

宗像市のコミュニティ運営協議会（以下、協議会とする）は、条例に定められた組織である。「市民参画、協働及びコミュニティ活動の推進に関する条例」には、「コミュニティに地域住民の自主的な組織としてコミュニティ運営協議会を置く」とされ、協議会は「コミュニティにおける自主的な活動を推進するとともに、市と行政サービスの協働を行い、当該コミュニティにおける諸課題の解決に主体的に取り組むことにより、地域住民の交流の促進、福祉及び生活環境の向上、安全な生活の確保等を図る」目的を持つとされている。条例は、あくまで協議会を「市が設置する」のではなく、「市民」が設置するという形にしている。つまり、協議会は市民の組織としての性格を有するのである。ただ、協議会の運営が恣意的にならないように一定の基準が条例上に提示されている。たとえば、地域住民が運営協議会の意思決定に参加しやすいようにする、役員等の選出について透明性を図るようにする、自らの活動を評価するように努めるといった基準である。運営の透明性と公平性を無視した協議会運営を回避する工夫が施されているのである。

宗像市の取り組みの最も重要なポイントは、各協議会で「まちづくり計画」を策定する点、それに加えて協議会に「まちづくり交付金」が交付される点である。まちづくり計画には、地域の目指す方向・目標、達成すべき事業計画等が明記される。市の公式資料では、このまちづくり計画を実施するのは協議会であるが、協議会でできないものについては、市で事業化を検討して、市の計画に反映することとされている。つまり、事実上の予算提案制度が備わっていると言えよう。一方のまちづくり交付金は、いわゆる一括交付金である。宗像市の交付金は、既存の各種団体に交付されていた補助金等を統合し、予算枠を新設したものである（図6－2）。原則として使途を限定しないこととしているが、過去の補助金の交付目的を含んだ八つの事業（たとえば、敬老会、防犯街灯関連等）に支出す

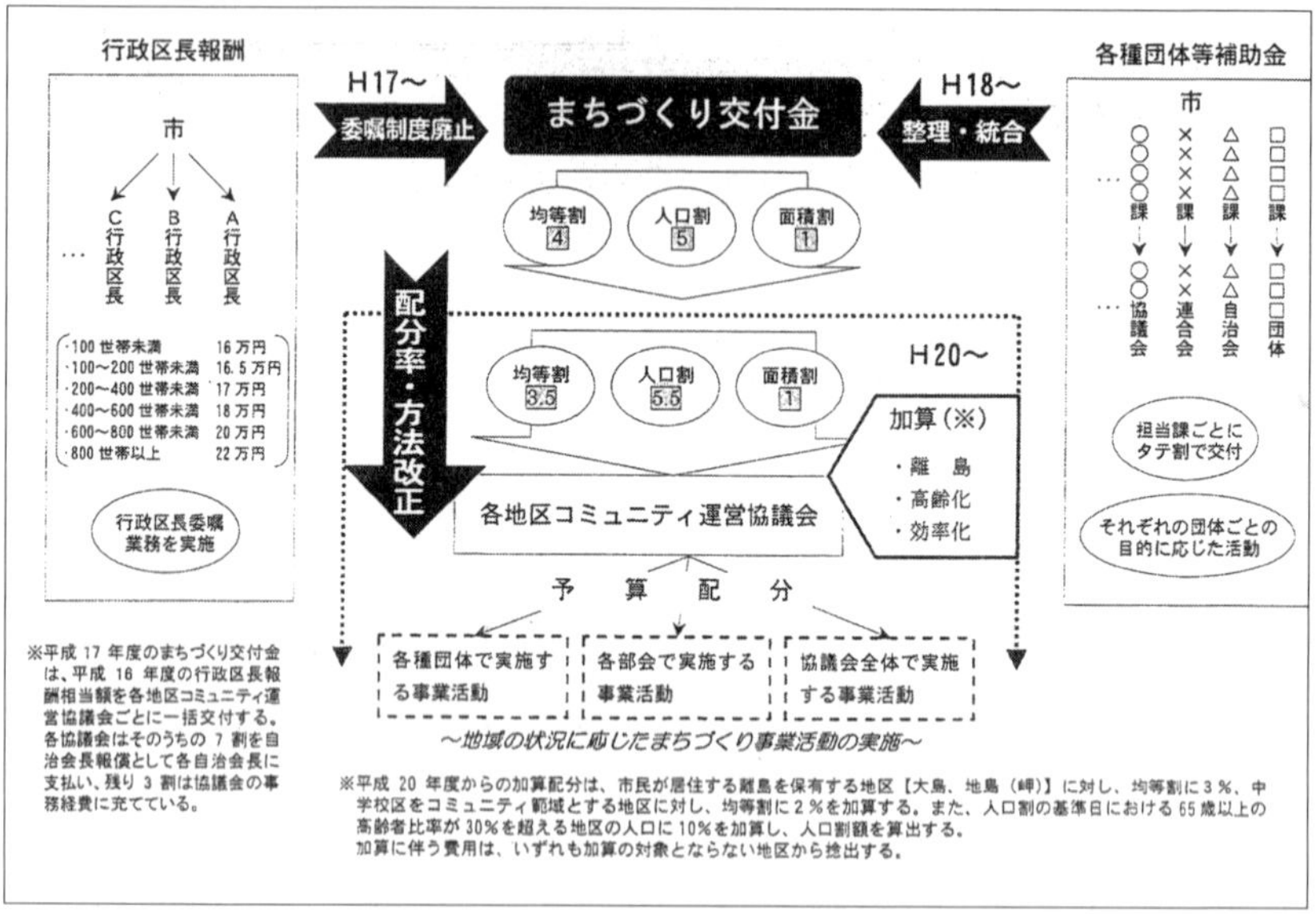

図6－2　まちづくり交付金のしくみ

（出所）宗像市まちづくり交付金の手引き（平成22年度版）。

ることが要件とされている（まちづくり交付金交付規則）。したがって、一括交付金でありながらも、実際は自由裁量が可能な割合はそれほど高くはない。もちろん、旧来補助対象だった事業は実施しさえすればよく、配分額の設定は協議会の自由に任されているのだが、新しい事業を始めようとしたり、活発に活動したりすると交付金の余裕がなくなってしまうという限界がある。

(2) まちづくり交付金の配分

では、まちづくり交付金は各協議会でどのように配分されているのであろうか。市が発行する『まちづくり交付金の手引き』をみると、資金配分のルールを各協議会で決めること、ルールに沿って配分を議論して、決定した配分結果を地域全体に周知することを協議会に求めている。また、事業年度の中間に使用状況を報告すること、事業終了後に実績報告書を提出すること、明朗な会計処理と帳簿等の文書管理も義務とされている。こうして資金配分と執行の不透明さを回避できるように、細かな取り決めを作成しているのである。交付金は、原則自由に協議会が使い道を設定できる。多くの協議会では、まずは事務局（長）が予算原案を作成し、原案の検討を役員会で行い、次に運営委員会の議を経て総会で承認という予算編成過程が一般的である。

一三地区の一つの南郷地区は、協議会のなかでもユニークな取り組みを行っているところである。南郷地区の予算編成過程は基本的には他の協議会と同じだが、原則として、事業を実施したいところに資金を投下する方式をとっている。予算配分の検討は、各部会や団体の詳細な業務報告を基礎資料として行うのだが、報告の提出がなければ配分はしないという。とくにユニークな点が、予算編成過程で重要な位置づけを持つ評価委員会（二〇〇五年〜）である。ここには元学校長や各自治会の副会長等が参加している。この委員会は、前年度の予算執行をチェックする権限を有する。主に帳簿とか各事業の内容・参加者数にもとづいて評価を行う。予算案はその評価結果も加味して作成することとしている。南郷地区の場合は、こうした内部評価を実施して、予算配分を決定する仕組みを採用しているのである。

(3) トライアル・アンド・エラー

南郷地区とて、ここまでくるのに相当の時間がかかっている。立ち上げのころ（二〇〇一年）は、ある種強引に一部の役員が全体の活動を引っ張らざるをえなかったという。そうした過程を経て、四、五年経ってようやく人々の意識が変わり始めたようである。たとえば、各構成団体役員の任期はもともと多様であったのだが、協議会役員の任期（二年）に合致させるように規約を改正するようになってきているという。一〇年あまりのあいだに協議会としての実質がようやく少しずつつくられてきたと言ってよい。市内には南郷地区のような類似の取り組みを行う協議会もあるが、立ち上げの年がそれぞれ異なるので協議会の運営にはばらつきが生じている。各々の協議会でトライアル・アンド・エラー（試行錯誤）が続けられているのである。

宗像市の取り組みで注目できるのは、条例、規則上も明記されているが、一括交付金の使途決定に際して、協議会ごとのルールの設定と公開、帳簿等文書管理が義務づけられていること、加えて、協議会においてその使途についての内部評価に踏み込んでいるところである。協議会の運営はそれぞれに独自であるが、可能な限り透明性や公平性を担保しうるように、協議会とまちづくり交付金のアカウンタビリティを高める試みが実践されていると言えよう。とはいえ、まだまだ内部評価を本格導入できている協議会は多くない状況にある。一方、宗像市では第三者がまちづくり交付金の使途について評価する独自の制度はつくられていない。まちづくり交付金の総額は八〇〇〇万円強に上り、市の支出全体でも決して小さくない割合を占める。内部評価の実施はもちろんのこと、市全体でも客観的な公金使途のチェックを積極的に実践していくことが肝要である。(9)

地域自治組織の取り組みを進めていくなかで、現時点では、できるだけ広いアクターの参加を保障する制度を設けることは言うまでもないが、宗像市のように運営上の透明性や公平性の厳守を協議会に義務づけたり、財政分権については評価制度を設けていくことでアカウンタビリティを担保したりすることが必須である。ただ、宗像市の取り組みから読み取れることは、地域自治組織の運営が足掛け一〇年以上を経ても、まだ途上にあるという点である。南郷地区は、かなり先進的な取り組みを進めていると言いながらも、かなりの時間を要している。地域自治組織を作ればそのまま自動的に自治が進展するわけではないのである。

4　地域自治組織のこれから——制度設計への展望と自治体行政の役割

宗像市に限らず、全国の自治体では、地域自治組織への財政分権が進められている。財政分権そのものは、地域ガバナンスの形成にとっては重要な取り組みである。市民参加を自己決定のレベルに強化しうる有効な手段なのである。ただ、そうした取り組みにおいて、民主主義的正統性が明確に意識されることは少ない状況にあると言わざるをえない。やはり、多くの地域自治組織で、全住民の意見を反映できる機会が必ずしも保障されていないという点は、最も気に留めるべきポイントである。

今後の改革方向として、すでにこれまでも指摘されてきた提案ではあるが、改めて「決定と執行の分離」を提示しておきたい(10)。地域自治組織が資金配分の決定を行うのだが、その際には、少なくとも全有権者がメンバー選出に関与可能な方法（具体的には、投票制）をとることが不可欠であると思われる。くわえて、一括交付金を交付する際に、組織運営の透明性・公正性、とりわけ意思決定の適正手続きを備えるといった厳格な交付要件を設定しておく必要もあるだろう。先の宗像市も、今後は全有権者が関与できる方法で役員を選ぶ体制を構築していかなくてはならないだろう。他方、執行については、実動部隊は重要だが、地域自治組織が直接実働を担う必要はない。決定を実行するのは自治会でもＮＰＯ等の個別の団体でもよいし、住民が新しい組織を立ち上げてもよい。地域自治組織で決定した事柄について契約等を通して、執行組織が独自で執行していく形を採るのである。決定と執行をあくまで同じ組織にまとめようとすると、現在の体制を続けざるをえない。

ただ、宗像市の事例をみるまでもなく、そこまで到達するには長い時間がまだまだ必要であろう。現時点での重要な問題は、地域自治組織の正統性の問題はもちろんなのだが、むしろ地域自治組織の運営がそもそもまだ着実ではないことや、その存在を多くの住民が知らないということである。そうであれば、しばらくは継続的に現在の取り組みを実質化していく作業が求められよう。したがって、既存の方法に潜む正統性問題は深刻だと認知しながらも、宗像市の取り組みのように、今のところは、住民としても自治体行政としても、できる限りの配慮を怠らずに地域自治組織を運営して、取り組みを実質化していくしかないだろう。もし住民が地域自治組織や財政分権を十分理解していないのに投票制を実施すれば、それこそ立候補者に偏りが生じたり、実際の議論が進まなくなったりして、地域自治組織が機能不全に陥る可能性は高い。まずは住民に地域の問題や自治体全体の課題に関心を持ってもらい、かつ地域自治組織にも関心を持ってもらわなければならない。くわえて、多くの住民が関心を持って参加できたとして、運営上何らかの問題が生じればそれを取り除いておかなければならない。

以上のような課題を念頭に置くと、地域ガバナンスの実現の手段として地域自治組織が果たす役割が大きいことは言うまでもないが、地域自治組織の実質化・レベルアップを実現していくためには、自治体行政職員の役割が不可欠である。地域自治組織のあり方や実際の運営に問題はないのか、実情を把握し問題状況を分析し、問題解決のための方策を設定していく意識と作業が常に自治体行政職員には求められると言えよう。とりわけその場合には、学問上の基礎概念や諸理論、また国や他地域の動向に目を向けたり、また地域内部の事情を把握したりとか、様々な情報源から適切な情報を収集し、取捨選択する能力、そこから課題を抽出する能力を身につけ実践することが大事である。(11) こうした能力とその実践は、自治体行政職員全員に問われるものである。それは地域自治組織は、特定の行政部局のみならず、幅広い部局と関わることになるからである。部局縦割り構造を前提とせず、全行政職員が自治体内分権を実りあるものとする責務を負っていると考えるべきなのである。

注

(1) したがって、本章で言う「地域自治組織」とは、法律で設置される組織のみならず、各自治体の独自組織も含めることとする。
(2) 以下は、[地域活性化センター 二〇一一] を参照。
(3) 池田市でも調布市でも、予算化された事業は、原則市が実施することになるが、場合によっては地域自治組織が実施することもできる。大阪府池田市『自分たちのまちは自分たちでつくろう　地域分権やってます』（二〇一一年）、東京都調布市『地域カルテに基づく事業提案制度実施要領』（二〇一一年）を参照。

（4）この参加の各段階の位置づけは、アーンスタインの「市民参加のはしご」論を参考にしている。アーンスタインの論文は日本語訳されていないが、わかりやすく解説しているものとして、少し古いが［篠原　一九七七］を参照のこと。

（5）『高松市自治と協働の基本指針――みんなでこっしゃえよう　うまげな高松』二〇一一年を参照。

（6）二〇一一年七月、三重県伊賀市市民活動支援室により教示を得た。

（7）市民参加における市民の能力について議論するものとして、［松田　二〇〇八］を参照。

（8）行政学者のセオドア・ローウィは、アメリカの利益集団が政府部門の政策決定に大きな影響力を行使していることを批判的に論じている。そういった影響力の行使を通じて、行政機関が特定団体の「捕虜」となり、特定の人々の利益が守られたり、増幅されたりするという問題が生じるのである。［Lowi 1979］を参照のこと。

（9）現在では、市の監査委員がチェックを行うことになっている。すでに監査委員による監査を行ったコミュニティ運営協議会もある。二〇一一年一一月、福岡県宗像市コミュニティ課から教示を得た。

（10）この改革構想については、［後　二〇〇六］が提示したものに基づいている。

（11）自治体行政の役割については［真山　二〇〇五］を参考にした。真山は自治体行政職員の学習努力も大切だが、住民や議員が自分たちの役割を学習し直し、再認識する必要性を明らかにしている。

参考文献

荒木昭次郎『参加と協働――新しい市民=行政関係の創造』ぎょうせい、一九九〇年。

後房雄「多様化する市民活動と自治体の再設計――地域自治組織における決定と実施の混合」『市政研究』第一五三巻、二〇〇六年。

牛山久仁彦「市町村合併後の自治組織」辻山幸宣編著『新しい自治のしくみづくり』ぎょうせい、二〇〇六年。

木原勝彬「コミュニティ政策学会第4プロジェクト研究会中間報告『「地域自治の仕組みづくり」にかかわるアンケート調査』

報告」『コミュニティ政策』第七巻、二〇〇九年。

篠原一『市民参加』岩波書店、一九七七年。

地域活性化センター『「地域自治組織」の現状と課題—住民主体のまちづくり—調査研究報告書』二〇一一年。

名和田是彦「近年の日本におけるコミュニティの制度化とその諸類型」名和田是彦編著『コミュニティの自治——自治体内分権と協働の国際比較』日本評論社、二〇〇九年。

名和田是彦「「コミュニティ・ニーズ」充足のための「コミュニティの制度化」の日本的類型について」『法社会学』第七四号、二〇一一年。

広原盛明「高島市における参加協働型政策研究——地域パートナーシップにおける大学の役割」白川克孝・新川達郎編著『参加と協働の地域公共政策開発システム』日本評論社、二〇〇八年。

松田憲忠「市民参加の可能性とガバナンス」山本啓編著『ローカル・ガバメントとローカル・ガバナンス』法政大学出版局、二〇〇八年。

真山達志「人材を育てる」今川晃・山口道昭・新川達郎編著『地域力を高めるこれからの協働——ファシリテータ育成テキスト』第一法規出版、二〇〇五年。

森脇俊雅「自治体の予算過程と利益団体」『都市問題』第八二巻第二号、一九九一年。

山田晴義・新川達郎編著『コミュニティ再生と地方自治体再編』ぎょうせい、二〇〇五年。
T. J. Lowi, *The End of Liberalism: The Second Republic of the United States*, W. W. Norton and Company, 1979.（T・ローウィ著、村松岐夫訳『自由主義の終焉——現代政府の問題性』木鐸社、二〇〇四年）

（森　裕亮）

第7章　広域自治体における民主主義

1　自治体としての都道府県

わが国では、全国のどの地域でも都道府県（以下「府県」と記す）と市町村が存立し、住民は市町村民であると同時に府県民である。府県は、市町村と同じく住民の意思を汲み取り、政策に反映するローカル・ガバメントである。府県は、機関委任事務制度により国と市町村の間にあって国から指揮命令系統を中継する団体という性格をもっていたが、二〇〇〇年の地方分権一括法施行で機関委任事務制度が廃止され、完全自治体になった（今村 二〇〇二）。

二〇一〇年六月には地域主権戦略大綱が策定され、二〇一一年四月には国と地方の協議の場に関する法律が成立し、その後も義務付け・枠付けの見直しや条例制定権の拡大ならびに基礎自治体への権限移譲を図る第一次一括法と第二次一括法が制定され、まがりなりにも自治体への権限移譲が進んでいる。ただし、これまでの府県の中継団体的性格は、住民から府県を心理的に遠ざけてきた。六〇年代に、革新自治体が登場した際には、府県が自治の側面を色濃くもった時代であったという評価もできるが、府県が担う広域的事務や補完的事務は直接的に住民を対象とすることは少なく、府県が住民自治に本気で取り組むことは少なかった。結果として、住民にとっても府県に対する関心は市町村以上に強くない状況が続いてきた。一方、幹線道路やダムの建設、産業振興、農地開発など、地域経済や住民生活に強いインパクトを与える政策が多いというのが府県政策の特色である。こうした政策に対して無関心が増大するのは望ましい状態でなく、いかに府県民の参加機会を確保し、政策形成や実施の合意を図っていくかが課題となる。

本章では、広域自治体である府県を対象に、民主主義を担保する参加について検討する。府県は、市町村と比べ規模は必ず大きいという特徴があり、広域自治体における参加は、その前提として政府規模との関係から吟味することが求められる。まず、規模と民主性の関係を検討した後に、府県政への参加の制度や手法について検討を進める。

2　民主性の規準

広域自治体の特徴は広域性にある。広域性は、府県の面積が広いことのみならず、市町村を包括する点が基礎自治体とは決定的に異なる意味をもつ。市町村を包括するため、府県の政策対象となる人口の規模は、市町村が対象とする人口よりも常に大きくなる。政府規模と効率性の関係では、市町村間や府県間といった同一階層の政府間比較において、これまでに規模の経済効果などが検証されてきた。次章でふれるように、異なる階層の政府間では、市町村事務を府県が補完したとしても必ずしも効率的にならないことが明らかになっている。一方、注目されてきた効率とは異なり、これまで十分に検証されてこなかった、地方政府存立の基底的価値として、民主性がある。ここでは、政府規模の変化が民主性にどのような効果があるかを検討する。まず、民主性の規準からみてみよう。

(1)　市民有効性

理想的な民主的政府は、アメリカの政治学者ダールにより、政府規模との関係において二つの規準で説明される。

一つ目の規準は、市民有効性である。これは、市民が自らの影響力を政府に与えることができると感じる程度であり、それが高いと民主性が高いと考える。小さな政府の方が大きな政府と比べ、住民は監視しやすく、住民の意見も政策に反映しやすい。小さな政府は心理的な距離が近い。大きな政府になると、住民からの監視が行き届かなくなり、心理的な距離は遠くなる。住民にとっては、府県よりも市町村の方が監視しやすい心理的距離にあることは間違いない。これは、府県よりも市町村の方が訪れる機会が多い政府であり、政策や行政への理解もしやすく、対象地域の範囲も狭いからである。ただし、政府規模の変化に伴う民主性の変化は、市町村間また府県間といった同一階層の政府間で連続性をもつ可能性は高く、府県と市町村間では必ずしも連続的にはならない点に留意する必要がある。これは、府県と市町村は役割や機能、扱う政策が異なるためであり、次に説明する政策対応能力についても同じである。府県と市町村間の政府規模による民主性への効果は、規模の大小と、異なる機能の相違により、強弱が規定されるのである。

図7-1は、九州七県と関西二府四県に実施した府県政アンケート調査（以下「府県政アンケート」）において、「市民有効性のなさ」に関わる質問を行った回答割合である。(1) ①から⑥までの設問について、そう思う程度を回答してもらった。(2) 「そう思う」と「ややそう思う」の合計から市民有効性のなさをみると、ほとんどの項目で五割を超えている。②を除き、いずれにおいても府県は市町村より有効性が低いことがわかる。府県計と市町村計の回答割合でみると、総合的にみて府県は市町村よりも有効性は低い。なお、②では、府県の有効性が高いというのではなく、府県も市町村も有効性がそもそも低い。

ところで、政府規模が大きくなれば、市民有効性が低くなるという関係は、府県間、または市町村間で成立するであろうか。二つの変数の関係を示す程度である相関係数を求めてみよう。なお、相関があるかどうかは厳密には因果関係ではないが、ここでは関係性の一つの目安とする。(3) 「府県政アンケート」のデータにより、府県間の人口

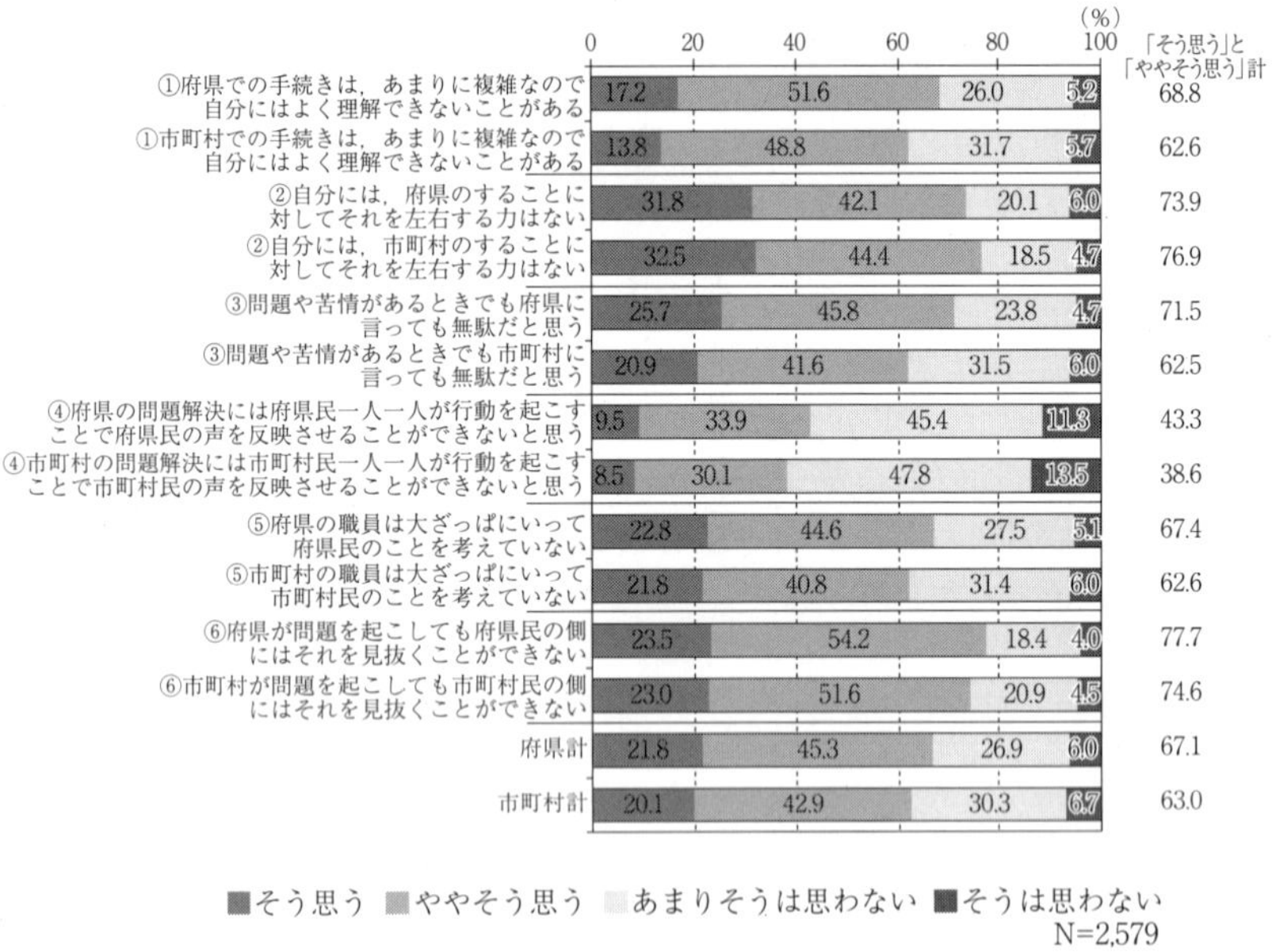

図7－1　府県・市町村に対する「市民有効性のなさ」の比較

（注）アンケートの選択肢は，池田謙一「各種制度信頼の規定要因の分析」総務省『行政の信頼性確保，向上方策に関する調査研究報告書（平成18年度）』2007年，41頁の「行政に対する効力感」を府県と市町村に区分して設定。図中の数値は，四捨五入の関係で，内訳合計が表示上の合計と一致しない場合がある。以下の図も同じ。

（出所）筆者作成。以下，本章の図及び表はすべて同じ。

の相違と府県における有効性の相関係数を計算するとマイナス〇・〇五（五％水準で有意）であり、ある程度そうした傾向を把握できるものの、値は小さい。同じように、市町村間の人口の相違と市町村における有効性の相関係数を計算すると、マイナス〇・〇七（一％水準で有意）となり、府県よりも大きな絶対値であり、市町村間では、府県間の関係よりもさらに明確に、政府規模が大きくなるほど、市民有効性が低くなることがわかる。

(2) 政策対応能力

民主主義の政府をみるもう一つの規準は、政策対応能力である。これは、ダールによりシステム容力と表現されるものである。政府が公共的問題に対する政策対応能力をもつがゆえに、住民は政策や政府に対して民主的に関与する意義がある。政府の規模が大きいほど、広域にわたる問題、また、様々な種類の問題への政策の対応が可能となる。小さな政府では、対象人口も少なく、区域の範囲も狭いために、扱うことのできる問題は、住民生活に身近な福祉や教育などに関わる分野が中心となり、雇用や環境問題などの広い範囲に需要が分布する問題への対応は困難となる。さらに、人口が少ないため費用に見合った財源も確保できない。大きな政府では、逆にそのような政策問題に対応でき、財源確保のための対象人口や企業も増加し、住民もそうした政府の対応能力に期待する。このように論理上は、大きな政府への期待は小さな政府へのそれを上回ると考えることができる。政策対応能力の比較は、政策を形成、実施するための権限や財源などで判断できるが、民主性との関係においては住民がどのように認識するかが肝要である。政策への期待は政策対応能力そのものではないが、実際に政策対応能力の測定は困難なこともあり、また、住民がどのように認識しているかという住民の視点こそが重要であるため、ここでは住民からの期待を分析する。

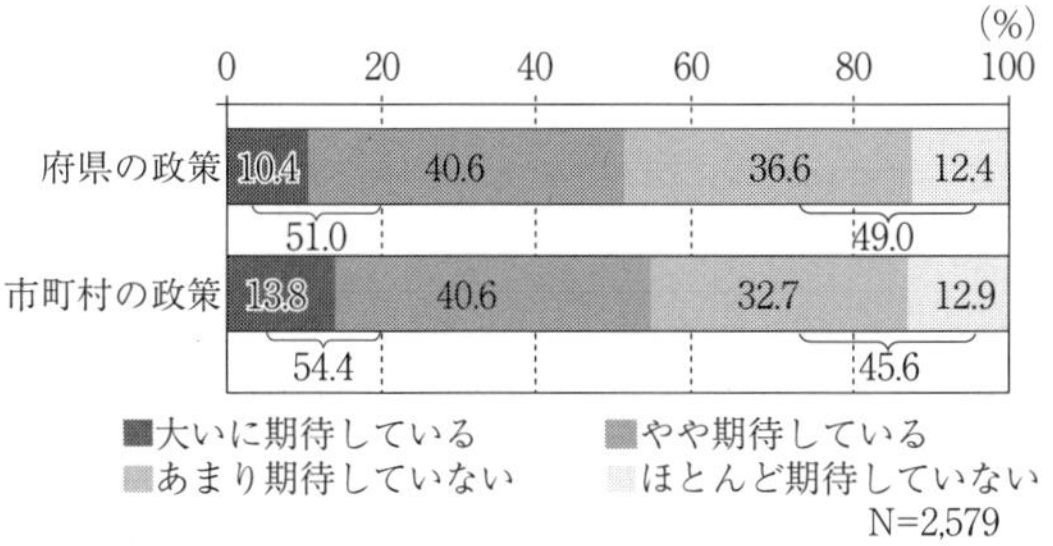

図7－2　府県・市町村の政策に対する期待の比較

それでは、府県と市町村に対する住民の期待を「府県政アンケート」のデータにより比較してみよう（図7－2）。府県と市町村を比較すると、顕著な差ではないものの、市町村の方が政策に対する期待が高いという現状がよみとれる。政策対応能力に対する住民の期待は、府県と市町村の異なるレベルの自治体間では、規模の大きな府県に対する方が規模の小さな市町村に対するよりも期待が大きいとは言えない。これは政府規模の相違だけでなく、府県と市町村の異なるレベルの政府間では、扱う政策や機能が異なる点も影響している。ここで、同一階層の政府間比較のために、「府県政アンケート」のデータを用いて、政府規模と政策への期待の相関係数を算出すると、府県人口と府県政策への期待の相関係数は符号は正となり論理と整合するが、〇・〇三で有意な関係を見出せない。一方、市町村人口と市町村政策への期待の相関係数は〇・〇七で有意（一％水準）であり、値は高くはないが、規模が大きくなれば期待が高まるという傾向がよみとれる。ちなみに、府県人口から府県政策への期待への効果について、年齢などの他の変数の影響を加味しても二つの変数の間に何らかの関係性は見出せない。府県間、あるいは市町村間といった同一階層の政府間の政府規模の比較において、規模拡大が政策対応能力への期待上昇につながるという関係は、市町村間において現出するということになる。なお、政策対応能力と市民有効性は互いに反する政府規模を要請するため、これらの規準で唯一絶対的に望ましい政府規模を提示することは論理的に不可能である（ダール＝タフティ　邦訳一九七九）。

（3）行政に対する認識

地方政府の民主性を探索するための規準は、ここまでにみてきた二つにとどまるわけではない。これら以外にも、規模と民主主義の関係を検討する際には、いくつかの主要な変数が考えられる。それらのうち、とりわけ民主主義の前提として注目すべきは、住民の行政に対する認識である。認識は、論理的には政府規模が小さい方が高くなると考えられる。小さな政府の方が大きな政府より行政に関わる情報を入手しやすく、住民からの心理的距離が近く、参加する際の敷居も低く感じる。認識とは、自ら住む地域ではどのような公共的な問題があり、それがいかなる環境のもとにあるか（公共的問題の内容やその背景）、どのような組織や政策の実施体制で問題に対応しているか（組織・体制）、組織や体制のもとでいかなる施策やサービスを実施しているか（施策・サービス）、施策の結果として得られる成果がどのようなもので、それははたして実現可能か（施策の成果とその実現可能性）、一方で行政の日常的な業務はどのようなものであるか（日々の業務）である。要するに、行政に関わる事情をよく知っているか否かが民

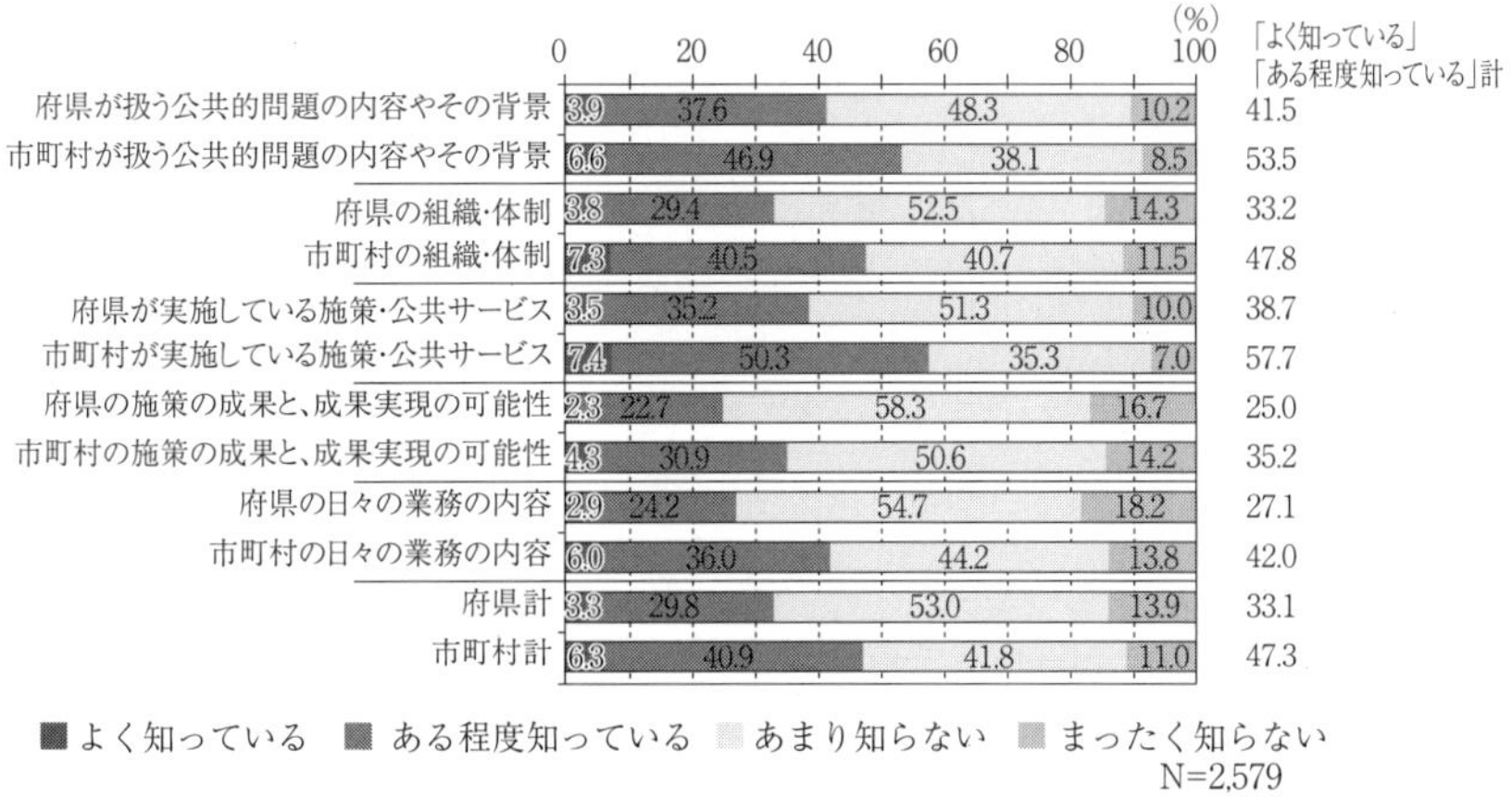

図7－3　府県・市町村の政策や制度等に関する認識の比較

（注）アンケートの選択肢は，総務省『行政の信頼性確保，向上方策に関する調査研究報告書（平成18年版）』2007年掲載のアンケートを参考にして設定。

主主義の前提であり、そうした認識の程度が住民の参加意向に影響する(4)。

図7－3に示す通り「府県政アンケート」のデータにより、府県の政策や制度の認識をみてみよう。まず、「よく知っている」と「ある程度知っている」の合計値をみると、「市町村が実施している施策・公共サービス」と「市町村が扱う公共的問題の内容やその背景」を除き、いずれも五割に満たず認識は低い。「府県の施策の成果と、成果実現の可能性」に至っては二五％しかない。さらに、公共的問題や組織、施策、成果、業務のいずれにおいても市町村より府県での認識が低いことが明らかである。合計では一〇ポイント以上の開きがある。最も開きがあるのは、施策・公共サービスであり、市町村のそれは五七・七％と半数以上であるが、府県のそれは四割以下でその差は一九ポイントもある。もっともこれらの回答は回答者の主観的な判断であるが、そうした主観的判断でみても多くの住民は市町村が行う施策やサービスと比較して府県はどのような施策やサービスを行っているかを認識していないのである。

それでは、政府規模と認識の関係はどうであろうか。これ

表7－1　政府規模や機能の相違と民主性

		政府規模や機能の相違による民主性の程度		
		府県・市町村間比較（規模や機能の相違）	府県間比較（規模の相違）	市町村間比較（規模の相違）
民主性の判規準	市民有効性	府県＜市町村	大きな府県＜小さな県	大きな市＜小さな市町村
	政策への期待	府県＜市町村	規模と期待の間に何らかの傾向は見出せない	大きな市＞小さな市町村
	認　　識	府県＜市町村	大きな府県＜小さな県	大きな市＜小さな市町村

までと同じように規模と認識について相関係数を計算したところ、府県規模と府県政策・制度への認識の相関係数はマイナス〇・〇三で有意でなく、市町村規模と市町村政策・制度への認識の相関係数はマイナス〇・一で有意（一％水準）である。さらに詳細に検証するために、府県政策・制度への認識は年齢が高い人ほど高い傾向があらかじめわかっていたため、そうした年齢の効果を除いて、府県規模と認識の関係をみると、負の効果がみられた[5]。規模が大きくなるほど政策や制度への認識が低くなるという効果が市町村、府県の同一階層での比較においても見出せると言える。

（4）府県規模と民主性の規準

政府の規模や機能が民主性規準に影響を与えることを念頭に、市民有効性、政策対応能力（期待）、認識の規準から府県の民主性をみてきた。異なる政府間である「府県と市町村間」では規模と機能が、また、同一階層の政府間である「府県間や市町村間」では規模が民主性に影響を与えると言える。これらの規準でみた民主性の程度を整理すれば、表7－1のとおりとなる。

府県・市町村間比較では、いずれの民主性の規準でみても府県は市町村より民主性は低い。市民有効性と認識については、府県は規模が大きく住民からの心理的距離が遠いために市町村よりも身近でなく低くなる。政策への期待は、府県の方が期待が高まると言えそうであるが逆であり、この理由の一つは、府県は広域自治体としての機能が期待されていることが背景にあり、その機能は、市町村政策への期待と比べ期待できるものではないという点である。ただし、より深刻な点は、府県の政策に期待する前提条件としての府県政策への住民の認識が低すぎるために、期待するまでには至っていないと想定できることである。府県間比較では、市民有効性や認識については、政府規模の大小が民主性の効果の大小に反比例するが、期待と規模の関係は必ずしも明確でない。府県規模の相違により、府県政策への期待が明らかにならないのは、府県政策そのものの認識が低く、そうした状況で期待の相違を統計的に検出することが難しかった可能性がある。期待と認識の相関係数の符号は想定のとおり正であった。市町村間比較では、規模が大きな都市ほど、市民有効性が低く政策や制度への認識も低いが、一方で、政策への期待は高くなる。

3　参加制度

(1) 民主主義のための参加

民主主義の理念を担保する手段として参加がある。参加は、自治体の政策形成過程の透明性を図るものである。参加によって行政の政策過程は開かれ、場合によっては開かれることで政策の正統性が強化される。行政のみに政策形成のほとんどの責任をとらせるという判断は常に正しいわけではなく、公共政策は公共が担うものであることを想起すれば、住民の参加によって政策過程の透明性を図ることは意義がある場合が多い。参加を通じて、住民側に責任をもってもらい、住民の手で調整ができるという意味もある（田村 二〇〇〇）。

参加は、行政職員による密室の判断を是正するものとして位置づけられるが、行政職員にとっても自ら密室を好んでいるわけではないだろう。政策形成過程の様々な利害関係を住民に公開することでかえって政策がうまくいかなくなることもあり、また、公開が地域エゴの衝突を伴って、地域全体における最適な政策決定に結びつかないこともある。もっと重要な点は、政策過程を公開したからといって即座に住民の理解を得られないことである。公共政策の背景としての社会経済環境、財政事情、政策の内容、自治体や国の関連制度、政策の効果の程度や範囲を理解することは非常に難しい。住民がそのような情報にふれたとしてどの程度理解できるか、多くの情報を握る行政職員とてどの程度政策の詳細や関連する政策、制度、それらの全体像を把握しているかは、期待できる水準にはないであろう。にもかかわらず、民主主義は密室主義を前提としない。参加による透明性確保が、府県の民主主義にとって基本的要件になるのである。それは、行政職員が自治体の政策形成を中心的に担うとはいっても、行政職員はそもそも選挙によらない「民主主義体制のなかの非民主主義的な主体」（金井 二〇一〇：四）という点が背景にある。非民主主義的な主体が何の制約もなく自由に権力を振るうのでは、民主主義とは言えないのである。

(2) 広域自治体への参加制度

広域自治体への参加は、住民のみならず、市町村を対象に考えることもできる。たとえば、府県と市町村の協議の場を通じて市町村参加の機会を設けるのである。ただし、広域自治体への市町村参加は次章でふれることとして、本章では府県民による参加に限定して議論を進める。

さて、府県政参加のための最も開かれた制度は選挙であり、二元代表制のもと、知事と府県議会議員を府県民が直接選出することになっている。知事や議員が府県民の選好をすべて忠実に政策に反映してくれるのであれば、その他の府県政参加の制度は必要ないが、そのようなことはないため、様々な制度が用意されている。具体的には、条例の制定・改廃の請求、議会の解散請求、首長・議員・主要公務員の解職請求、条例制定・改廃、事務の監査請求、住民監査請求等の直接請求制度がある。これらの制度のうち住民監査請求は、住民一人から行うことができ、また、単に調査を行うレベルのものである。多くは、市民オンブズマンが議員の政務調査費の不正を明らかにしようとするもので、府県で年に数件の請求がある。直接請求制度は、人選や政策改廃に直接影響を及ぼすものであり、請求に際して議会の解散請求、解職請求は有権者総数の三分の一以上、条例制定・改廃は有権者総数の五〇分の一以上の署名が必要なことから、ハードルは非常に高い。ちなみに、九州においては、佐賀県で「玄海原子力発電所におけるプルサーマル計画受け入れの拒否に関する県民投票条例」の制定を求める直接請求が二〇〇七年一月二二日に佐賀の県政史上はじめて提出され、同年二月二日に臨時県議会により否決された。

政策の改廃に関わる制度には、パブリック・コメント制度や情報公開条例があり、これらはいずれの府県でも用意されているありふれた制度である。自治基本条例は神奈川県や兵庫県、北海道で制定されているが、府県レベルの制定例は非常に少ない。議会基本条例の府県レベルでの制定例は三重県や福島県、大阪府、京都府など自治基本条例よりは多いもののまだ少数である。もっとも、自治基本条例を制定しているからといって政策形成能力が高いなど自治の精度が高いとは限らない。住民投票条例は、原子力発電施設などの迷惑施設（いわゆるＮＩＭＢＹ施設）の設置や合併の是非を問うために、市町村レベルで制定された事例がいくつかある。府県レベルでは、沖縄県が一九九六年に制定した日米地位協定の見直し及び基地の整理縮小に関する県民投票条例のみである。

以上は、法制度上明確な文書上の規定をもつハードな参加制度である。他方、ソフトな参加制度は多岐にわたる。広報関連の取り組みとしては、県民だより等の広報紙やテレビ、ホームページ閲覧、メルマガ、出前講座、県庁案内などが挙げられる。広聴関連の取組としては、知事への提案制度、委員公募、アンケート、県政モニター、フォーラム、シンポジウム、意見交換会、地域懇談会、ワークショップ、メール・電話・ＦＡＸによる意見収集、意見箱による意見募集、県民相談室・県政資料センターにおける情報提供などが該当する。なお、その他、コミュニティ支援事業や県民協働事業も広い意味では参加に関わるものである。

参加制度は、府県と市町村でそれほど相違はない。地域によっては、府県による積極的なコミュニティ支援が期待されているケースもあるが、一般的には、コミュニティに対する直接的な支援については、府県は基礎自治体より消極的にならざるをえない。消極的になる理由は、府県が市町村自治を尊重する立場にあることによる。

4　政府規模と参加

(1)　参加の程度

以上のように参加制度には様々なものが用意されている。ただし、これらの利用状況はといえば、府県のホームページの閲覧や選挙は多くの府県民が経験しているが、その他の経験は非常に少ない（野田 二〇一二 a）。「府県政アンケート」のデータから、府県政と市町村政への参加意向をグラフ化したものが図7－4である。この設問は、自らが参加したいかどうかを聞いたものである。参加したいとする回答は、府県政に対しては半数に届かず、市町村政より低いことがわかる。身近な政府である基礎自治体の政策や制度は府県よりも認識されており、市民有効性や期待も高い。府県政への参加意向が低くなったのは、府県に対して、住民は政策や制度を把握できておらず、特に政策の成果がわからず、市民有効性や期待も低いという背景がある。

自らが参加したいかどうかは別として、一般に府県政策のうち、参加を促進すべきと住民が考える政策を図7－5によりみてみよう。参加を促進すべき政策は、対人的に直接サービスを供給する分野である保健・医療・福祉や教育政策が八割を超えており、特に高い割合である。日常生活に関わる交通政策も割合は高い。ただし、低い割合の政策でも七割程度は参加を促進すべきと考えられており、参加は特定の政策だけに求められることにはならない。

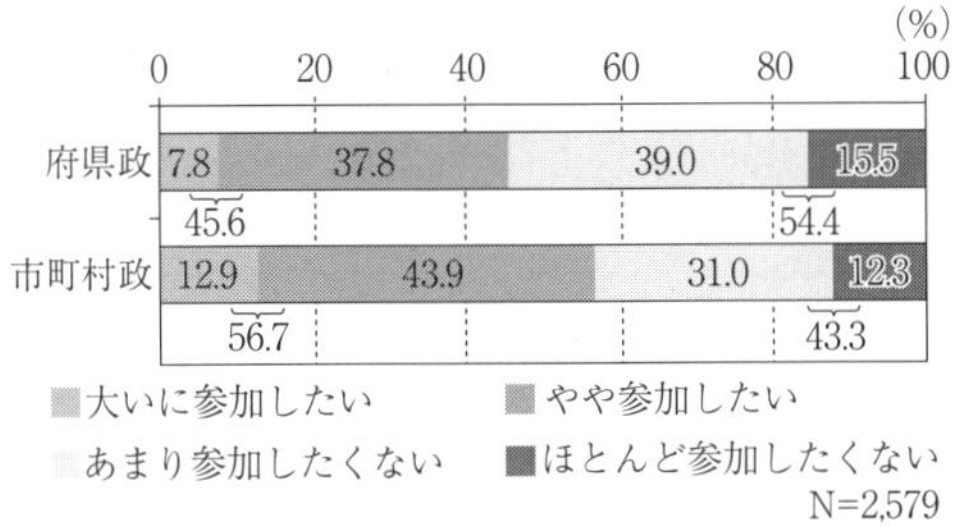

図7－4　府県政と市町村政への参加意向

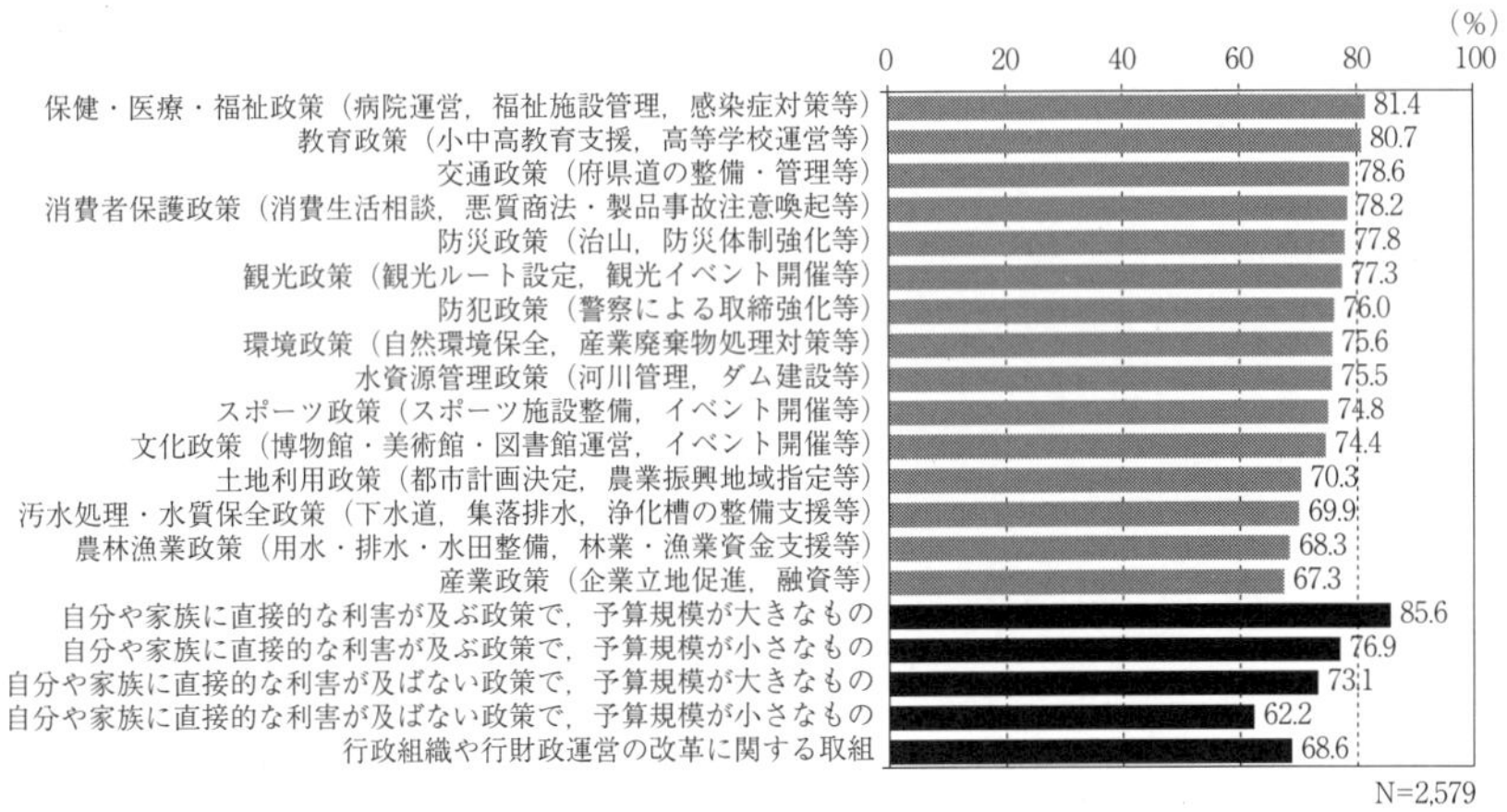

図7－5　政策分野別にみた府県政参加の促進意向

(注)「1参加を積極的に促進すべきである」，「2参加をやや促進すべきである」，「3参加をあまり促進すべきでない」，「4参加を促進せず，ほとんどを府県にまかせておけばよい」の選択肢のうち1と2を合計した割合。

表7−2　政府規模の相違による民主性の効果

	政府規模から民主性規準	効果	民主性規準から参加	効果
府県政参加	府県規模　→（府県に対する）市民有効性	−	（府県に対する）市民有効性　→ 府県政への参加	×
	府県規模　→（府県の政策への）期待	×	（府県の政策への）期待　→ 府県政への参加	＋
	府県規模　→（府県の政策や制度の）認識	−	（府県の政策や制度の）認識　→ 府県政への参加	＋
	府県規模の直接効果		→ 府県政への参加	参加実績には−
	市町村規模 →（府県に対する）市民有効性	×	（府県に対する）市民有効性　→ 府県政への参加	×
	市町村規模 →（府県の政策への）期待	＋	（府県の政策への）期待　→ 府県政への参加	＋
	市町村規模 →（府県の政策や制度の）認識	＋	（府県の政策や制度の）認識　→ 府県政への参加	＋
	市町村規模の直接効果		→ 府県政への参加	×
市町村政参加	市町村規模 →（市町村に対する）市民有効性	−	（市町村に対する）市民有効性 → 市町村政への参加	×
	市町村規模 →（市町村の政策への）期待	＋	（市町村の政策への）期待　→ 市町村政への参加	＋
	市町村規模 →（市町村の政策や制度の）認識	−	（市町村の政策や制度の）認識 → 市町村政への参加	＋
	市町村規模の直接効果		→ 市町村政への参加	参加実績には−
	府県規模　→（市町村に対する）市民有効性	×	（市町村に対する）市民有効性 → 市町村政への参加	×
	府県規模　→（市町村の政策への）期待	×	（市町村の政策への）期待　→ 市町村政への参加	＋
	府県規模　→（市町村の政策や制度の）認識	×	（市町村の政策や制度の）認識 → 市町村政への参加	＋
	府県規模の直接効果		→ 市町村政への参加	×

（注）「×」は、効果が明確でないことを示す。
（出所）［野田 2012a］の検証結果の一部から整理。

（2）政府規模と「広域自治体への参加」

政府規模と参加の関係に介在する民主性の規準（市民有効性、政策対応能力、認識）は、政府規模との関係においてどのような影響を受け、さらに参加に対してはどのような効果を与えるのだろうか。政府の規模と民主性の規準、参加の関係を検証した実証研究（野田二〇一二a）の結果をまとめたものが表7−2である。参加とは、参加意向（図7−4参照）と、参加実績（選挙や地域での意見交換会への参加、直接請求制度の署名、アンケートへの回答などの経験件数）の両方のことであり、ほとんどのケースでは双方とも同様の効果であったため、表中では「府県政（市町村政）への参加」の表現にしている。ただし、府県規模（市町村規模）の直接効果は、参加実績は負の効果を示し、参加意向は明確な効果がないというように異なる結果であったため、効果の箇所に「参加実績には－（負）」というように記している。なお表7－2では、既に表7－1でみた、民主性の規準の府県間比較、市町村間比較の符号も含めまとめている。たとえば、市民有効性は大きな市より小さな市町村で大きかったが、そのことは、市町村規模の（市町村に対する）市民有効性の効果が「－」（負）として表現される。

まず、表の見方を確認しておこう。たとえば、表中の表題に続く二行目は、府県規模が市民有効性に与える効果、そして、その市民有効性が府県政参加（実績・意向）に与える効果を示している。府県規模が市民有効性に与える効果は、府県規模が大きなほど府県に対する有効性が低くなるため「－」となる。当該の有効性は、それが高くなるほど、府県政参加に何らかの明瞭な影響を与えない結果であったため、「×」となる。また、表中の五行目には先述の府県規模の直接効果について示しており、民主性規準を介さずに参加実績に直接「－」の影響を与えるというように記載している。

さて、結果をみると、表中上段の二行目や四行目に示す通り、府県規模が大きなほど、一住民が府県に影響を与えることができないと思うようになるため、（府県に対する）市民有効性は低くなり、また大きな府県ほど住民からの心理的距離感が遠くなり、政策や制度も複雑になって、不透明さが増すために府県への認識も低くなる。上段三行目に示す通り、府県規模が大きくなれば府県の政策への期待が高まると想定されたが、府県間ではそれほど効果が現れない（したがって表中は「×」である）。ただし、市民有効性は府県政参加には明確な効果を示さず、期待はそれが高まるほど参加が促進される。府県規模が大きいほど高まる認識は、それが高まるほど参加を促進する。「府県規模大→府県への認識上昇→府県政参加促進」の連関は明確であり、実証研究（野田 二〇一二a）の数値をみると、認識から参加への効果はとりわけ高い。参考までに下段の市町村政参加についてみると、市町村規模と民主性規準の関係、民主性規準と市町村政参加の関係は、市町村規模が大きくなると住民の期待が高まる点を除き、府県政と同じ符号である。

それでは、市町村規模と府県政の民主性規準の関係はどうであろうか。市町村規模は大きくなるほど、住民は府県の政策に期待し、府県の政策や制度への認識も高まる効果が現れる。これは、規模が大きな市の住民ほど、府県への心理的な距離が近いために、府県への期待や認識が高まるのである。県庁所在地の住民は、県内他市町村の住民よりも都会住民としてのある種の優越感をもち、府県に対して敷居が高いという感覚は薄れ、対等な感覚をもつようになる。その結果として、府県に対してより身近であるため、認識の程度は、小さな市町村の住民よりは高くなり、府県に対する期待についてもまったくないというわけではなく、小さな市町村の住民よりは高くなる。そして、認識の高い住民ほど、府県政への参加意向や参加実績が高くなるのである。ちなみに、府県規模の市町村の民主性規準に対する効果はみられない。

府県の政策や制度に対する認識の程度は、府県規模が大きいほど低くなるが、市町村規模は大きいほどそれが高くなるというように、政府の種類によって規模の認識への効果が反転する。従来の政府規模の研究は市町村規模を対象にサービス供給の効率性を追究してきたのであるが、規模の反転効果の存在は、広域自治体を対象に考える場合には、同じ政府規模といっても、府県のみならず基礎自治体の規模も併せて検討しなければならないことを示唆する。たとえば、府県を廃止したうえに形成する道州制の議論においても、道州規模のみならず、そのもとにある市町村規模も考慮に入れて、道州政府における民主性を検討することが必須となる。

規模が大きな市の住民の方が、府県の政策や制度の認識が高く、そうした認識の高さが府県政参加の促進につながるのとは逆に、規模の小さな市町村の住民は、府県に対する心理的距離が遠いために府県の政策や制度への認識が低く、そのような住民ほど、府県政への参加意向や参加実績は低い。府県はあらゆる府県民のための政府である。そうであるならば、規模の小さな市町村の住民が参加しようと思うような参加手法に配慮することが求められる。

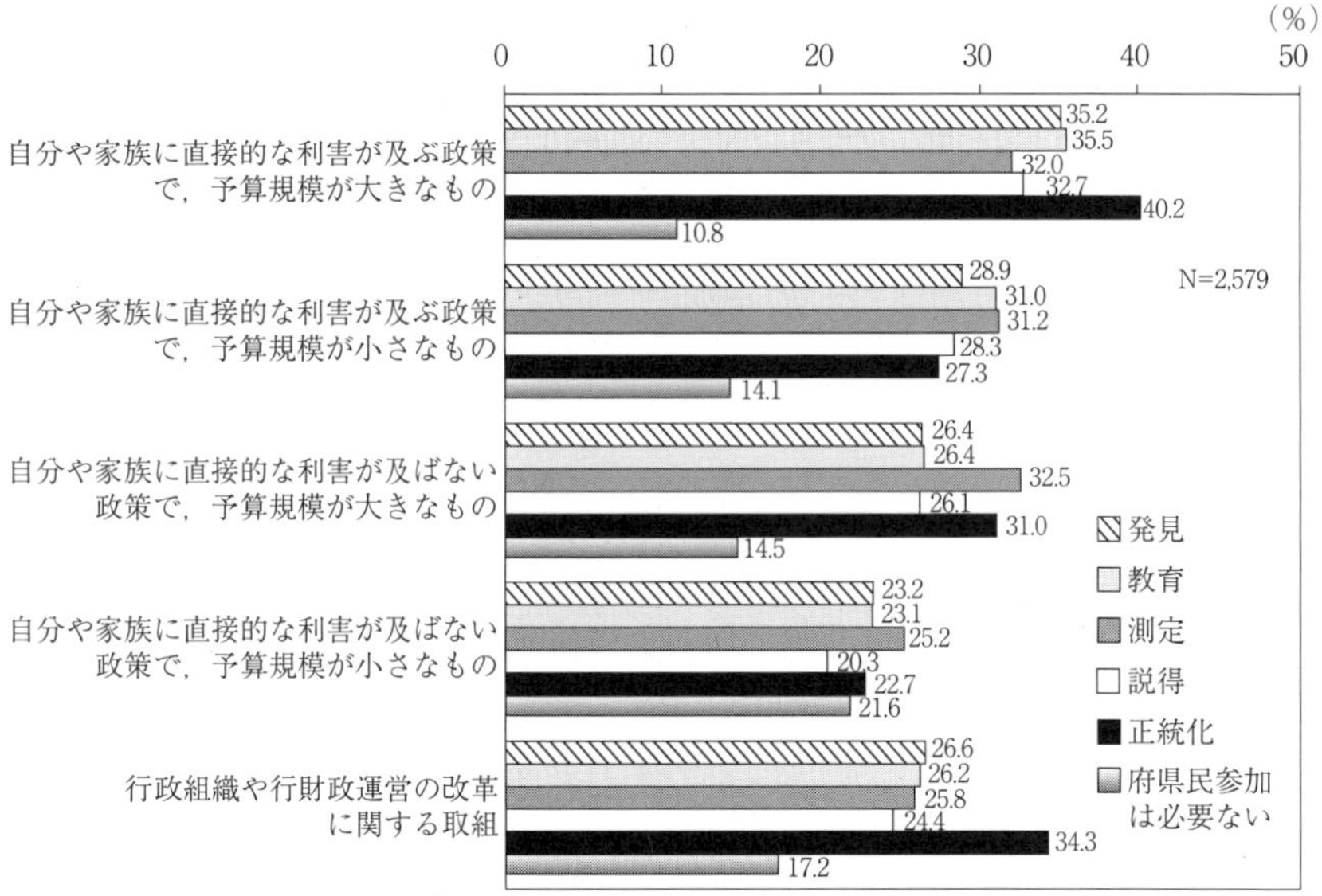

図7-6　府県政参加において重視する参加の目的

(注) アンケート選択肢は「発見」,「教育」,「測定」,「説得」,「正統化」,「府県民参加は必要ない」という参加目的。制限のない複数回答。ただし「府県民参加は必要ない」を選択した場合は，他は選択できない。

5　府県政参加の目的と手法

(1) 参加の目的

参加の目的は、パブリック・ヒアリングやサミットを題材に参加の効果を論じる米国の研究で使用された五つの概念が利用しやすい[6]。第一は「発見」である。参加することによりこれまで把握していなかった情報を発見するという点が挙げられる。未知を既知とするのである。第二は「教育」である。これは、単なる情報の発見や知識習得ではなく、政策や制度に対する思考能力を身につけるということである。参加者が、参加の過程を通じて、政策の背景や内容、実現可能性や効果などの実情について考える能力を身につける、また民主主義そのものを学ぶという側面である。第三は「測定」である。参加により従来不透明であった政策の進捗状況を明らかにし、それを評価するのである。測定に関しては、行政が密室のもとで進めてきた政策について、事業仕分けを行い、白日の下に晒すという意味も含まれると言ってよい。第四は「説得」である。これはいくつかある代替案のうち、推したい特定の代替案に決定するために利害関係者を説得するための参加という意味である。第五は「正統化」である。判断が難しい政策課題について、最終的には住民に直接的に訊いて、住民による判断を公然と求めることで公共的な意思の反映とするものであり、参加の手法としては住民投票が該当する。

府県政へ参加するときに各参加目的について重視するかを「府県政アンケート」で把握したものを図7－6に示す。直接利害が及ぶ予算規模の大きな政策では、「発見」から「正統化」まで三割を超え、すべての目的が一定割合は重視されていることがわかる。特に「正統化」を目的とする割合は高く、利害関係がある政策には住民は自ら決定に関与したいのである。利害は及ばないが予算規模の大きなものは「測定」の割合が高く、事業仕分けのイメージの浸透が背景にあるのか、客観的な評価を求めている。その他、行財政運営改革の「正統化」が高いことは特徴的である。正統化により住民の審判が下されるのである。

これを政府規模でみた場合、府県規模の大きさと「正統化」重視（相関係数〇・〇六、有意水準一％）、府県規模の大きさと「測定」重視（相関係数マイナス〇・〇四、有意水準五％）は、統計的に一定の関係があると判断できる。前者は、府県規模が大きくなると、住民の府県政への距離感を遠くし、そのために参加するのであれば直接的に自らが決めたいという思いが強くなるのである。ちなみに、市町村規模と府県政参加の目的の間には明確な関係はない。なお、図7－5の政策分野と政府規模の関係については、規模の大きな府県の住民、また規模の大きな市の住民は「防犯政策（警察による取締強化等）」への府県政参加を求める傾向が見出せるものの、その他に、規模と政策分野の間に明確な関係はない。

「府県政アンケート」のデータを分析したところ、民主性規準と参加目的に一定の関係が見出せる。市民有効性と「正統化」の相関係数はマイナス〇・〇九（一％水準）で有意である。有効性が低い人ほど、直接自ら決定したいという思いが強く、「正統化」を重視するということである。府県に期待する人や、府県の政策や制度への認識が高い人は、「府県民参加は必要ない」の回答が少なかった。さらに、その認識と参加目的としての「教育」の相関係数は〇・一三（一％水準）で有意であり、認識の高い人は教育を重視する。認識は参加に強い影響を与えることは既述した。認識の高い人が教育の意義を感じるのであれば、一方の認識の低い人は、「教育」を参加目的として重視することは少ないということである。しばしば、参加は民主主義の教育としての効果があると言われるが、府県政への参加に至っては、府県の政策や制度について認識の低い人たちに、参加の意義が「教育」にあると伝えても期待する効果は上がらないのである。

(2) 参加の手法

府県民は、どのような参加手法を求めるのであろうか。また、それは政府規模によって異なるだろうか。図7-7に示すのは、参加手法への住民の意向である。最も多いのは広報誌による情報提供である。次いでアンケートとなっている。これらは府県民が主体的に参加するようなものではなく、府県民を対象とした行政からの情報提供や情報収集である。このような広報や広聴の活動を住民の側も日常的には求めていると言える。

参加の手法は、政府規模によって異なる選好があるのではないかという問題関心をもち、「府県政アンケート」のデータにより把握したところ、府県規模と参加手法には明確な関係は見出せなかった。一方で、市町村規模と参加手法の相関係数のうち、五％水準で有意になったものが二つあった。一つは、府県主催の臨時の懇談会・意見交換会であり、もう一つは、住民主体の常設の委員会で、いずれも市町村規模と負の関係にある。市町村規模との相関係数は順にマイナス〇・〇四七、マイナス〇・〇四一である。このことから、小さな市町村の住民は大きな市の

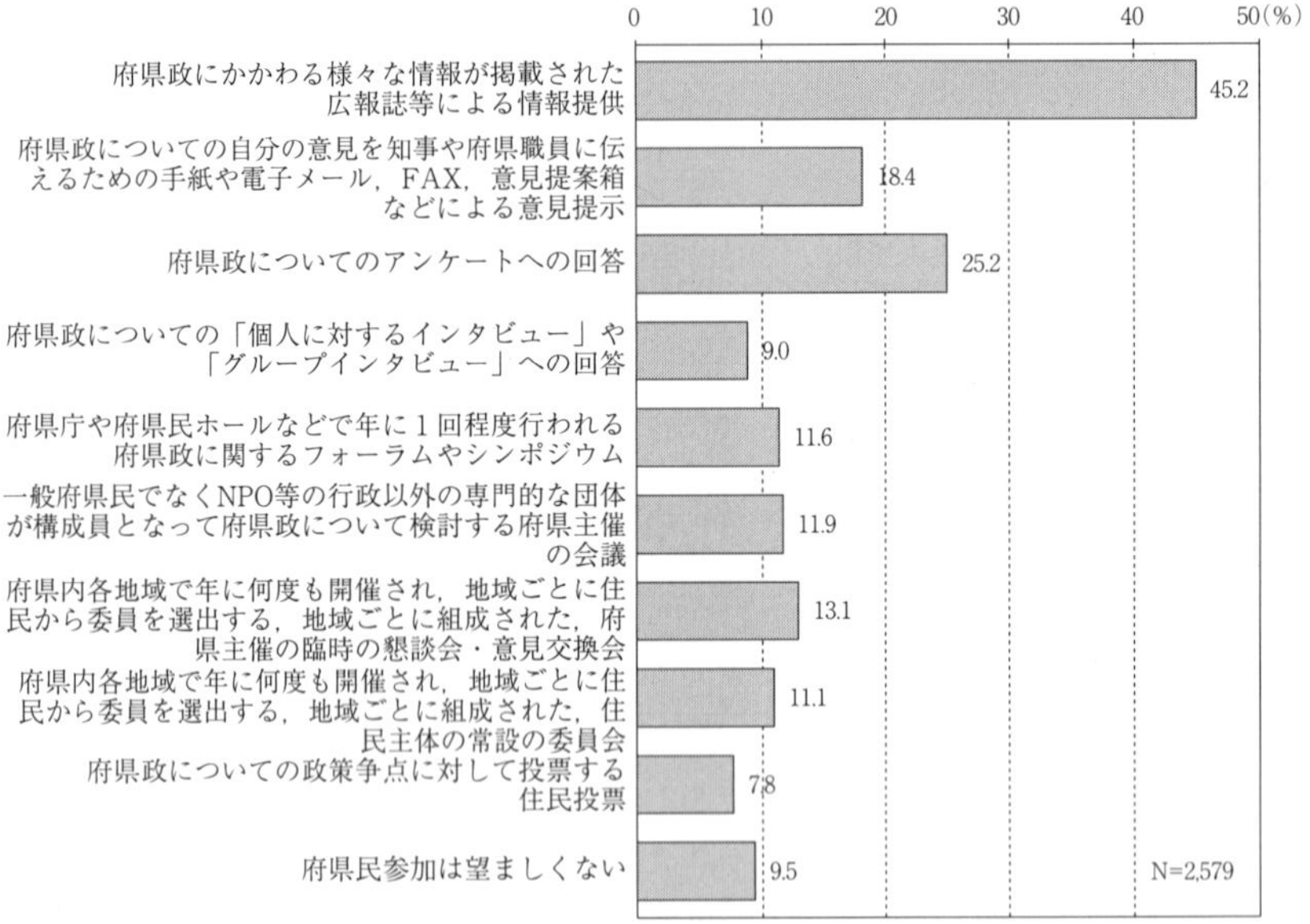

図7－7　望ましい府県政参加の手法

（注）図7－5の保健・医療・福祉政策，産業政策など15の政策分野の合計値で分析。

住民よりも、地域ごとに開催される会議による「丁寧な参加」への要望が強いと言える。ちなみに、府県主催の臨時懇談会と住民主体の常設委員会を比べれば、住民は前者を望む割合が高いという特徴もある。

6　広域自治体における参加のあり方

府県の規模が大きくなると、民主性規準のうち、特に府県の政策や制度に対する住民の認識が低くなる。しかも府県内の市町村にあっては、規模の小さな市町村の住民は府県への認識が低く、その結果として参加が抑制されるのである。広域自治体における参加のこのような性格を念頭において、府県は参加制度を設計する必要がある。規模の小さな市町村の住民ほど、府県主催の懇談会や委員会などの地域で行う「丁寧な参加」を望む。日常的には、広報やアンケートによる情報の提供や聴取を期待するが、自らに利害が及ぶような政策や関心のある政策については、「丁寧な参加」を求める。そのような「丁寧な参加」を府県で進めるとはいっても、委員会などを際限なく各地域に設置できるわけではなく、非効率すぎないように、実情に応じた適度な数で円滑に運営されなければならない。どの政策で参加を丁寧に行うかは実質的には府県が決めることになろうが、参加対象政策が住民から納得されるものかが問われる。一つの手がかりは、ダム建設など、これまで住民説明会をよく行ってきた規模の大きな公共事業ばかりでなく、福祉・医療や教育、交通、消費など対人的サービスや日常生活に深く関係するものを参加の対象として重視することである。また、どの地域の府県民に影響が及ぶ政策であるかをあらかじめ検討しておき、そうした情報を「丁寧な参加」を進める判断材料にするのが望ましい。

他方で、府県政参加は、あらゆる府県民に強要されるべきものではない。参加の目的には、様々なものがあったが、民主主義の教育と称して府県が府県民に参加を押しつけてはならない。参加の教育効果を求めない府県民は特に府県の政策や制度に対する認識が低いという背景があり、まずは府県の政策や制度を周知徹底するという、当然のことではあるが、きわめて労力の伴う府県の努力が必要となる。それは、府県が日常的に全府県民を意識してあらゆる参加手法を用いて行うべきことである。先に、福祉や医療などの対人的サービスと述べたが、福祉の分野で府県が担うことができる権限は限られている。ただし、府県民は市町村と府県、国の間の事務権限の分担を把握しているわけではないので、制度や権限の周知を図ることから始めなければならない。府県民に周知すべき情報や知識は、府県の課題、課題解決のための政策の内容（実施体制や権限、財源を含む）、期待される効果、さらには府県政全体における政策の優先順位である。主な事業がどのような課題や政策の下位体系に位置づけられ、どの程度の優先順位であり、府県はどのような効果を期待するかについて、府県民に認識してもらわなければならない。そのようにしてようやく、府県民は府県の政策に関心をもち、主要事業の位置づけと、効果を理解し、府県政策の妥当な評価が可能になるとともに、自治意識が芽生えるのである。

注

（1）アンケートのデータは、楽天リサーチ株式会社を通じて、九州は二〇一一年二月三日から同年二月一七日、関西は同年七月一日から同年七月二九日に回収したものである。各府県で、県庁所在地住民一〇〇サンプル、比較的規模の小さな人口がおよそ一万人から三万人程度の市町村住民一〇〇サンプル程度、九州と関西合計で二五七九サンプルを回収した。本章で扱う図表はいずれもこのアンケートのデータをもとにしている。詳しくは［野田 二〇一二ａ］を参照。

（2）④の設問は、もともとは「府県民（市町村民）の声を反映させることができると思う」というものであったが、「そう思う」から「そうは思わない」までを反転させることで、「府県民（市町村民）の声を反映させることができないと思う」とした。なお、①から⑥は政治学で政治的有効性感覚と呼ばれるもので、厳密な意味では、自らが政府に影響力を与える能力をもつといった市民の内面に向けられた内的有効性感覚と、市民の要求に基づき政府は変わりうるといった外的有効性感覚がある。内的、外的のいずれにしても、政治的有効性感覚は市民の要求が政府や政策に影響を与える効力感を示しており、市民有効性を判断する指標としている。

（3）相関があるかどうかの基準の一つとして無相関の検定というものがあり、相関が全くない確率の低さを目安として関係があると解釈をする。五％水準で有意というのは、五％の確率で誤るということである。相関があると判断したら、その後は、関係性の高さを相関係数そのもので評価することになる。もっとも、二変数の間に相関があると言えても、他の変数が影響している可能性があり、本来は想定される他の変数を制御したうえで分析することが求められる。なお、本文中で示す相関係数や効果を算出する際に使用している府県や市町村の規模は、人口を対数化したものである。

（4）政府に対する理解可能性が高い場合に、市民有効性がさらに高まることをダールは指摘するが、この点は必ずしも実証されてはいない。

（5）具体的には、府県政策・制度への認識を目的変数として、府県規模や年齢を説明変数とする回帰分析で確認し、府県規模（府県人口の対数）は、認識に対してマイナス〇・一七の偏回帰係数をもち、規模、年齢ともに係数は五％水準で有意であった。

（6）米国ユタ州におけるパブリック・ヒアリングとサミットの事例を比較したウォルターズらの研究において、発見（discovery）、教育（education）、測定（measurement）、説得（persuasion）、正統化（legitimization）の参加目的の概念が提示され、これらの参加目的と政策開発の段階が議論される。詳しくは［野田 二〇一二b］を参照。

［付記］　本研究は、科学研究費補助金（若手研究（B））「都道府県をはじめとする広域政府における民主性の実証研究」の成果の一部である。

参考文献

池田謙一「各種制度信頼の規定要因の分析」総務省『行政の信頼性確保、向上方策に関する調査研究報告書（平成一八年度）』二〇〇七年。

今村都南雄「問われる都道府県の役割」『都市問題』第九二巻第三号、二〇〇一年。

金井利之『実践自治体行政学――自治基本条例・総合計画・行政改革・行政評価』第一法規出版、二〇一〇年。

田村明『自治体学入門』岩波書店、二〇〇〇年。

野田遊「政府規模と府県政参加」『会計検査研究』第四五号、二〇一二年a。

野田遊「参加の目的と府県政参加」日本地方自治研究学会編『地方自治研究』第二七巻第一号、清文社、二〇一二年b。
R. A. Dahl, and E. R. Tufte, *Size and Democracy*, Stanford University Press, 1973.（R・A・ダール、E・R・タフティ著、内山秀夫訳『規模とデモクラシー』慶応通信、一九七九年）

（野田　遊）

第8章　地方政府間関係と自治

1　地方政府間関係への注目

わが国のローカル・ガバメントである自治体の自治や分権を政府間関係から論じる伝統的な研究は、中央地方関係を対象にしてきた。その帰結は、地方政府が政治的ルートを通じて自ら望む政策を国から引き出す側面を分析するものもあるが、多くは中央集権体制が批判され、国と比べた自治体の権限や財源の脆弱性が問題視されるという構図が示されてきた。中央地方関係の探究は、国のかたちのみならず、地方政府のかたちを明らかにするものである。しかし、地方政府は一枚岩のように描かれ、地方分権の対象は府県と市町村の集合として描かれることが多かった。中央集権体制では地方自治が実現されないため地方分権が必要、という論理で実現しようとする地方自治を見極めるためには、地方政府間の関係に注目しなければならない。地方政府の自治とは、市町村の自治であると同時に府県の自治でもあり、市町村民かつ府県民の自治である。市町村のみで、あるいは府県のみですべての行政サービスを生産し、提供できるわけではなく、府県と市町村の関係において、あるいは府県間、市町村間の関係において自治を実現していくことが要請される。

このような観点から、中央地方関係と同様かそれにもまして、地方政府間関係のありようを自治の側面から明らかにすることこそが急務である。地方政府間関係とは、地方政府である府県、市町村、一部事務組合や広域連合などのうち、特に府県と市町村、府県間、市町村間の関係のことを指している。本章では、それらのうち、府県に着眼し、府県と市町村、ならびに府県間の関係について自治の実現という点から検討する。はじめに、広域自治体である府県にはどのような機能が期待されるかを検討することからはじめたい。

2　府県機能

(1) 府県機能の種類

市町村があらゆる事務を単独で処理するのであれば、都道府県の役割は不要であるが、市町村と都道府県や国が融合して事務を処理してきた日本の行政においては、そのようなことは現実的でない。府県の機能は、地方自治法に記載のある機能と、そうした記載はないが府県の実績を根拠に全国知事会等が主張してきた機能がある。地方自治法上の機能とは、地方自治法第二条五項に示されたもので、広域にわたるものとしての「広域機能」、市町村に関する連絡調整としての「連絡調整機能」、その規模または性質において一般の市町村が処理することが適当でないと認められるものとしての「補完機能」である。なお、同法第二条六項では、「都道府県及び市町村は、その事務を処理するに当つては、相互に競合しないようにしなければならない」とされている。

広域機能に関する政策は、市町村域を越える土地利用や環境規制、広域防災や危機管理、広域的な交通網の整備や河川・海岸の管理、森林保全、高度医療、流域下水道事業、産業廃棄物の適正処理などが想像しやすいものである。連絡調整機能は、政策の分野とは関係なく、国と市町村の間に位置する府県が国からの情報を市町村に連絡し、市町村間を調整する機能である。国からの情報伝達とは別に、府県が独自に市町村間の連絡調整を行う機能も含む。補完機能は、市町村が独力では困難な事務を代替する機能である。ただし、補完機能は、次に説明する擁護・支援機能、すなわち、市町村で対応可能な事務であるが、十分でないという前提で府県が市町村を支援するものを含めて解釈できる。補完機能は、窓口業務といった基本的な事務を除きほとんどの分野で要請される可能性があり、市町村ニーズに応じて果たされるべきものである。たとえば、介護保険事業や国民健康保険、ごみ処理施設の整備などの単独市町村では財政負担が大きなものは将来的に補完ニーズが増加する蓋然性が高い。

自治法上の三機能の分布について、財政支出や職員定数を指標として把握する興味深い研究がある（礒崎 二〇一〇）。それによれば、神奈川県をケースに財政支出でみると、二〇〇五年度で広域機能は二割弱、連絡調整機能は三割弱、補完機能は五割強になっている[1]。島根県と神奈川県の比較では、補完機能の割合は同程度で、広域機能は島根県が高く、神奈川県では連絡調整機能の割合が高いという。島根県は小規模市町村が多い県で、神奈川県は規模の大きな都市が多い県であり、それらの比較である。さらに、神奈川県の事務を一九六〇年度から二〇〇五年度までの時系列でみて、広域機能は減少傾向、連絡調整機能は増加傾向、補完機能は横ばいという。

自治法上には規定をもたないものの府県の実績から主張される機能は、先導的機能と擁護・支援機能である。先導的機能は、国主導の地域開発の影響で公害対策や過疎対策、水問題の解決、あるいは消費者行政などの課題に対して、府県が先導的に条例や要綱を策定するなどして対処してきたことが実績とされる。擁護・支援機能は、市町村に対する国の中央集権的な扱いから市町村を擁護するために、府県が市町村連合の事務局的な立場から人材や情報、専門知識など様々な手段を提供するものとして理解される（辻山 一九九四）。擁護は、国の集権的統制から府県が介在して市町村自治を守るという意味であり、支援は府県が市町村自治のために技術的、財政的に協力することである。論者によって異なるものの、既述の通り、支援や擁護の機能は補完機能に含まれると解釈できる。

(2) 府県機能の論拠に関する問題点

①自治法に基づく三機能の問題点

平成の大合併が推進された二〇〇〇年以降、数年間のうちに、北海道から九州に至る全国のいくつもの府県は、今後の府県のあり方や道州制の可能性を検討する報告書を矢継ぎ早にとりまとめ、その中で広域機能は府県の本来的な機能であることが主張された。ただし、広域機能や連絡調整機能について、これまで十分に果たされてきたというのは難しい。広域機能や連絡調整機能は、他の条件が同様であれば、市町村数が多い府県ほど、機能を果たすために府県の歳出多寡が見込まれるはずであるが、市町村数と府県の歳出の関係を検証した実証研究ではそのような証拠は把握されない（野田 二〇〇七）。

そもそも、府県機能を別の政策主体が果たしているという批判がある（高寄 一九九五）。合併により市町村の区域が広がり、行財政能力の規模も拡大するのであるから、府県がいう広域機能、連絡調整機能、補完機能は、低下せざるをえない。実際、平成の大合併では、すべての府県で市町村数が減少し、自立的な都市が増加した。合併以外に、広域連合や一部事務組合、事務委託などの市町村間の連携によっても、同様に市町村の政策で対応可能な範囲が拡大する。市町村はこれまで以上に、区域は広域になり、連絡調整も自ら対応できるようになったことから、規模や性質に応じた補完も要さなくなる。したがって、府県による広域、連絡調整、補完の諸機能がそれまでと同程度に必要であると主張するのには無理があると言えよう。ちなみに、前述の市町村数と府県の歳出の関係を扱った実証研究では、いくつかの条件を考慮のうえ、市町村数と広域機能や連絡調整機能が連動しないことを検証しているが、それは、むしろ市町村数が多い府県では、市町村が一部事務組合や事務委託、広域連合などを通じた連携により、府県に代わって広域機能や連絡調整機能を果たし、府県が負担すべき行財政効率を向上させるからである（野田 二〇〇七）。

もちろん、合併に取り残された地域は依然存在するし、他市町村との水平的連携が困難な市町村もある。さらには、一部事務組合の中には、市町村合併で主要都市が構成から外れたために機能低下が危惧されるところもある。したがって、これからの府県には、広域、連絡調整、補完の機能が全く必要なくなるというわけではない。府県が市町村を地理的に包括する以上、広域、連絡調整の役割があること自体は理解しやすい。また、現実に小規模市町村が存在し、中核市なみの能力をもつ都市への再編がなされない限りは、府県による補完機能は残るものだという意見もある（市川 二〇一二）。

ただし、合併が推進されてもこれまでと同水準で自治法上の三機能が維持されるのは、市町村の自治尊重の意味において民主的でなく、財政事情を鑑みても効率的でないという点が重要である。特に補完機能については、必要性の程度が十分に吟味されなければならない。市町村に代わる補完機能や、市町村自治の環境を整える支援機能が府県事務に占める割合は高く、そのことで、広域的課題に十分に対応できないため、府県は広域自治体固有の仕事に専念すべきとされる（礒崎 二〇一〇）。府県が補完という名目で、自らの政策領域を維持しようとするのは、組織拡大を図るために必要とは言いきれない事業の必要性を財務省に強気で説く各省庁に似ており、広域自治体固有の仕事に専念すべきというのはもっともなことである。必要のなかにも求められる機能の程度が存在するのであり、府県機能論は、必要有無を強調する議論から必要性の程度を問うものに移行するのが生産的である。

②支援機能と先導的機能の問題点

市町村自治の擁護・支援機能の支援と擁護を厳密に区分するのは困難であるため、以下、支援機能で統一するが、この支援機能は、市町村のニーズがあってはじめて成立するものであり、府県固有の機能とは言えない。市町村の意向を十分に踏まえずに、府県による支援の必要性を主張されても、国からの市町村統制を助長するものだと疑いたくなる。市町村合併による規模拡大で、政策形成能力が向上すれば、従来通りの水準による支援のニーズは減少する。そもそも支援は、府県から権限と財源を移譲すれば足りるはずである。必要以上の支援の問題については改めて次節でみることにしよう。

先導的機能については、たしかに、最近では、福井県の停止原発に課税する核燃料税条例（二〇一一年一一月一〇日施行）、神奈川県の受動喫煙防止条例（二〇一〇年四月一日施行）、東京都のネットカフェ規制条例（二〇一〇年七月一日施行）などの府県による先導的な政策形成の事例を思い浮かべることができる。ただし、市町村においても、沖縄市の産廃処理施設建設の制限を定めた、特定用途制限地域内における建築物等の制限に関する条例（二〇一一年九月二二日施行）、京都市の地球温暖化対策条例（二〇〇四年一二月二四日制定、改正条例二〇一一年四月一日施行）、栗山町の議会基本条例（二〇〇六年五月一八日施行）、草津市の熱中症の予防に関する条例（二〇〇五年七月一日施行）、志木市の公共事業市民選択権保有条例（二〇〇二年七月一日施行）など、多くの先導的政策の実績がある。また、市町村の景観条例は、府県からの影響は少なく、府県は逆に条例策定時に他府県のみならず、日常的に県外市町村の政策を参照するという（伊藤 二〇〇六）。このようなことから、先導的機能は府県固有のものとするには無理があり、これも市町村合併を契機に縮小することの方が説得的である。

もっとも府県が市町村では成しえない、もしくは著しく非効率であるような領域においては、府県の先導的政策への期待は市町村のそれより大きい。たとえば、大震災への危機管理体制の強化、放射性物質の除染を含む総合的な対策、経験が十分でない家畜や人等への感染症対策といった政策は、国が全面的に対応してくれないことを想定のうえ、先導的政策として、市町村より広域自治体での対応への期待が大きいと言える。ただし、こうした政策は府県内外の複数の市町村に共通に必要なものという意味で広域的政策であり広域機能に含めて検討すべきであって、先導的という理由で府県固有の政策とするのは難しい。

なお、たとえば公共空間のあり方の検討など、難易度が高い政策課題をあらかじめ府県が検討しておくというようなシンクタンク機能を府県の役割として否定するものではないが、その場合でも市町村自治を侵さないことを前提とすべきであり、やはり府県固有の機能であるというのは難しい。

(3) 必要以上の支援の問題

補完に含まれると解することができる支援は、補完のうちの代替的機能とは異なり、市町村自治に介入する余地の多い機能である。支援は、(1)財政的支援、(2)人的支援、(3)権限を背景とした事務や事業そのものの三点が、市町村自治を侵食する要因となる。支援機能として実施される事務には、府県が財政的協力を義務づけられているものがある。県費負担教職員の人件費負担や介護保険の公費負担などがそうした支援であり、一方で、そのような府県に義務づけられた財政負担は、府県の広域機能を妨げる重荷になっていると言われる（磯崎 二〇一〇）。別の政策主体が財政的に支援することは政治的責任の所在を不明確にする。むしろ、支援機能に該当する事務は、市町村からすれば権限と財源を移譲してもらえれば解決する部分も多く、市町村が望むのであれば財源や権限は市町村に移譲されるべきである。

人的支援は、交流という面を除けば、市町村の要請に応じて、市町村では経験の十分でない事務を府県職員の専門的知識を求めてなされることが建前である。たとえば、福祉事務所の設置に伴う一定期間の府県職員派遣や、合併時に市町村建設計画を策定する際の府県職員派遣である。府県職員を派遣するのであれば最初の短期間で切り上げるべきであり、市町村職員に任せれば足りることは多いはずである。市町村が求める以上に府県職員が主体的に市町村の仕事に関与すると市町村職員の主体性を削ぐ要因となる。市町村の主要ポストへの府県職員派遣は、府県職員にとってはキャリア形成上の主要なルートとなるが、市町村にとって本当に必要な府県職員であるかは疑問がある。府県職員のもつ専門性以前に，汗をかいて地域のために本気で働けるかどうかが問われなければならない。汗をかいて働くとは，会議を立ち上げて様々な新しい政策課題を掘り起こすような取り組みだけではなく，掘り起こした政策課題に責任をもって自ら対処できる姿勢が求められる。三年後に府県庁に戻ることを念頭に無難な法解釈を行って事なかれ主義を志向する，新たな取り組みを行ったとしても難題は三年後に持ち越すことを想定するというのでは責任を全うする姿勢ではない。

これらの財政的，人的支援よりもまして，より深刻であるのは，市町村事務と完全に競合する，たとえば美術館や図書館などの文化施設，公園の整備・管理，あるいはコミュニティビジネス支援，もっといえば県庁所在地にある府県出先機関での市町村と同様の業務を府県の権限と裁量のもとに遂行し，二重行政を助長することである。権限を背景とした事務や事業そのものが市町村自治を侵食しているのである。市町村から求められてもいないのに支援という名目で，市町村の政策に関与する。なかには計画などの文書に「市町村の能力向上への支援」という表現を用いる府県もあるが，市町村の側からすれば，能力がないと言われているようにも聞こえ，府県が自らを上位団体と認識している表現に映る。

（4）地方政府間で実現する自治のための府県機能

ここまでの議論で扱った広域機能，連絡調整機能，補完機能，擁護・支援機能，先導的機能のうち，擁護と支援は同義，さらに支援は補完機能の一部として解釈でき，先導的機能は広域機能に含めて検討すべきことを指摘した。さらに，連絡調整機能においてもそれが発揮されるのは，広域的事務をはじめとした事務処理においてであり，広域機能に伴う機能として整理できる。しかも広域機能については，まず，府県内での市町村区域を越える行政需要を対象とするが，しかし，この広域性に関わる行政需要は，府県内の市町村間にとどまらず，府県域を越えて生活圏や経済圏、あるいは一体的な自然環境の分布になっている事例は非常に多く、常態でさえある。

このように考えれば、府県機能はそもそも補完機能と広域機能の二つであると言える。地方政府間による自治のための府県機能は、補完機能は市町村が独力では対応できない事務を代替する機能について、広域機能は府県間に着目した機能について検討するのが有益である。以下では、まず、補完性原則を取り上げ、補完機能の代替的機能のあり方を検討したい。次いで、府県域を越える広域機能のあり方の検討のために府県間関係の議論に進むこととする。

3　補完性原則からみた府県と市町村の関係

(1)　補完性原則における「補完」

補完性原則は、市町村が担うことができる事務は市町村が行い、難しければ府県が担い、さらに府県でも対応が困難な事務は、全国に出先機関を有する国が処理することをルールとする。ここで注目すべきは、「補完」の語源である。補完には、「主」（プリンシパル）に対して、「従」（エージェント）が担う補助的という意味がある。補完性原則は、原則と言いつつも、府県と市町村の事務配分を自動的に最適なかたちで実現するものではない。あくまで住民に最も身近な市町村の意思があってはじめて補完が許容され、しかも市町村の意思により補完の内容が明確になる。この原則で言う補完は、府県機能論における補完機能の代替的事務処理を意味し、一方の支援機能とは異なる点に留意が必要である。補完性原則の議論をするときには、市町村ができないことへの代替をどのように実現するかを検討しなければならない。

(2) 補完の対象

基礎自治体のなかには、高水準の高齢化と激しい人口減少、脆弱すぎる産業構造を背景として自立的な行財政運営が困難なところがある。少子高齢化がそれほど急速ではなく、都市的な地域にあっても、近隣の中枢性の高い都市への長期的な人口流出、あるいは多額の投資による債務の累積などの理由で、自律的運営が困難なところもある。こうした基礎自治体がもし自律的運営を放棄するのであれば、広域自治体である府県か隣接する他都市による補完が要請される。

(3) 垂直補完の効果

補完性原則で言うところの補完を担う主体は、府県と市町村の二つがある。平成の大合併後の市町村事務についての提案である西尾私案では、合併後の市町村事務の補完について、府県が担う場合には垂直補完、周辺市町村が担う場合は水平補完と表現している（西尾 二〇〇七）。水平補完は、補完する側とされる側の双方を含めた全体の行財政運営は効率的になるかもしれないが、補完する側の市町村からすれば、行財政運営が困難な市町村を補完するのであるから、補完する側の行財政運営の効率水準が低下する可能性が高い。このため、補完が実現するかは周辺市町村の協力有無にかかっている。しかも自律的運営が困難な市町村が合併から取り残された、または自ら離脱した地域であるのなら、周辺市町村が補完に対応してくれる可能性は低くなる。こうした可能性は一般論であり、例外もある。平成の大合併では、本来合併すれば行財政運営の水準が非効率になるような相手方の市町村に対しても、吸収する側の都市は、配意をもって合併する事例がいくつもあった。ただし、基本的には市町村に補完の義務はなく、合併や広域連携は市町村の自主性を基本とする。

府県は、市町村を包括する自治体であるため、市町村による水平補完が期待されないときに、補完することになる。府県が補完を担う意義は大きく二つある。一つは、市町村では対応できないが、今後も必要の程度が高い事務を府県が持続することで住民のニーズを満たすという意義である。もう一つは、市町村自治が困難な際に、府県が自治の直接的な主体になるという意義である。後者は、これまで関心がもたれることが少なかった点である。むしろ、西尾試案で主張される特例団体制度のように、持続が困難な一部の町村に対して、義務付けられている事務の範囲を特例で限定する制度が導入されると、当該区域の住民は自治が困難になるという批判が多いのが現状である。しかし、自治は府県と市町村で実現すべきものという考えに立ち返るべきである。垂直補完からみた府県の存在意義は、府県が自治を担うという点にこそある。前章でみた府県政への住民の参加は、府県が担う自治の手段である。

ところで、府県が持続困難になった市町村の事務を補完すれば、府県は規模の経済という点で市町村よりも優れたサービス供給主体であり、事務処理が効率的になるという考えは誤りである。人口当たり歳出額の多寡でみて、非効率な市町村を補完する場合に府県が補完すると人口当たり歳出額がどのように変化するかを検証した結果、次の帰結が得られる（野田 二〇一一）。北海道や長野県などの小規模市町村をはじめ財政運営が非効率な市町村が多いところでは、広域自治体による補完は、多くの政策分野で、人口当たり歳出額が低下し効率的になる。とりわけ農林水産分野は、垂直補完の結果、全府県で効率的となる。ただし、いくつかの府県で市町村に対する補完が非効率になる政策分野がある。特に一部事務組合により水平的補完が既になされている消防事務、義務教育費国庫負担金により国から垂直的に補完がなされている教育分野では、それ以上効率的になる余地は小さく、府県による補完が多くの地域で非効率を生む。このように、府県による補完が必ず効率的になるわけではないのである。

考えてみれば、持続困難に陥った市町村の特定分野の事務を府県が代替するといっても府県がそれまで当該の市町村事務に慣れてきたわけではなく、住民ニーズや地域環境等に係る情報、さらには地域固有の政策ノウハウを府県は十分に保有していないため、補完が効率を生むのは容易でない。人口減少や景気低迷、商業によるにぎわい機能の消失、公共交通にかかる赤字の累増などの厳しい環境条件の市町村の事務を府県が担うのである。府県は、持続不能に陥った市町村の事務に対して、補完機能の代替的要素を遂行するだけの資源を持ち合わせていない。逆にいえば、たとえば消防事務や道路整備、保険関連の事務について、全市町村が一斉に府県に事務を移譲すれば大きな効率化の効果が得られる。介護保険や国民健康保険などの府県への移管といった方向性は十分に検討の余地がある。広域的に代替的要素を担うことができてはじめて効率的になる。ただし、重要な点は、それでもなお市町村から求められれば、府県は補完機能を担うということである。府県が補完機能を担い、非効率になったとしても、また、補完される側の市町村の自治が限定的になったとしても、それでも住民が市町村よりは府県が事務を担った方がよいと判断するならば、府県が事務を補完することが自治となる。都制においても同様に、特別区の自治は一般の市町村に比べ権限、財源ともに限定されるが、住民が広域自治体でのサービス供給を望むのなら、それは自治と解釈することができる。都構想においても同様の自治の解釈が可能である。もっとも、地方政府間関係のなかで自治を実現するためには、繰り返しになるが、府県政への住民参加を進めておくことが必要となる。

(4) 府県の自立性と補完割合からみた府県類型

どの程度府県が財政的に自立しており、府県を取り巻く環境として補完割合が高いかといった視点から府県を区分すれば、補完に際して府県に要請される姿勢を抽出できる。そこで、府県の自主財源比率と、府県内の市町村に占める補完が必要な市町村の割合により、各府県を類型化したものが図8-1である。(2)

自主財源比率が低いにもかかわらず、府県内における補完が必要な割合が高いのは、長野県、福島県、山梨県などがある第四象限である。これらの県では、財政効率の悪い市町村の割合が高く、そのため市町村は行財政運営の持続が難しく補完が求められるのであるが、補完する側の県の財政状況も深刻な状況である。市町村と県で実現す

図８-１　府県の自主財源比率と府県内の補完割合からみた府県類型

（出所）［野田 2011］の表４の内容を図示したもの。自主財源比率は2007年度決算により算出。自主財源比率，補完割合の高低をそれぞれの平均値からの高低を基準として各象限に振り分けている。東京都は特別区を含まずに分析されているため補完割合が高くなる（例外であるため括弧付にしているが，仮に23区を含めれば補完割合は半減する）。なお，府県の並び順は，各象限で，右の列，上の行から自主財源比率の高い順。

る自治のための財政的裏付けは非常に厳しい地方政府間関係になっている。

自主財源比率は高いが補完割合も高いのは、群馬県が位置する第一象限である。東京都も含まれるが、二三ある特別区を除く東京都内の市町村でみると補完割合が高くなってしまうためであり、都制は他府県とは異なる点も踏まえると東京都は例外的な扱いとすべきである。この象限では、自主財源比率が高いぶん、第四象限の県よりは自治の財政的裏付けがあると言える。

自主財源比率は低く補完割合も低いのは、滋賀県、福岡県、三重県などがある第三象限である。長崎県や広島県、新潟県などといった平成の大合併が大きく進展し市町村数が減少した地域が含まれている。また、政令指定都市が位置する県も含まれる。これらの地域では自治のための財政的裏付けは十分ではないが、今後、補完すべき市町村の割合は低いため、第四象限の県ほどには自治は厳しい条件ではない。

最後に、自主財源比率は高く、補完割合が低いのは、愛知県、神奈川県、大阪府、千葉県のある第二象限である。自立的な都市が多く、自主財源が他県よりは比較的厳しくない状況の府県であり、自治のための政策手段は他県に比べ最も健全である。ただし、自立的な都市が多く府県による補完の必要性が低いということは、逆に言えば、補完機能は他県よりも市町村から求められていないことを意味し、補完の観点からすればそもそも府県の存在意義は薄いと言える。

以上のように、府県の補完機能や存在意義は、それぞれの府県がおかれている地方政府間関係により異なるのである。

4　府県連携にみる府県間関係

(1) 広域機能のための府県機能

市町村ニーズに即した補完機能に対して、広域機能は、広域という性格からして広域自治体固有のものである。広域機能は、補完機能のような、市町村ニーズに即した市町村区域における、市町村を代替する限定的な機能遂行とは異なり、府県による自律的な裁量の余地も比較的大きい。広域機能は、府県内の市町村間関係においてのみ遂行されるのではなく、府県域を越える市町村間（府県間）の行政課題にいかに対応するかについても問われる。府県域内での広域機能と思われがちな機能の多くは府県域外と関係している。たとえば、交通や河川管理、森林保全が単独府県で完結していることはまずない。産業政策に至っては府県内に限定できるような政策効果を制御できる経済圏はそもそもなく、仮に存在したとしても小さすぎて魅力がない。府県域を越える行政需要や行政課題が存在しないことはなく、そうした需要や課題に府県が能動的に取り組んでいないだけである。

このような府県区域を越える市町村間の連携をよりいっそう円滑にするためには、府県間での連携がうまくなされていることが要件となる。府県連携は、しばしば広域的課題や地域ブロックごとの経済的自立のために必要性が主張される。防災体制の整備や環境規制、自然環境の保全、交通体系の整備などは、府県の区域を越えて需要が分布し課題が存在する分野である。需要が府県域をどの程度越えるかは、政策の分野により異なり、また経験が少ない分野ではその程度は明らかではなく、多様な広域連携のパターンが存在するのであるが、そのような分野では、府県よりも広域的な行政体制での政策対応が期待されている。ただし、府県連携が比較的容易な政策とそうでない政策が存在する。この点を把握するためには、府県連携がなされる原理についての理解が必要である。

(2) 府県連携の原理

ある自治体が他の自治体と連携するのは、自治体が独力で対応するのに必要な政策手段となる政策資源を持ち合わせていないためである。政策資源とは、ここでは具体的に、権限、財源、人間（人的資源）の三ゲンとしておこう。権限は、府県連携で要請される最も重要な資源であり、行政区域に帰属するものである。A県の区域においてはA県が保有する権限で政策が実施され、B県の区域ではB県の権限で実施される。したがって、A県は、県区域を越える圏域全体のために、B県区域においてA県の権限で政策を実施したいと考えても対応できない。たとえば、ディーゼル車の排ガス規制は、東京都は神奈川県の区域に対して規制できず、神奈川県の区域への規制は神奈川県の権限でなされる必要がある。他府県と連携せずに単独で排ガス規制を行ったとしても政策効果は周辺府県から影響を受け限定される。産業廃棄物の適正処理に向けた規制の場合は、特定の県で対応しようとしても廃棄物が他府県に流入したり、不法投棄の要因になったりする。府県連携による足並みのそろった対応ができなければ効果は発揮されないのである。環境規制や森林保全のほか、鳥獣害対策なども府県連携で行ってこそ有効である。府県連携により政策効果の利害が錯綜する現場は市町村であり、その意味では府県連携は市町村間の関係にも通じている。

財源と人的資源については、区域との関係よりも量に連携のメリットが見出される。連携によりどれだけ財政基盤を強化できるか、政策の機動性をもたせる人材をいかに保有できるかがメリットの基準となる。府県連携により多くの財源を確保できれば、単独では困難な大規模なプロジェクトの資金となり、スケールメリットを生かした事業展開の可能性が高まる。財源が潤沢にあるなかでは府県連携に充当できる財源を一定程度確保できるが、厳しい財政下では、府県内の政策のための財源確保が先決で、府県連携のための事業は優先順位が低くなる。府県連携でしか対応できないような事業が府県により見出され、既に事業案が具体化していれば、優先順位も高くなるものの、実際には、府県単独の事業と競合するものを府県が進んで連携事業として提示することは少ない。たとえば、様々な府県共同の協議会等の会議で、連携できる事業案を検討する場合でも往々にして府県内の政策案と競合しない範囲での提案となり、協議会等の事業は、府県内で既に実施している事業の修正か、既実施事業をスクラップしなくてもよいような新規事業が提案される。既実施事業のスクラップを要さない新規事業とは、共同でサミットを誘致したり、湾岸の開発を行ったり、拠点整備の負担金を出すなどのケースである。厳しい財政事情では府県連携のための政策手段である財源を捻出することはきわめて難しいのである。

府県連携により人的資源を集めることのメリットは、少ない人数では対応が困難な政策に対して適材を適所に配置できることである。量的側面だけでなく、優秀な人材を確保できる可能性も高まる。ただし、人的資源の場合も財源同様に、府県内の主要政策の優秀な担当を外してまで府県連携に配置する人材は、あまりいないはずである。

このように、府県連携のための政策資源は、府県単独で不足するものを一見自由に活用できるようで実際にはそうではない。府県連携は必要と叫ばれ、様々な連携組織を立ち上げてきたが、付き合いで人材を派遣し、事業を片手間に遂行しているケースも多いように見受けられる。この結果、府県連携で対応可能な事業は限定的なものとなる。青森県、秋田県、岩手県の北東北三県は一九九七年から、また二〇〇一年から北海道も加わりこれまでに北海道・北東北知事サミットを継続的に実施し、府県連携による事業を積み重ねてきた。そのような先進的な取り組みにおいても連携事業はソフトなものがほとんどであり、府県域を越える行政課題に対応する交通や産業基盤のための投資といった期待されるハード事業は見出しにくいのである。同じことは、二〇一〇年一二月に設立された関西広域連合でもいえ、道路や港湾、その他のインフラ整備といったハード事業は、利害衝突のため広域連合の事務にはなりにくいように見受けられる。その他、各府県の負担金や国庫補助金はともに脆弱であり、広域連合の長や議員の選出について住民による直接公選が採用されているわけでもなく、広域連合の政策への住民の関心も高くない。なお、府県間の広域連合は、国の出先機関の事務移譲の受け皿としては意義がある。

（3）広域的課題に対応する行政体制

府県連携では対応が難しい政策を実施するためには、政策主体の一元化が求められる。府県間の広域連合は、広域連合の事務分野に関わる府県単独の事業を各府県が手放さない限りは、一元化を実現する行政体制にはなりえない。各府県存続のままでの府県連携により対応できる政策は、災害時の府県間の応援協定や広域観光ルートの設定などがもちろん存在するが、連携可能な政策の範囲は限定される。そこで、一元的体制として、道州制導入が議論の対象となる。なお、国出先機関への事務集約という方法も考えられるが、国に統制されながら自治ということにはならない。

ただし、経済競争力の強化や地域の自立、効率性重視、震災対策を論拠に道州制を安易に提言することは控えなければならない。道州制導入の妥当性は、道州政府をどのように設計するかによって変わり、しかも道州政府のみをみていては、それは明らかにならない。市町村と道州の地方政府間関係で、自立的で効率的な政府体系をどのように求めるかに着眼する必要がある。自立的とは、いかに自治を求めるか、機能強化をどのように実現するかを意味する。以下、自治、機能強化、効率化の順に、道州制を実現するうえでの課題や主要な論点をみてみよう。

まず、市町村と道州により実現する自治の観点からは、市町村民であり道州民にもなる住民の意向を、道州の政策形成に反映する方策の検討が課題である。方策の一つは、住民が道州政に直接関与することである。すなわち、直接請求制度のほか、アンケートや地域懇談会など、前章でみた府県政への参加手法を道州政にも適用し、道州の政策形成に住民が直接関与するのである。もっとも、道州は面積が広いため、利用困難な手法もある。たとえば、委員会や会議を道州内各地域に隈なく常設するのは、屋上屋を架し、既得権益化を助長する。道州主催の地域懇談会などを必要に応じて開催するのは望ましいが、はじめから常設組織を隈なくはりめぐらせるのは道州レベルではあまりに非効率である。

道州が現行の二元代表制を模するのか、議院内閣制をとるのか、いずれを採用するにしても、道州は府県よりもさらに広域的な区域を有するという性質をもたざるをえない点は、自治体として課題となる。なぜなら、区域拡大は人口増大を伴い、道州の住民による政府への有効性が減じることから、また、民主主義を担う住民が飛躍的に増大することから、道州の住民が道州議会の議員と長を通じて選好を十分に政策に反映することは、困難になるためである。ただし、政策対応能力は政府規模の拡大に伴って増大する可能性があり、この点からすれば、政策論争が盛り上がれば、住民の政治的関心が高まり、参加を促進する要素となりうる。いずれにしても道州政への住民の直接的な参加の手段を準備しておくことが求められる。

方策のもう一つは、住民が直接参加するのではなく、市町村が道州政に参加する仕組みをつくることである。そのためには、市町村の道州政への参加の場を確保することが有益である。同じことは、府県政にも言える。国と地方の協議の場という論点は、地方政府間関係においても同様に重要で、現在の府県と市町村の間でも事例はあり、たとえば、長野県では県と市町村の協議の場を二〇一一年に設け、震災対策などのテーマで議論を開始している。広域政府に求められる機能は、市町村のニーズに即して果たされるのであり、市町村の求めに応じてはじめて機能が具体化する。この市町村のニーズによるという場合の市町村は、単独のケースと複数のケースがあり、前者は補完機能、後者は広域機能ということになる。特に後者の広域機能については、複数の市町村に関係するもので、それらの関係市町村ですべて同じ方向性のニーズであれば問題は生じないが、市町村間でニーズが同様とは限らない。こうした市町村間のニーズの調整と合意形成のために、市町村の道州政への参加の場が求められるのである。既に住民に身近な市町村が存在し、市町村政への参加制度も一定程度あることから、道州の政策過程に市町村が参加するのが望ましい。道州政への市町村参加は、市町村の議員を通じた政治的ルートで行うか、公務員の間で行うかの双方がある。この議論の延長線上には、参加の枠を越えて市町村の代表者による上院を道州議会の構成単位にすることの検討、市町村と道州による自治のための道州の長や議員の選出方法、選挙区割などの検討もある。(3) 議院内閣制か二元代表制かはさておき、道州政治が政策論争のもとで住民の関心を集めるものにならなければならない。

次に、市町村と道州により実現する政策の機能強化についてである。論点は広域自治体である道州の機能強化であるが、その前提として市町村との関係を踏まえ、市町村で対応できる機能からは極力手を引くことが必要となる。道州は、支援機能をもたないようにし、補完機能における代替的機能は市町村からの要請に応じて一部残し、一方で広域機能を強化するのである。国出先機関と府県の廃止により権限と財源について、一部を市町村に移譲したうえで、残りを分権の受け皿として道州政府に集約すれば、一元的な広域機能の展開可能性が高まる。ただし、こうした点から即座に自律的政府と考えるのは早計である。広域機能の手段は豊富になるものの、政策の分野により広域の範囲が異なるという厄介な問題がある。たとえば、東海地域を例にとれば、自動車産業の関連企業は東海三県(愛知県、岐阜県、三重県)にとどまらず静岡県を含む東海四県を越えて広がり、中部経済産業局は東海三県と富山県、石川県を管轄し、東海財務局は東海四県を管轄するが、東海農政局の対象は東海三県であり、伊勢湾岸と河川管理や森林保全のためには東海三県と長野県が範囲となり、また、東海地震の地震防災対策強化地域は、東海四県と長野県、東京都、神奈川県、山梨県で、東南海・南海地震を加えるとさらに大きく広がる。(4)

道州制の区割りは、さらに住民の一体化意識にも配慮すべきである。道州制導入は、圏域としてのアイデンティティを確保したいという民主的側面を重視するねらいも存在するからである。住民の府県間の一体化に関する意識は、東海四県と北陸三県(富山県、石川県、福井県)で区分され、長野県は東海、関東、新潟県を含む北陸のいずれにも向いているが、いずれとも相互に強い関係にないという状況である(野田 二〇一〇)。長野県と同様に複数の地域との住民の一体的意識が見出せる県には、他に山梨県や新潟県があり、長野県とこれらの県は接しているが、住民の一体的意識は強くはない。しかも全国一斉に道州制に移行するのなら、全国隈なく府県が外れないように区域区分が設定されなければならない。また、全国を区分できても道州間の格差が大きくなり過ぎない妥当な区割りが求められる。道州間格差是正のための財政移転の必要性ばかりが強調されるが、それのみならず、州都と周辺部の道州内格差是正も道州制実現には不可欠な論点であり、そのためには、道州内の地域間の役割分担明確化と利害調整のための市町村参加の場が必要である。このような区域の難題への最適解は存在しないのであり、現実的には、住民の道州への一体化意識と、これまでの府県間の協議会や国出先機関などの行政の管轄区域を照らし合わせて可能な区域を模索するしかなく、道州制導入は想像以上に容易ではない。

最後に、市町村と道州により実現する効率化の観点からは、市町村と道州の二層以外に、できる限り組織をおかないようにすべきである。市町村への補完機能がどうしても残存することを理由とした府県存置の三層制は、組織乱立に伴う行政肥大化に直結する。他方、府県と国の事務を単純に総計した道州であっては重過ぎる政府となり、効率化の効果はゼロである。国出先機関と府県を廃止し、権限と財源のうち、本来基礎自治体が保有すべきものは市町村に移譲し、残りのうち不要なものは廃止し、広域自治体に不可欠なものを道州に集約するのである。道州予算は、道州区域における現状の府県と国出先機関が使用する予算の総計よりも小さな水準でなければならない。道州の出先機関は、できる限り設置しないようにすべきである。そこで、市町村参加の場を、道州区域を区分した地域ごとに設置するのであれば、自治だけでなく効率化のためにも有益である。市町村参加の場は、道州政府の出先機関ではない会議体であり、事務局は道州内の地域ごとの市町村による輪番制で対応すれば、広域自治体の費用の持ち出しは少なくて済む。

5　求められる機能の多様性と自治

府県内のみならず、府県域を越える府県間の広域的行政課題にいかに対応するかを探究する広域機能と、市町村ニーズに即した、補完機能のうちの代替的機能に重点をおいて検討を進め、府県や道州といった広域自治体のあり方を模索することが課題となる。その際、広域自治体のみをみているのでは、望ましい行政体制の制度設計は見出せない。市町村と府県または道州といった相互の関係を自治実現の手段としてみなければならないのであり、それらの相互関係の中でこそ広域自治体のあり方が明らかになるのである。

広域自治体と基礎自治体の関係において求められる機能は、補完割合の異なる府県により、さらに、関係府県の構成が異なる広域的課題により、多様である。このような多様性の一方で、日本全国どの地域でも広域自治体と基礎自治体により政策がうまく機能し、自治が実現する姿を描くといった難解なパズルを解くことが求められるのである。

注

(1) ［礒崎 二〇一〇］の分析では三機能に該当しない支出は、割合を算出する際の分母からは除かれる。また、連絡調整機能には後述の支援機能も含まれる。

(2) 補完割合を求める際の対象市町村は、人口当たり額を昇順に並べた分位点八〇％目以降の市町村で、民生費、衛生費、農林水産業費、土木費、消防費、教育費の加重平均値である。詳しくは［野田 二〇一一］を参照。

(3) 同じことは、国会の構成単位として道州議員による上院が設置されるのなら、中央地方関係でも言える。

(4) ちなみに中部九県一市災害応援に関する協定の範囲は、三重県、愛知県、岐阜県、長野県、静岡県、富山県、石川県、福井県、滋賀県、名古屋市であり、長野県や静岡県は東京都や神奈川県、山梨県と他の協定を結び、他の組み合わせも多数あるなど、同じ分野の政策でも範囲が錯綜しており、政策課題に応じて各連携の枠組みが有機的に機能するかが問われる。

参考文献

礒崎初仁「都道府県制度の改革と道州制――府県のアイデンティティとは何か」礒崎初仁編著『変革の中の地方政府――自治・分権の制度設計』中央大学出版部、二〇一〇年。

市川喜崇「都道府県の性格と機能――公的ガバナンスにおける政府間関係」新川達郎編著『公的ガバナンスの動態研究――政府の作動様式の変容』ミネルヴァ書房、二〇一一年。

伊藤修一郎『自治体発の政策革新――景観条例から景観法へ』木鐸社、二〇〇六年。

高寄昇三『地方分権と大都市――府県制度批判』勁草書房、一九九五年。

辻山幸宣『地方分権と自治体連合』敬文堂、一九九四年。

西尾勝『地方分権改革』東京大学出版会、二〇〇七年。

野田遊『都道府県改革論――政府規模の実証研究』晃洋書房、二〇〇七年。

野田遊「都道府県の一体化に対する住民意向」『長崎県立大学経済学部論集』第四四巻第一号、二〇一〇年。

野田遊「基礎自治体に対する垂直補完の効果」日本行政学会編『年報行政研究』第四六号、ぎょうせい、二〇一一年。

（野田　遊）

第9章　基礎自治体間の事務処理連携とその課題

1　事務の共同処理と基礎自治体

(1) 合併と広域連携

第二九次地方制度調査会が、「今後の基礎自治体及び監査・議会制度のあり方に関する答申」を提出した。そこでは、基礎自治体である市町村の行財政基盤の強化手段として、「合併」に加えて、「広域連携」による事務の共同処理が不可欠であると位置づけられた。また、答申ではとりわけ小規模市町村のあり方が配慮されていることも特色である。この答申を受けて、総務省が「地方公共団体における事務の共同処理の改革に関する研究会」（以下、「研究会」とする）を立ち上げ、広域行政・連携制度の見直しと強化を議論することになった。

自治体の財政危機が好転しないなかで、市町村の経営は深刻なレベルにあると言える。これから多くの市町村は、厳しい財政逼迫に直面しながら、行政事務、サービスの執行を確保していかなくてはならない。そうであるなら、現在の市町村の事務処理の方法を再検討しなければならなくなろう。

そのための手段として、大きく分けて以下の二つが考えられる。一つは事務の集中管理、もう一つは事務の外部化である。後者の事務の外部化はさらに二つに分けることができる。第一は、住民やＮＰＯ、企業に対して事務委託を行う、いわゆる民間委託である。第二は、自治体間の協力によって事務処理を行うことである。この自治体間の事務処理には、「垂直補完」と「水平補完」の協力方法がある（西尾 二〇〇七）。垂直補完とは、市町村が対応できない事務について都道府県が補完的に実施する、いわゆる垂直連携を行うことである。これに対して、水平補完とは、同じ市町村同士が協力関係を構築して、水平連携によって行政活動を行っていくことである（同上、横道 二〇〇九、二〇一一）。

二〇〇〇年に地方分権改革が行われた結果、規模の有無にかかわらず、基礎自治体としての市町村の役割は格段に大きくなっている（大杉 二〇〇三）。国、都道府県、市町村が対等協力の関係にあるとされ、市町村の重要性が認められたのである。また、二〇一一年五月には地域主権改革第一次一括法が施行され、市町村の役割はますます重要になっている。人々に身近な自治体としての基礎自治体であればこそ、市町村は各々の事務処理のあり方を真剣に考えなければならない。平成の大合併が一区切りを迎えた今、市町村は、都道府県との垂直補完を視野に入れつつも、必要に応じて基礎自治体同士で自発的に諸問題の共同処理を行うという水平補完を展望していくことが重要になっているのである(1)。

(2) 事務の共同処理化の必要性

こうした広域水平連携は、なぜ進められなければならないのか。その理由は、連携によって市町村が基礎自治体として住民に必要な事業や施設を適切に提供する能力を保持できるようになるからである。市町村は、地域の問題解決を行う基本的責務を担っていると言えるが、そうである以上、できる限り住民が必要とするサービスを何らかの形で実施していかざるをえないのである。都市型のライフスタイルが当たり前の社会となった今、ごみ処理や消防、救急、斎場、水道そして病院等の公共サービスは、住民の基本的需要となっており、それらの需要に応えることが基礎自治体の責務として当然視されるようになっていると言えよう。

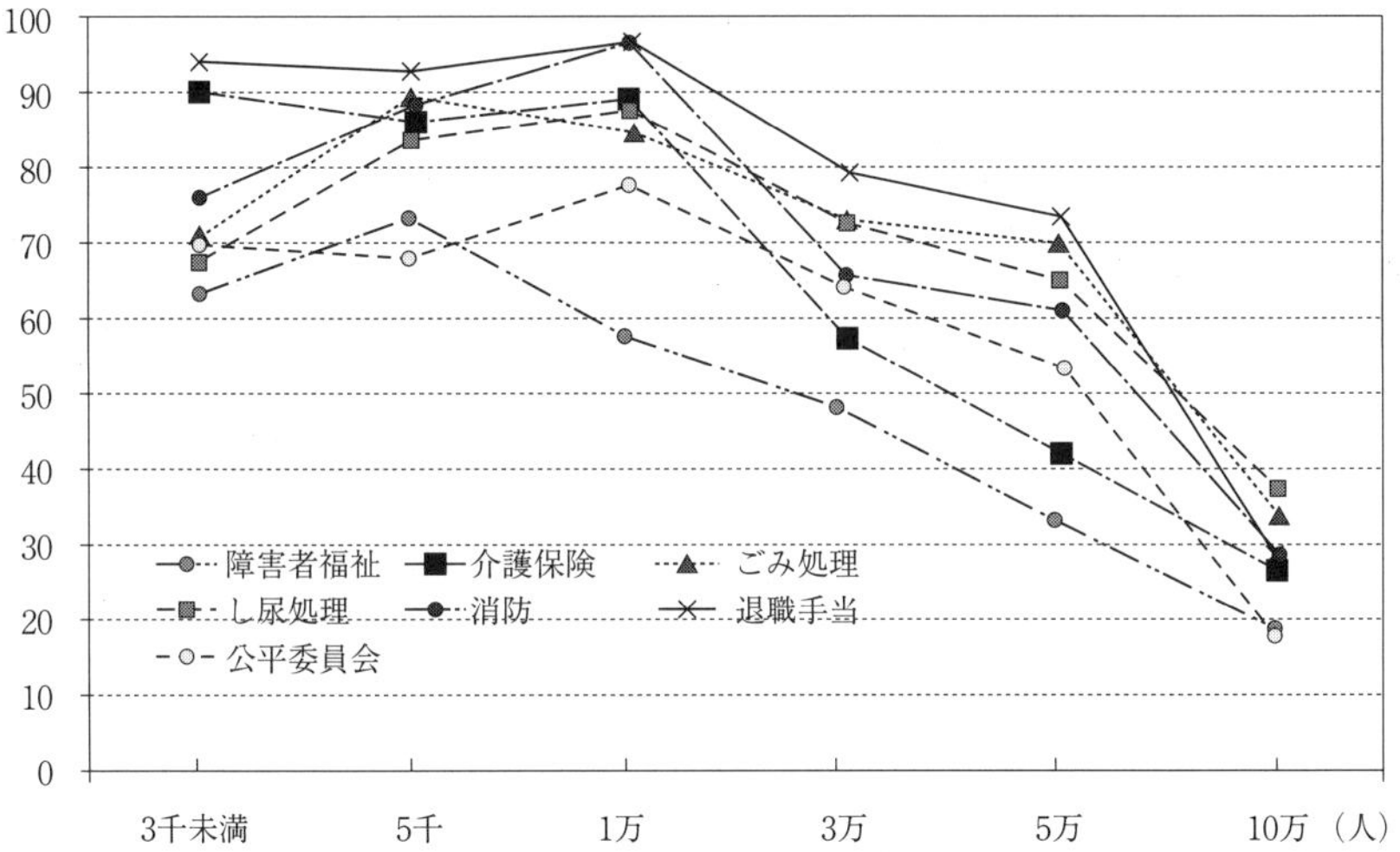

図9－1　人口規模による事務の共同処理状況

（注1）隔年で実施している「地方公共団体間の事務の共同処理の状況調」の付加調査として，該当する市町村毎に事務の区分別に共同処理の状況を調査・集計したもの。

（注2）共同処理：協議会・機関等の共同設置，事務の委託，一部事務組合，広域連合のいずれかにより他の市町村と事務の共同処理を行っているものを集計。なお，一つの事務において複数の共同処理を行っている場合も合わせて一件としている。

（注3）調査時点は平成20年7月1日現在。人口は平成17年の国勢調査人口による。

（出所）総務省地方公共団体における事務の共同処理の改革に関する研究会配付資料（2010年，第1回研究会）。

広域水平連携には、二つの側面がある（島田 二〇〇七：一八六～一八八）。一つは、いわゆる「広域事務」（そもそも市町村の区域をまたがって処理する必要があるもの）の実施のための連携である。この連携は、それぞれの地域における広域的な需要に対応して、市町村同士が政策を展開していくことを意味する。たとえば、用地・用水整備とか観光連携のように広域的に地域振興を促進していくようなケースが当てはまる。もう一つは、「持ち寄り事務」（各市町村で処理できるが相互に持ち寄って共同処理するもの）の実施のための連携である。[2] たとえば、消防やごみ処理、し尿処理等のルーティン事務で、コストの面で単独処理が難しい事務を近隣の市町村と一緒に実施する方法である。最近では、ルーティン型の事務のほかに、災害廃棄物の処理について遠距離の市町村同士で協定を結ぶ事例が増えている。

多くの市町村にとっては、もともと市町村域を越えて取り組んだ方が効果的な産業振興や観光振興といった広域事務によって地域活性化を図るという側面の事務の共同処理は重要だが、それにくわえて昨今の自治体財政難のなかでは、持ち寄り事務の共同処理を積極的に進めていかざるをえないだろう。実際、自治体間の事務の共同処理についていては、特に一〇万人以下の中小規模市町村でみても小規模ほど実施されている状況にあることが明らかである（図9－1）。中小規模の市町村は、規模の小ささから住民参加を実施しやすい強みをもつが、サービスの面で住民のニーズを十分に満たすことが難しくなる。したがって、とりわけ中小規模市町村にあてはまることだが、市町村一般に共通して、広域事務及び持ち寄り事務を適切に執行できるような市町村間連携は、不可欠な取り組みと考えざるをえなくなっているのである。

さて、事務の共同処理によって、財政負担を軽減しつつ、様々なサービスを実施することができるというメリットが生まれるとはいえ、それで万事よしというわけにはいかない。共同処理を目指す一方で、各々の市町村は、組織経営や政策・事業のあり方を継続して見直していかざるをえない。すべての自治体について言えることだが、市町村は、単に事務処理の広域化・共同化で財政負担をカットすることだけを考えるのではなく、広域化のメリットを追求し、そのメリットを自治体経営全体の改革につなげていくことが必要なのである。

2　事務の共同処理の仕組みと効果

本節では、簡単にどのような事務の共同処理の手段があるのかをみておきたい。全国の自治体の実態をみると、多種多様な事務の共同処理の取り組みが存在している。そのような多岐にわたる取り組みは、地方自治法に制定されている制度を用いるタイプと、それ以外のタイプ（個別法や国の要綱によるもの、自治体独自のもの等）に分けることができる。

（1）自治法における事務の共同処理の制度

最初に、地方自治法に規定されている事務の共同処理制度を確認しておこう（表9-1）。このタイプは、さらに二つに分けることができる。ひとつは、特別地方公共団体を設立するタイプである。もうひとつは、機能的協力（地方公共団体は設立しないが、協議会等によって処理する仕組み）のタイプである。

まず、最初に特別地方公共団体を創設するタイプを見ておく。最も数が多いのは、「一部事務組合」（自治法二八四条から二九一条）である。[3] 平成の大合併を通じて一部事務組合の結成数は減少傾向にあるが、ごみ処理、し尿処理、消防、救急等の住民サービスの共同化が図られている。後述する広域連合とは異なり、あくまで純粋に事務処理の共同を目的とした制度である。事務組合は地方公共団体であるとはいえ、各構成自治体の意思決定権が残されていることが特徴である。したがって、おおむね広域連携全体に共通する問題ではあるが、一部事務組合の問題として、意思決定のスピードが遅い、住民の意向が反映されにくい、事務処理の責任の所在が不明確になる、といった諸点はかねてから指摘されてきた（村上 二〇〇二）。とくに意思決定のスピードの遅さと住民の意見反映の問題は、事務組合の大きな欠点であった。[4]

そうした組合の欠点を補完するタイプとして設置されているのが「広域連合」（自治法二九一条の二から一三）である。広域連合は、一九九四年の地方自治法改正によってつくられた仕組みで、一部事務組合と同じく、基本的には事務の共同処理がその目的とされている。ただ、一部事務組合と大きく異なる特徴がある。第一に、連合長や連合議会の直接公選制が認められている点である。従来から懸念されてきた広域行政における住民の意見反映が難しい

表9－1　広域連携制度の運営推移

				1994 A	96	98	2000	02	04	06	08 B	B／A C
特別地方公共団体設立	広域連合	設置数	a	0	1	14	66	79	82	63	111	皆増
		事務件数	b	0	2	62	300	394	371	310	380	皆増
		b／a	c	—	2.0	4.4	4.5	5.0	4.5	4.9	3.4	—
	一部事務組合	設置数	a	2,830	2,818	2,770	2,630	2,544	2,438	1,791	1,664	0.59
		事務件数	b	5,565	5,615	5,708	5,516	5,390	5,205	3,855	3,706	0.67
		b／a	c	2.0	2.0	2.1	2.1	2.1	2.1	2.2	2.2	1.13
	地域開発事業団	設置数	a	11	10	9	6	4	1	1	1	0.09
		事務件数	b	19	15	14	11	5	2	1	1	0.05
		b／a	c	1.7	1.5	1.6	1.8	1.3	2.0	1.0	1.0	0.58
	小計	設置数	a	2,841	2,829	2,793	2,702	2,627	2,521	1,855	1,776	0.63
		事務件数	b	5,584	5,632	5,784	5,827	5,789	5,578	4,166	4,087	0.73
		b／a	c	2.0	2.0	2.1	2.2	2.2	2.2	2.2	2.3	1.17
機能的協力	協議会	設置数	a	400	384	383	385	437	914	281	284	0.71
		事務件数	b	474	407	396	393	504	977	321	331	0.70
		b／a	c	1.2	1.1	1.0	1.0	1.2	1.1	1.1	1.2	0.98
	機関等の共同設置	設置数	a	216	210	210	467	477	463	404	407	1.88
		事務件数	b	221	211	212	469	477	463	408	413	1.87
		b／a	c	1.0	1.0	1.0	1.0	1.0	1.0	1.0	1.0	0.99
	事務の委託	設置数	a	5,233	5,257	6,039	6,114	8,236	8,715	5,036	5,109	0.98
		事務件数	b	5,440	5,423	6,241	6,572	8,236	8,715	5,036	5,109	0.94
		b／a	c	1.0	1.0	1.0	1.1	1.0	1.0	1.0	1.0	0.96
	小計	設置数	a	5,849	5,851	6,632	6,966	9,150	10,092	5,721	5,800	0.99
		事務件数	b	6,135	6,041	6,849	7,434	9,217	10,155	5,765	5,853	0.95
		b／a	c	1.0	1.0	1.0	1.1	1.0	1.0	1.0	1.0	0.96
計		設置数	a	8,690	8,680	9,425	9,668	11,777	12,613	7,576	7,576	0.87
		事務件数	b	11,719	11,673	12,633	13,261	15,006	15,733	9,931	9,940	0.85
		b／a	c	1.3	1.3	1.3	1.4	1.3	1.2	1.3	1.3	0.97

（出所）［日本都市センター 2009］（一部筆者が改変）。

という問題に対処するために、長と議会を直接公選できるとされたのである。第二に、国や都道府県から権限移譲が認められている点である。単なる持ち寄り事務のみならず、国や都道府県から新たな事務を移譲されて実施することが可能となる。第三に、広域連合の決定によって、各構成自治体に勧告を行うことが可能な点である。広域連合が定める計画の実施上必要があるときに、連合議会の議決を経て、構成自治体に勧告を出す権利が連合長に認められているのである。こうした諸点からは、広域連合が単なる事務処理機関ではなく、各構成自治体から一定に自立した組織として構想されていることが分かる（田島 二〇〇〇）。

広域連合については、一部事務組合と異なるという前提だが、実際は持ち寄り事務を処理する実例が中心であり、また連合長も連合議会も直接選挙の実施例はなく、さらには長の勧告権すら実現していない。実質的に一部事務組合と変わらないと言ってよい（田島 二〇一〇）。実は、広域連合は国や都道府県の働きかけで結成された例が多いことに触れておきたい。広域連合はとくに国の政策実施に対応する形で結成される傾向がある。具体的には、介護保険制度、ごみ処理広域化計画、そして後期高齢者医療制度の導入に伴って、広域連合数が増加してきたのである。後期高齢者医療制度については、法律上、広域連合を全市町村で結成することが決められたことにより、現在では全市町村が広域連合に加入している。一方、都道府県の働きかけの影響も大きい。長野県では県地方課が主導して全県下に広域連合を作り出した（小原・長野県地方自治研究センター 二〇〇七）。また、大分県や三重県でも県の働きかけで全県下に広域連合がつくられていったという経緯がある（原田 一九九九）。

最後に「地方開発事業団」は、工業用地開発等の地域開発を自治体間の共同で進めるために設置される特別地方公共団体である。事務の共同処理の仕組みとしては歴史的役割をすでに終え、二〇一一年の地方自治法改正でついに規定が削除されることになった。

次に、法人を設立しない機能的協力のタイプをみてみよう。最も多用されてきたのが、「事務の委託」（自治法二五二条の一四から一六）である。これは、自治体間で協議によって規約を締結し、特定事務の執行委託を行う仕組みである。比較的簡易な方法だが、特定事務について委託した自治体は、当該事務の執行管理権限を失うことになる。「連絡会議」を開いて事務の管理執行について調整を行う機会が設けられるケースは多いものの、原則的に事務の管理には受託自治体の条例や規則が適用されることになるのである。また、事務の委託は、受託自治体が受託するからこそ成立する共同処理なのであり、たとえ受託自治体が事務処理を請け負ったとしても、委託自治体側が「弱者」の立場に立ちやすく、受託自治体が執行する事務の管理に対して委託自治体が関与することは難しいと考えられる（斎藤 二〇〇九）。その意味で、事務の委託はサービスの提供方法として不安定と言わざるをえない。実際、町村の公平委員会の事務、ごみ処理とか下水道関連の事務領域で活用されることが多い。事務の委託は、市町村合併を経て総数は減少しているが、近年は増加傾向にある。

事務の委託の他には「協議会」と「機関等の共同設置」がある。協議会は、自治法（二五二条の二から六）では三つのタイプが設定されている（管理執行協議会、連絡調整協議会、計画作成協議会）。協議会は、事務の簡素化と合理化を目的として設置されるのだが、たとえば管理執行型でも実際の執行は各自治体の長等の名で行うのであり、その点では事務処理の仕組みとしては弱体である（牧田 二〇〇一）。「機関等の共同設置」（自治法二五二条の七から一三）は、委員会、審議会・審査会や職員を自治体間で共同設置する方式である。公平委員会、介護認定審査会、障がい程度区分認定審査会が共同設置される事例が大半だが、中には教育指導主事・文化財主事の設置、ことばの教室設置、歯科診療等の事務でも一部ではあるが用いられている。事務の委託と同様、協議会と機関等の共同設置は合併の影響を受けつつも、増加傾向にあると言える。

前記の仕組みに加えて、新しく二〇一一年に地方自治法に加えられたのが、「内部組織の共同設置」制度である。これは総務省の研究会で提言された共同処理制度である。特別地方公共団体の設置手続きのハードルの高さ（議会の議決が必要など）、事務の委託におけるサービスの不安定さなどを解消する方策として、これまでの機関等の共同設置制度の拡充を図ったものである。いまのところ大阪府池田市・箕面市・豊能町・能勢町が大阪府からの権限移譲を受けて「共同処理センター」の設立を実施している例がある。

なお、純然たる事務の共同処理とは異なるが、自治法では「職員の派遣」（二五二条の一七）と「公の施設の区域外設置と他の団体の公の施設の利用」（二四四条の三）の制度が規定されている。「職員の派遣」については、事務の処理上必要があれば、他の自治体から職員の派遣を求めることができる制度である。一部事務組合や広域連合を設立した際、それらに構成自治体から職員を派遣するというケースが散見される。また、東日本大震災によって、職員派遣が実施されるケースが顕著となっている。「公の施設の区域外設置と他の団体の公の施設の利用」は、区域外設置とは、たとえば雨水排水施設や公営バスの路線・停留所等を自治体区域外に設置することであり、また他の団体の施設利用とは、協議によって自治体の病院や斎場等を他自治体の住民が利用できるようにすることである。

(2) その他の仕組み

これら地方自治法によるもののほか、法律等制度に基づく仕組みや自治体独自の連携の取り組みが見受けられる。法律等の制度としては、まずは個別法に定められる制度がある。地方拠点都市法による「地方拠点都市地域整備推進協議会」、消防組織法や災害対策基本法に規定される「相互応援協定」等が挙げられる。また、省庁の要綱・通知で規定されるものとして、具体的には「広域市町村圏振興整備措置要綱」（一九六九年）、「大都市周辺地域振興整備措置要綱」（一九七七年）、「モデル定住圏計画策定要綱」（一九七九年）、「広域市町村圏等の振興整備について」（自治事務次官通知、一九七九年）、「ふるさと市町村圏推進要綱」（一九八九年及び一九九九年）、「広域行政圏計画策定要綱」（二〇〇〇年）、現在は「定住自立圏構想推進要綱」（二〇〇八年）等がある。(5)

くわえて、法律に基づかず、自治体独自で共同事務処理を行う場合もある。その一例が、職員の相互併任による任意組織を設けて事務処理を行う方法である。特に地方税の滞納整理で活用されているケースが多い。よくみられるのは、県と市町村とで協定を締結するケースである。基礎自治体間で滞納整理協力を行うケースもあり、たとえば熊本県菊池市や合志市等四市町は、税務職員の相互派遣を行うための要綱を設けている。また、民事上の委託契約によって他の市町村に対して業務委託を行うケースもある。この委託契約は民間委託と同じ形式なので、いわゆる事実行為に限定された契約となる（総務省研究会資料）。

一方、自治体任意の協議会の設置や協定といった連携の取り組みもこれまでにも盛んに実施されている。任意の協議会は、先にみた自治法上の協議会と異なり、自治体が自主的に結成する協議会である。法に基づかないという意味で、「事実上の協議会」と呼ばれることが多い。代表的なものとしては、市町村合併に関する任意の協議会が挙げられる。また、金沢市では、「河北潟水質浄化連絡協議会」を流域の三市町と結成して生活排水対策（普及啓発等）を進めている。自治体間の協定の例としては、姉妹都市協定が有名だが、事務の共同処理に限って言えば、たとえば、消費生活相談に関する協定（窓口の共同設置等）が全国的にみられるケースである。

(3)　基礎自治体のエンパワーメントの可能性

市町村は、住民に身近な基礎自治体として、人口減少、高齢化、経済停滞、財政危機等、地域が直面する行き詰まりを打開していかなければならない。現時点で実現可能な手段をとって自治体運営を効率的かつ効果的に行っていく基本的責任が、市町村には求められると言えよう。そのとき、広域的に処理した方がよい事務、自前で処理できない事務については、広域連携を有用な手段として活用していくべきであろう。市町村合併が進み、事務の共同処理件数は大幅に減ったのは確かだが、事務の共同処理の活用数自体は減少傾向にはなく、むしろそのニーズはい

表9－2　広域行政、共同処理全般に関する市の方針

（単位％）

	全体	3万未満	3～5万未満	5～10万未満	10～20万未満	20～30万未満	30万以上
拡　大	21.3	27.5	20.1	19.7	21.6	15.6	27.9
現状維持	67.6	65.0	72.2	67.4	68.7	78.1	52.9
縮　小	7.3	2.5	6.3	8.4	7.5	3.1	10.3
無回答	3.8	5.0	1.4	4.6	2.2	3.1	8.8

（出所）日本都市センター研究室「市役所事務機構に関するアンケート調査　一般アンケート集計結果」2008年。

表9－3　広域行政、事務の共同処理に関する最近の動向

（単位％）

	全体	3万未満	3～5万未満	5～10万未満	10～20万未満	20～30万未満	30万以上
対象事務は増えつつある	48.6	60.0	48.6	44.8	47.0	59.4	52.9
対象事務は変わらない	37.4	32.5	38.9	38.9	41.0	28.1	29.4
対象事務は少なくなっている	8.5	5.0	8.3	10.5	9.0	6.3	4.4
その他	1.8	—	0.7	1.7	1.5	6.3	4.4
無回答	3.7	2.5	3.5	4.2	1.5	—	8.8

（出所）表9－3と同じ。

まなお大きい。実際、共同処理のニーズは拡大か現状維持という傾向があり、しかも連携を行う対象の事務は拡大傾向にある（表9－2、表9－3）。

広域連携、特に事務の共同処理には、まずもって各構成自治体の事務効率化と合理化を実現する点が期待される。事務の共同処理を行う市町村の報告書等を見ると、「コスト削減」のために広域連携を実施すると書かれていることがほとんどである。広域連合の事例ではあるが、たとえば、教育行政事務等を共同化した京都府相楽東部広域連合では、教育委員会の委員を一四名から五名に減らし、事務局も一三名から九名に減らすことができた。人件費等の削減効果は、約五二〇〇万円（二〇〇九年度）と事務合理化が実現されている。また、沖縄県介護保険広域連合についても、連合移行前は各市町村でトータル八・三億円の運営経費がかかっていたが、移行後は五・九億円に削減されている（森川 二〇一一）。まだ試算段階であるが、大阪府池田市等が進める共同処理センター

による事務共同化の取り組み（「内部組織の共同設置」）では、構成市町それぞれで事務を実施するよりも、一四人分の職員削減が可能になり、合計で一億二〇〇〇万円の人件費がダウンできるとされている。(6)

近年の自治体財政の悪化によって、こうした人件費等の経費圧縮だけがクローズアップされがちだが、事務の共同処理の効果としては、行政事務の専門性と質向上というポイントも重要である。事務の専門性と質の向上は、自治体単独では不可能な物品購入や施設整備を行うことによって実現するが、そうしたハード面のみならず、専門職員の配置といったソフト面を通じて図ることもできる。市町村が職員設置を共同化することで、社会教育主事のほか、農業普及指導員、あるいは建築主事といった専門職員を配置することが可能になる。現時点では専門職種の配置は、山梨県と和歌山県の市町村の教育指導主事、または文化財主事しか例がない（総務省研究会資料）。政策領域にかかわらず、独自の地域づくりを促進するうえでこうした職員の専門性向上は不可欠であるが、専門職員を共同で設置することによって経費を抑えつつ、専門行政を展開することが可能となるのである。

さらには、職員の質向上という点では、広域連携によって職員研修の実施が容易になる局面も注目できる。彩の国さいたま人づくり広域連合では、全市町村職員のＯｆｆ－ＪＴ型の職員研修を実施し、中小規模の市町村ではできなかった人材育成が可能となっている。たとえば、小さな市町村では、新任課長研修を行うとしても、新任者が一人か二人であると市町村独自の研修はコストパフォーマンスの面で実施はできない。彩の国さいたま人づくり広域連合は、単独では実現が難しい研修事業を一手に引き受けることを通じて、資源制約が大きい中小規模市町村の人材育成を可能にしているのである。この広域連合は県の主導によってつくられたものであるとはいえ、事務の共同処理が各々の市町村の自治体運営に功を奏している事例であることは確かである。(7)

3　事務の共同処理をめぐる課題

(1) 組織変革の必要性

事務の共同処理は、とりわけ中小規模市町村の自立や専門性・質向上を考えるとき、今後不可欠な仕組みとなろう。ただし、いかなる共同処理の仕組みを用いるにせよ、大切なことは共同処理が進められてその行政上のメリットを実現するだけではなく、そうしたメリットをきちんと個々の市町村の運営に反映していくことである。自治体間の事務の共同処理化で得られるメリットは様々なものが考えられるが、以下では「組織スラック」の要素に着目しよう(8)。スラックとは、余剰資源のことであり、組織を維持するためのコストと手持ちの資源との差し引きで余った部分を意味する。事務の共同処理に関するスラックは、共同処理の事情によって性質が異なる。たとえば、既存の持ち寄り事務の共同化の場合、それは実質的なコストダウンにつながるので、これまで支払っていたコストと共同処理にかかるコストとの差し引き分が実質的なスラックとなる。対して、新しい事務を共同化する場合、実質のコストダウンというより本来必要なコストをかけずに済むことになるが、その分がスラックとなる。スラックは、どのように具体的に現れるのだろうか。最も顕著であるのは資金の面である。また、職員の一人当たりの業務量の面としても現れるだろう。

いずれにせよ、事務の共同処理を通じて組織スラックが得られるとして、そのスラックを最大限活用しなければ意味がない。経営学では、組織スラックは、組織変革の戦略を構築・実践していくために不可欠な資源であると考えられてきた。スラックがなければ、どうしても日常業務の意思決定を優先せざるをえなくなる。組織変革を達成するためには、日常業務に回さなくてよい資源の余裕が必要なのである(9)(桑田・田尾 二〇一〇)。この組織変革には様々な側面がある。たとえば、職員の問題発見の余裕をつくり、政策形成能力を高めるという変革がある。また、組織に余裕が生じれば、都道府県からの権限移譲によって新たなサービス提供を行うという変革もあろう。くわえて、住民参加や住民との協働は、自治体と住民との関係の変革であると言える。もちろん、こうした諸変革の方向を定める自治基本条例を制定して、組織変革を全体として推し進めるということも考えられるのである。

ただ、一方で、組織スラックをねらって、闇雲に事務の共同処理を進めることは問題である。市町村の負担軽減は事務の共同処理がもたらす最大のメリットであると言えるが、このメリットを維持するためにも、共同処理化した後の事務処理に対する関心を払っていく必要がある。事務の共同処理は、協議会のような組織的実体がないもののみならず、一部事務組合等でも各構成市町村が負担金（補助費）を支払うことで成立っている。共同処理のコストパフォーマンスが良好かどうか、負担金の額は適正か、またサービスは問題なく公正に効果的に実施されているのかなど、事務の共同処理の状況にきちんと関心を向けて主体的に管理に関与する必要がある。

事務の共同処理は、個々の市町村の自己改革とセットでなければ意味がないというべきであろう。実態をみると、市町村の自己改革が行われるというより、自治体運営が厳しいので、ひとまず事務の共同処理を目指すという緊急避難の態度が見え隠れしていると言わざるをえない。事務の共同処理化を図ることで、本来は市町村が果たすべき責任の回避につながっているケースもあるだろう（原田 一九九九）。自治体の真の行政改革とは、単にコスト低減を図るだけではなく、住民の生活の向上、そのための自治体の組織変革を実現することなのである。

(2) 組織変革とスラックへの関心の薄れ

さて、事務の共同処理の取り組みは、各市町村の組織変革のインセンティブにつながっているのだろうか。特に事務共同処理を行ってコストダウンを実現しつつ、少しでも組織スラックを活用しようとする方向があるのだろう

表9－4　広域連携・合併の有無と行政運営の積極性

（単位：％）

		そう思う	やや思う	やや思わない	そう思わない	計
独自の政策開発	非合併市町村	42.0	53.3	3.9	0.8	100.0（257）
	合併市町村	46.7	49.6	3.0	0.7	100.0（135）
	広域連合参加市町村	40.8	54.9	2.1	2.1	100.0（142）
	計	42.9	52.8	3.2	1.1	100.0（534）
都道府県からの権限移譲実現	非合併市町村	18.4	51.4	23.1	7.1	100.0（255）
	合併市町村	27.4	46.7	21.5	4.4	100.0（135）
	広域連合参加市町村	22.7	54.6	18.4	4.3	100.0（141）
	計	21.8	51.0	21.5	5.6	100.0（531）
計画策定への住民参加促進	非合併市町村	47.7	46.5	5.5	0.4	100.0（256）
	合併市町村	56.6	41.9	1.5	0.0	100.0（136）
	広域連合参加市町村	42.3	48.6	8.5	0.7	100.0（142）
	計	48.5	45.9	5.2	0.4	100.0（534）
住民等との協働	非合併市町村	40.7	50.0	7.0	2.3	100.0（258）
	合併市町村	57.4	35.3	5.9	1.5	100.0（136）
	広域連合参加市町村	36.9	50.4	10.6	2.1	100.0（141）
	計	43.9	46.4	7.7	2.1	100.0（535）
自治基本条例の制定	非合併市町村	24.2	46.4	25.0	4.4	100.0（252）
	合併市町村	25.6	51.9	20.3	2.3	100.0（133）
	広域連合参加市町村	21.2	48.9	22.6	7.3	100.0（137）
	計	23.8	48.5	23.2	4.6	100.0（522）

（出所）筆者作成。

か。筆者が行った調査結果[10]をみてみよう。ここでは広域連合への参加を事務共同処理の積極度指標ととらえ、[11]市町村を、「広域連合に参加しない市町村」（さらに「合併市町村」（平成の大合併で合併を経験した市町村）と「非合併市町村」（合併をしていない市町村）とする）と「広域連合に参加する市町村」とに分けて結果をみてみる（表9－4）。

項目ごとに回答の違いはほとんどないとはいえ、表中の「そう思う」の網掛け部分について、広域連合に参加する市町村は、おおむね組織変革にそれほど積極的ではないことが明らかである。たとえば「独自の政策開発」項目をみても、広域連合参加市町村は最も割合が低いし、住民参加や協働といった住民と行政との関係の変革も最も割合が低いと言わざるをえない。自治基本条例についても同様である。

限られたデータからすべてを言い当てることはできないものの、ここでは広域連合参加市町

表9－5　一部事務組合の問題点

（単位：％）

	全体	市長	町村長
国又は県から直接に権限の移譲が受けられない	15.5	18.8	14.5
所掌事務関連の規約変更に自らのイニシアティブが発揮できない	14.9	12.5	15.9
広域計画作成が要件でなく，仮に作成しても実効性が担保できない	13.9	18.8	12.4
住民が直接関与できない	13.4	8.3	15.2
構成団体間の利害調整が困難な場合がある	52.1	56.3	50.3
共同処理事務に対し構成市町村の関心が薄れる傾向にある	28.9	25.0	30.3
構成団体からの分賦金に依存し、財政基盤の確立が困難	35.1	29.2	36.6
専任職員が少ないなど事務局が弱体な場合がある	5.2	8.3	4.1
その他	1.0	0.0	1.4
無回答	1.5	4.2	0.7

（出所）［九州経済調査協会 2000 a］のデータより筆者作成。

村の「そう思う」の割合が権限移譲項目を除いて最も低くなる点に着眼したい。この結果解釈の一つの可能性として、仮説の域を出ないが、事務の共同処理を行うことが、各構成市町村の自己変革関心を薄める方向で影響していると言えないだろうか。事務の共同処理を進めることで組織スラックが得られるのであろうが、逆に組織に余裕ができたことで、改革意欲そのものが低くなってしまっているのかもしれない。

広域連合参加市町村では、組織の自己改革への関心の薄さが見受けられると言えそうだが、そもそも問題にしなければならないことは、市町村が組織スラックそのものを適正に得ることに関心を払っているかどうかという点である。この点に無関心であれば、変革を進めようとしても十分な成果を得ることはできない。

事務の共同処理における問題として、広域市町村圏についてだが次のような事柄が指摘されてきた。それらは、(1)圏域設定上の問題、(2)圏域住民の一体的意識の欠如、(3)構成市町村の理事者、議員の無関心、(4)広域行政機構の弱体性、(5)広域市町村圏計画の空洞化と実効性の貧困、(6)将来像及び一体的な行政施策の未成熟、(7)中心都市への過剰期待あるいは中心都市の役割放棄、(8)都道府県の取り組み不足、(9)他の圏域計画との不整合、(10)各省庁による縦割り行政のおしつけ、である（秋田 一九九〇、村上 二〇〇二）。特に自治体内部の問題と考えられるのが、(3)である。

表9-6　広域連合の問題点

（単位：%）

	全体	市長	町村長
一部事務組合と違いが明確でない	31.0	44.4	25.7
構成団体間の利害調整が困難な場合がある	45.8	38.9	48.6
共同処理事務に対し構成市町村の関心が薄れる傾向にある	25.4	13.9	29.5
構成団体からの分賦金に依存し，財政基盤の確立が困難	33.1	22.2	36.2
長や議員が直接選挙される場合，県，広域連合，市町村の三段階になり，住民が戸惑うおそれがある	24.6	30.6	22.9
中間団体の存在により地方行政全体の効率が低下するおそれがある	17.6	30.6	13.3
その他	4.2	5.6	3.8
無回答	0.7	0.0	1.0

（出所）表9-5と同じ。

共同処理化が進められて処理の仕組みがいったん誕生すると、当事者である市町村がそこに関心を示さなくなると言うのである。少し古いデータではあるが、九州地域の首長へのアンケート調査の結果をみると、一部事務組合と広域連合のそれぞれの問題点が明らかにされている（表9-5、9-6）。一部事務組合、広域連合ともに最も数が多かったのが、「構成団体間の利害調整が困難」という回答である。各市町村に実体的な意思決定権が残されているので、意見の調整に時間がかかり意思決定が遅くなるという結果をもたらしかねない。本章でとりわけ着目したいのが「共同処理している事務に対し構成市町村の関心が薄れる傾向にある」という回答である。負担割合の変更等、個別の市町村の利害に関わるような課題さえなければ、広域行政機構は市町村とは別組織だととらえる傾向があると言うのである（九州経済調査協会 二〇〇〇b）。関心がないということは、事務執行とその結果に関心がないということであり、ひいてはその管理にも関心がないということを意味しよう。また、関心が薄れる傾向が市に比べて町村で強いということにも留意しなければならない。町村にとっては、事務処理の共同化ニーズが市より大きいと考えられるのだが、共同処理に関してはあまり関心を向けていないようなのである。

事務の共同処理化は、コスト削減や専門性確保という面で市町村にとってメリットが大きいことが特徴である。だからこそ、事務の共同処理のニーズが増加傾向にあると言える。しかし、事務共同処理に対する構成自治体の主体的関与の問題はかねてから指摘されていたことであるが、なかなか改善されないまま現在もずっと問われ続けている。

特に、仮説的にではあるが先に触れた、事務の共同処理の積極的導入が、市町村自身の組織変革への関心にマイナス効果を与える可能性があるという問題については、これまでに十分な議論がなされてこなかったのではないだろうか。事務の共同処理は、自治体の負担軽減につながるのだが、負担軽減が成功した時点で、多くの市町村は安心してしまっているのではないか。今後検証が必要な問題だが、これは市町村のあり方にとって無視できない問題である。

4　広域連携と基礎自治体の「ローカル・ガバメント」としての責任

今後、市町村と市町村、あるいは市町村と都道府県との連携はもっと増加し、事務の共同処理の仕組みはいまよりもさらにその存在感が大きくなっていくことだろう。特に中小規模市町村の財政難や職員不足を考えると、自治体運営上、事務の共同処理は避けて通れない課題であるとも言える。

先に見た通り、事務の共同処理を積極的に行う各々の市町村内部で、組織変革を実施しようという関心は薄いと言わざるをえないのである。また、市町村は共同処理の管理についての責任を十分に自覚してきたとは言いがたい。事務の共同処理においては、いわばこのように重層的に関心の薄れが起こりうることを指摘しておきたい。市町村間の連携が行われるとき、各市町村サイドでそうした組織変革ないし管理という視点がきちんと主体的に認識されてこなかったのではないかということを改めて述べておきたい。

ともかくも、自治体の財政難や非効率の問題が大きくなるにつれて、自治体行政の減量経営が必須のルートのように語られてきた。そのために、まず行政組織への市場原理の導入と事務の民間委託が声高に叫ばれてきたのであり、一方で市町村から都道府県への事務委任、市町村間の広域連携による事務処理が喫緊の課題として考えられてきたのである。それらの対策は決して間違いではないし、自治体の運営にとって不可欠な取り組みである。ただし、広域連携による事務の共同処理を進めていくとしても、共同処理化から得られるスラックを活用しつつ、組織変革を実践していくこと、その前提であるが、共同処理事務の管理に参加することが不可欠であることを忘れてはならない。もちろんこの組織スラックは、誰の目にも明らかなものもあれば、潜在的にしか発見することができないようなものもある。実はスラックが発生しているかどうか、どれくらいのスラックが現実に存在するかを見極めることが重要なのである。こうした見極めは、組織のリーダーの自覚による所が大きい。その意味では、市町村長の意識やリーダーシップがスラックの活用と組織変革を成功させる要素であると言えよう。

もちろん、共同処理において市町村は組織変革に自覚的でなければならないのだが、それ以前に事務の共同処理を進めていくうえで、広域処理すべき課題があるのかどうか、どのような処理の仕方が適切であるか、ということについて各市町村が主体的に議論し、共通理解を形成しておくことが大前提である。そうでなければ、結局、共同処理に対する関心は薄くならざるをえなくなるであろう。現に、類似の連携組織が未整理のまま乱立していることも多い。事務の共同処理を行う前に、事務の共同処理の必要性、また地域課題の明確化等を逐一検討していかなければならないのである。共同処理は目的なのではなく、あくまで手段であるということの認知、そして最終的にはしっかりした自治体を形成していく責任の認知が、各々の市町村には求められるのである。

注

（1）総務省の「市町村の合併に関する研究会」が公表した『『平成の合併』の評価・検証・分析』では、非合併市町村の合併に至らなかった理由を明らかにしている。地理的に合併が困難という理由は少なかったものの（四・六％）、単独で運営していこうと考えたという理由が三〇・八％、一方で意見集約ができなかったという理由が三三・七％、合併を望んだが合併相手が消極的・否定的だったという理由が二六・四％であった。事務処理の見直し方向として合併は一つの有力な手段でありえるが、こうした事情を抱えた市町村が、再び合併にかじを切ることはかなり困難であると考えざるをえない。

（2）「広域事務」、「持ち寄り事務」の具体例については、［島田 二〇〇七］を参照。「広域事務」には、工業用地・用水、道路、河川、都市計画、農業用水、林野管理、病院、福祉施設等が該当する。「持ち寄り事務」には、ごみ処理、し尿処理、火葬場、学校給食、学校、競馬等、農業共済、退職手当、公務災害、また消防、計算事務等が該当する。

（3）一部事務組合には、純粋な一部事務組合と、「複合的一部事務組合」（自治法二八五条）がある。一部事務組合は、通常各構成自治体が同一の事務を共同処理する仕組みであるのに対して、複合的一部事務組合の場合は、共同処理事務は、同一の事務でなくてもよいとされている。なお、地方公共団体の組合には、他に役場事務組合と全部事務組合が規定されていたが、二〇一一年の地方自治法改正で廃止されることになった。

（4）平成の大合併の第一号として知られる兵庫県篠山市は、もともと各旧町（篠山、丹南、西紀、今田）によって事務組合を結成してきた。地域全域で水道事業の開発を進める際に、事務組合では意思決定のスピードが遅くなる懸念があったため、新市を立ち上げて迅速に地域開発を進めることが重要だと考えられるようになって合併が選ばれることになった。詳しくは、［森 二〇〇六］を参照。

（5）要綱・通知による広域連携については、［村上 二〇〇二］、［横道 二〇一〇］等を参照。

（6）主として、大阪府箕面市公式サイトを参照（http://www.city.minoh.lg.jp、二〇一一年一一月二一日最終アクセス）。

（7）二〇一一年一一月、彩の国さいたま人づくり広域連合事務局により教示を得た。

（8）組織スラックの概念については、［Cyert and March 1963］などを参照。

（9）こうした意思決定のパターンは、［March and Simon 1958］も参照。

（10）地方自治研究会が二〇〇八年二月に実施した『市町村長の皆さまへのアンケート』の結果である。これは、平成一八年度～二〇年度科学研究費補助金（基盤研究（B）『変動期社会における離島および山村地域の政策課題に関する実証的研究』（研究代表者　青木康容　佛教大学））による調査研究の一環として実施したものである。アンケートの対象者は、全国の山村地域・離島地域のある市町村及び人口が一万五〇〇〇人未満の市町村の長である。対象者総数は一一三二、回収数は六〇五（有効回収数は五九八、五二・八％）である。返送確認を一回実施した。調査上、大規模な市も対象としているが、今回は、一〇万人未満の市町村に限定して集計している。なお、この調査は、もともと広域連携の実態を調べたものではなく、市町村の行政運営一般についてたずねたアンケートである。

(11)　広域連合参加にしぼったのは、調査を実施した二〇〇八年段階では、大半の市町村が、一部事務組合に参加するなど幅広く広域連携を行っていたと考えられるからである（[横道　二〇一〇］等を参照）。その意味では対象となる離島山村・小規模市町村はほぼ何らかの広域連携を行っていて、その中でも「広域連合参加市町村」は積極的に共同処理を行っている、かつその分スラックが発生するという特徴をもつと判断した。ただし、全市町村が参加する後期高齢者医療広域連合は除外することとした。

参考文献

秋田周『特別地方公共団体・広域行政』ぎょうせい、一九九〇年。

大杉覚「都道府県・市町村関係の変容——ルール・競争・選択」武智秀之編著『福祉国家のガヴァナンス』ミネルヴァ書房、二〇〇三年。

九州経済調査協会『データ九州　二〇〇〇年版九州経済白書「分権社会と新しい主体」アンケート集計結果』一〇八〇、二〇〇〇ａ年。

九州経済調査協会『分権社会と新しい主体』昭和堂印刷、二〇〇〇ｂ年。

桑田耕太郎・田尾雅夫『組織論』有斐閣、二〇一〇年。

小原隆治・長野県地方自治研究センター編著『平成大合併と広域連合——長野県広域行政の実証分析』公人社、二〇〇七年。

斎藤誠「広域連携・事務の共同処理に関する若干の考察——法的視点から」日本都市センター編『基礎自治体の将来像を考える——多様な選択の時代に』二〇〇九年。

島田恵司「広域連合の事務――平成の大合併の影響と残された広域行政課題」小原・長野県地方自治研究センター編著、前掲書、二〇〇七年。

田島平伸「広域連合の動きと広域行政の可能性」『地方自治職員研修』第三三巻第二号、二〇〇〇年。

田島平伸「広域連合――これまで・これから」『月刊自治研』第五二巻第六〇五号、二〇一〇年。

日本都市センター編『基礎自治体の将来像を考える――多様な選択の時代に』二〇〇九年。

西尾勝『地方分権改革』東京大学出版会、二〇〇七年。

原田晃樹「広域連合制度の特質とその活用方途」日本地方自治学会編『介護保険と地方自治』敬文堂、一九九九年。

牧田義輝『機能する地方自治体』勁草書房、二〇〇一年。

村上芳夫「広域行政の問題性と狭域行政」松下圭一ほか編著『自治体の構想2　制度』岩波書店、二〇〇二年。

森裕亮「自治体合併と篠山市」浅野慎一ほか編著『京阪神都市圏の重層的なりたち――ユニバーサル・ナショナル・ローカル』昭和堂、二〇〇六年。

森川世紀「市町村間広域連携の事例分析――教育行政・介護保険行政を中心に」日本都市センター編『基礎自治体の広域連携に関する調査研究報告書――転換期の広域行政・広域連携』二〇一一年。

横道清孝「ポスト合併新法時代の基礎自治体のあり方」日本都市センター編、前掲書、二〇〇九年。

横道清孝「日本における新しい広域行政政策」『アップ・ツー・デートな自治関係の動きに関する資料　No.6』日本自治体国際化協会・政策研究大学院大学比較地方自治研究センター、二〇一〇年。

横道清孝「これからの広域連携のあり方を考える」日本都市センター編、前掲書、二〇一一年。
R. M. Cyert, and J.G. March, *A Behavioral Theory of the Firm*, Prentice-Hall, 1963.（R・M・サイアート、J・G・マーチ著、松田武彦・井上恒夫訳『企業の行動理論』ダイヤモンド社、一九六七年）
J. G. March, and H. A. Simon, *Organizations*, John Wiley & Sons, 1958.（J・G・マーチ、H・A・サイモン著、土屋守章訳『オーガニゼーションズ』ダイヤモンド社、一九七七年）

（森　裕亮）

第10章　自治と公共

1　語意を顧みて

本章は、序章で示唆された二つの課題について考えてみたい。第一は、欧米と日本での歴史・文化的な意味のずれや重なりに注意することである。第二は、実態としての住民に自治能力があるのかという疑問である。

本章の議論はほとんどを第一の課題に充て、第二の課題をそこに加える形で考察する。第一については、自治、公共性、市民社会といった西洋近代の言葉がもともと区別しがたい意味であることを確認し、次に、日本での受容のされ方を検討する。第二については、現代日本で市民が成熟しているかどうかは判定が難しい問題だが、住民の自治能力とはどのようなことなのかについて、地方政府と住民の関係の視点から考える。

2　自治について

(1) 石田の概念史的考察

まず自治という日本語の使われ方を辿ることにしよう。自治の概念史研究はあまり見当たらないので、石田雄（一九九八）のコンパクトで中身の濃い著作を活用することにしたい。ただしかなり凝縮して紹介するので、石田の表現を正確に再現するものではない。

「自治」は明治時代初期に非常に大きな影響を与えたF・リーバー[1]の「self-government」概念の翻訳として作られた。石田によれば、自治と自由が密接に結びついていることと、それが中央・地方にかかわらず政府全般の原則であることの二点がこのポイントである。

リーバーによれば、「セルフ・ガバメント」とは、王や貴族のように人々を支配する階級がなく[2]、人々が普通選挙権を持っている（男性だけだが）という政治的平等に基づく国家の政治体制、つまり大まかに言えばA・トクヴィル（Tocqueville 1990）がアメリカで見出した「デモクラシー」のことである[3]。

リーバーが言う「自治」とは、「みずから～を治める」という理解である。しかし明治初期に導入された西洋近代のこの概念では、帝国議会に左右されない政府機構を作ろうとした明治政府にとっては望ましくなかった。そこで、日本では村落共同体における、家父長制的な保護と指導のもとで村民が心を一つにするような、「おのずから治まる」の意味に「自治」は変質させられながら、「地方」と「自治」が結びついていくことになる。明治憲法は国レベルの政党政治とは切り離したうえで、地方自治にある程度の役割を認めたが、それは、こうした住民の一体性のもとで各地の農村が自由民権運動の拠点となるのを防ぐためと、村落の共同生活管理にかかる費用を自弁させるためであった。

しかし、そうした「自然な」村落の共同性に根ざす統治は明治末期にはほころびをみせるようになった。というのも、地方の名望家は、都市部の工業部門に投資するようになり、いわゆる「不在地主」化することで、彼らの地域への関心が薄れていくからである。都市化・近代化・西洋化を推し進める政府の殖産興業政策は農村に疲弊をもたらしていく。内務省は、外郭団体である中央報徳会を通して「地方改良」運動を起こし、農村を基盤とする政治体制の引き締めを図るが、その内容は精神面に偏っていた。ただ、地方改良運動を通して中央報徳会だけでなく青年団等民間団体が活躍するようになり、「自治」という言葉には「団体の自治」という意味が加わっていく。

大正デモクラシー期になると、明治政府による自然な村落を通じた「自治」という前提が、大都市の登場によって決定的に崩れることになった。人口集中による大都市特有の衛生・貧困問題の高まりに対処するには、もともと流入者が多い社会の中で村落的共同性は役に立たない。これへの対応として、民間では、片山潜のように、アメリカの社会政策に学んだ活動が生まれた。ほかに、大杉栄の無政府主義的な「自治」や山川均の労働組合の「自治」も起こった。こうして「自治」の意味は多元化していった。これに対して、後藤新平のように、自治を立憲君主制の基礎に位置づけなおすために、民間団体が官を補完するような団体の自治も考えられていた。そして社会主義運動がいう「自治」は弾圧されていく。

これとほぼ並行して、昭和初期、恐慌の影響もあって疲弊を強めた農村部では、近代化・西洋化を推進する「官治」が、日本古来の美風を破壊していると嘆いたり批判したりする意見が多く出ていた。農本主義者の権藤成卿は、「おのずから治まる」という自然な村落共同体を自治の理想とし、東洋の代表的な思想をつなぎ合わせて西洋の影響を受けた「官治」に対抗した。

私心のない政治をしていれば国全体がおのずから一つになってよく治まるというユートピアは、腐敗の目立った政党政治を軍部が追放し、天皇親政のもとで上下が心を一つにするというような、全体主義的な政治運動につながっていくことになる。以後、軍部の統制強化によって、自主的に判断し行動するような「自治」の余地は失われていく。

第二次世界大戦後、日本国憲法に「地方自治」の章が設けられるなど、戦前の「団体の自治」が復活する可能性があったが、実際は「民主主義」ばかりがもてはやされ、「自治」はほとんど顧みられなかった。直接的にはGHQの占領政策によるが、それだけでなく、民主化勢力が国レベルでの体制変革（革命）を志向したことから、地方自治による民主主義の育成は特に必要がなかったのである。さらに、民主化勢力はその支持母体である労働組合内部の民主的な意思決定手続きに関心を払わなかった。こうして人びとの組合組織離れが進み、「自治」の担い手は失われていった。

六〇年代になると、大都市部を中心に公害問題等の新たな問題に従来の地方政治家が対応しなかったため、「革新自治体」に期待が集まった。革新自治体は福祉サービスの向上で国政をリードし、国と地方の上下関係に挑戦した。ただ、革新自治体でも、選挙目当てを含むサービス拡大に走りがちで、高度経済成長が止まると財政状況の悪化から行き詰った。そして八〇年代以後は財政再建と中央とのパイプを再び強調する保守系の首長が巻き返した時代であるが、「自治」は労働組合等の組織だけでなく幅広い市民との連帯による「市民自治」に展開していった。九〇年代には国の進める迷惑施設建設等をめぐって独自の住民投票が実施されるなど、地方でも市民自治の成熟がみられるようになったという。

以上、石田の論旨を手短に要約してきたが、要点は次の四つにまとめられよう。第一に、自治は地方よりも政府全般の問題であり、政治的自由と不可分の概念であること。第二に、大正期には多元的な団体による自治が現れはじめたが、官治の補完に位置づけられていったこと、第三に、民主化時代にあっても自治が団体内の民主化に鈍感であったこと。第四に、自治とは「みずから～を治める」ことであり、アナーキーな自然や欲望解放的な自由ではなく自己規律を必要とすること、である。

ただ、自民党が大都市部の革新勢力から首長ポストと議会多数派を奪還した八〇年代以後を、石田のいう「市民自治」の時代と理解するのは無理がある。これ以後の言説では、「市民」は現実には存在せず、「市民社会の成熟」どころかそれらがわがままな要求にすぎないという非難が強まっていたからである。(4)

(2) 村松による戦後の「自治」概念

村松岐夫(一九八八)[5]は、日本の地方自治論(や行政学)は、官治的・中央集権的体制を民主化するという新憲法下の問題意識に長くとらわれ、日本はイギリスやアメリカのようになっていない(分離型ではない)から遅れている、民主主義的でないといった思い込みを強く抱いていたと言う。そのため地方自治は「進歩的」な勢力が主張するテーマとなったが、そこでは「地方自治」の概念が国家への対抗として論じられてきたと言う。他方、欧米では保守的性格の強いものであるとする。第一に、「ホームルール」は、かつて大都市中心部に居住していた白人中流層の人種差別感情に大きな影響を受けている。まず、郊外化が進んだのは、大都市部に有色人種が多く流入するようになり、豊かな白人層がこれを嫌って郊外に流出したからである。そして新たなまちをつくるなかで、土地の区画を大きくさせるなど有色人種の転入を不動産売買上の制約を通して阻止しようとするなかで住民自治が重視されて形成されたものであった(村松 一九八八)。第二に、フランス革命では人々を個人として尊重するために、それまでの帰属集団(中間集団)を解体し、国家が個人の自由を直接に保護しようとした。しかし、これでは強大な国家権力の前に個人は無力化されてしまう。自治が先にあって国家が作られたのではなく、国家化の行き過ぎに対する警戒として地方自治が権力分立的に重視されるようになったのである(村松 二〇一〇)。

村松の要諦は、福祉国家化による(新)中央集権と地方自治は対立する概念ではないことである。つまり、「地方自治」の概念が国家への対抗として論じられてきたことに疑問を投げかけ、それに変わって、「相互依存モデル」を提唱した。村松によれば、国が自治体を垂直的に統制するとされてきた「機関委任事務」が拡大したのは自治体の要望に応えるものでもあったし、それを通して自治体は国の政策を従順に実施してきたわけではなく取引を行っていた。自治体が住民ニーズに応えるには国の予算を獲得したり法改正を実現する必要があるので、地方が中央の干渉に対抗するという「自治」の捉え方は全く役に立たない。相互依存関係のなかで、地域住民の求めることを中央政府に要求し、取引しながら獲得していくのが地方自治である。村松はそうした中央と地方が利害を共有する仕組みに適合した自治の概念化を求める。

もっとも、村松の地方自治概念にも疑問の余地がある。第一に、自治体と中央政府は取引ができ、そこに自治（自律的な自己操縦）が認められるとは言っても、それは主に中央が活動を拡大しようとする、または多くの活動量を維持し続ける場合に妥当することであろう。今日では、内閣としては中央政府の活動を「選択と集中」によって縮減していこうとしており、そのため地方にとっては取引材料が減ってくる。

第二に、第一と関連して、あくまで「集権」下での「自治」の概念という点である。相互依存モデルは、中央の財政的関与が大きな分野において説得的であるが、近年のように、地域内でのサービス供給に住民参加を進める文脈とは噛み合わない。財政や法制で地方に権限移譲を進めれば、自治体が国といちいち交渉して資源を獲得してくる必要は減る。

第三は、自治体という「団体」の要求を、他の圧力団体と同様に理解していいかどうかということである。自治体は民間団体と違って公式の意思決定手続きを経て住民の集合的な要望を掲げるのだから、それは民主政府としての「公共性」が備わっているはずである。しかしながら、それでは自治体は国政で最優先されるべき圧力団体だということにもなる。そうなれば、圧力団体を事前に価値序列化することにつながり、下手をすると、中央政府＞地方政府＞各種団体という序列化を招くかもしれない。

以上、政治学や行政学の観点からではあるが、日本の「自治」概念について確認できたと思われる。ここからは「自治」と密接な「公共性」の捉え方について考えていく。

3　公共性について

(1) 市民的公共性

近年、公共性の捉え直しの議論が盛んであるが、そこで中心的に論じられているのは、公共性を国家権力の行使から、市民社会がそれに対抗する自立的な政治的領域をつくるものと読み替えていくことである。

国家的公共性とは、国家の存続や力（主には経済的、外交・軍事的な）の保持の必要のために、国家が本来保護すべき国民に一定の不利益を甘受させることを指している。これに対して、市民的公共性とは、おおまかにいうと、政府が公式に採用したのではない市民団体などによる自主的活動も社会全体に貢献しているのだ、という考え方である。結局市民の「国家からの自由」と「国家への義務」の双方に「公共性」が及んでいる。

しかし国家への義務と言っても、国家支配はそもそもキリスト教における神の地上の代理人として正統化されるべきものであった。特にイギリスでは、国家の有力な階層を占める人々が、王の専制的な振舞いを阻止するために、生身の人間である王（国家の支配者）と国家それ自体の正義を区別していった（カントーロヴィッチ邦訳一九九二）。王と言えども国家の法の外に立つことはできない。国家の公共性（国家の正統性）は、このように、本来は支配者自身にまで及ぶ。イギリスで生身の王をそこまで追い込むことができたのは、王族や貴族とは別に有力な勢力が存在したからであり、それがいわゆるブルジョワジーすなわち「市民」である。「市民的公共性」とは、もともとはこうした旧体制を打破し、「正しい」ルールに従った国家統治を確立しようとする政治運動を指す。その「正しさ」を保証するのが法的な意味での公共性であり、その手続き的には、公開の場で（自らの）主張の正しさを証明することが重視された。したがって、ヨーロッパにおける公共性は、公開性、普遍性、主張の正しさの論証、といった意味が前面に浮かび上がっている。

(2) 市場化と公共性

「公共性」は普遍的なルールを目指すので、実態的には、王権の特許に基づく個別的・割拠的な秩序を打破し、外に開かれた統一ルールを国家に採用させ、保障させようとする。その統一的なルールとは経済的な秩序をめぐっているが、それは単に物資の配分上の問題では済まず、ある配分方式をフェアだとみなすかどうかという人々の(慣習・制度的な)道徳・秩序観に直結する。

近世の公共性とは、中世の経済的秩序を市場取引に有利な統一的な秩序へと法的に組み換えようとしていく原理を指す。つまり、政府の価格・供給統制と身分制に支えられた同業者の(強制的な)住み分けによる安定した狭い地域社会(主に都市)の秩序を、「営業の自由」を原則とした統治体制に転換することであった。村落的共同体内の安定した秩序は交通(取引の量や範囲)が発達していない条件下でしか成り立たない。一八〜一九世紀のヨーロッパ社会では、旧来の経済秩序を成立させていた技術的条件が崩れていき、自由取引の障害となるものを除去する「公共的」秩序に基いた政治体制を作り直していくことが経済運営上の課題になっていた。言うまでもなく、この経済取引拡大の新ルールを採用させていったのは「市民(ブルジョワジー)」であった。この市民は、封建的な国家や都市の政府権力に対抗し、打破し、市民の「開かれた」「普遍的な」統一ルールをヨーロッパ世界に展開しようとした。

職業も居住地も指定されていた中世の身分制度のくびきから個々人を解放し、家柄や人種ではなく個々人の能力によって社会が組み立てられていくようにすることが、近代的な公共性の理想であった。人々は自分の能力で非身分的な競争に勝ち、信望を得た者たちが国家の中心的役割を務めていくことが求められたのである(近藤 一九九三、

山根 二〇〇三)。

(3) 国家の公共性への期待と批判

市民的公共性の原イメージは、そうした市場経済(資本主義)の担い手による中世的・保護主義的な秩序への挑戦であった。しかし、一九世紀以後は特に、ブルジョワジーと下層民(民衆)のあいだに利害対立が深まる。資本主義的な秩序によって中世の割拠的で家父長制的な保護を失った下層民は、ブルジョワジーの搾取対象ともなっていった。市場経済の公共性は国家主権による法的保護と結びついて、その理念と実態の乖離は広がっていった。そのため、ブルジョワジー=市民の掲げる「公共性」もまた、偽りの正統化となっていた。

市民社会と言っても、ブルジョワジーの要求は個別具体的であるから、そのままでは社会が成り立たないかもしれない。個別的(特殊的)な存在と普遍的な価値との矛盾は市民社会では解決できないことから、国家を人間の最高の共同体として考えるのがヘーゲルであった。

市民社会では本質的に私的な欲求と利益が対立しており、その特殊と普遍を止揚できるのは、最も道徳的な人間の共同体たる国家だけである。国家だけが法を通して公共性を自ら展開できる、すなわち、「ヘーゲルにとっては国家の理念は市民たちの感情的で合理的な一致の中に根拠を必要としない」(Hölscher 邦訳 一九九五:二五九)のであった。

しかしヘーゲルの国家は実際にはプロイセン国家を正当化するもので、マルクス(「ライン新聞」時代)は、「普遍と特殊の真の一体性をなすもの」として「民主制」(後に「共産主義」)を掲げ、ヘーゲルのように「市民社会の国家への止揚、諸矛盾の解決という枠組みをうけつぎながら、『国家』を換骨奪胎しようと」した(生松 二〇〇二:七四〜七五)。

ただ、一九世紀の社会主義運動には、社会主義国家のモデルもなく、既存の国家の理解を新たに作ることもなく、既存の国家を転覆しようという以上のものがなく、これはマルクスも同様であった。国家や市民社会の公共性を資本の利益に還元するのも当時よくなされていた主張で、そのため公共性は「ブルジョワ的公共性の批判からのみ明瞭にな」るだけなのであった（Hölscher 邦訳 一九九五：二六一）。マルクスは政治的権力をある階級が他の階級を圧迫する暴力だと考えていた。

こうしたことから、マルクス主義の系譜では、公共性はブルジョワジー（市民）の階級利益という虚偽を信じ込ませるだけのものとして退けられていった。

(4) アメリカにおける「公衆」

もっとも、マルクス主義も根づかなかった一九世紀末から二〇世紀初頭のアメリカでは、公共性は別の意味で期待され、警戒もされていた。アメリカでは、国家を特別な道徳的な存在とみなすような観念論は強く拒否され、アメリカ独特の哲学であるプラグマティズムに基づいて、問題解決のための集合性として、「国家」ではなく、統一的な政府機構が構想されていた。こうした国家＝政府観は二〇世紀初頭のアメリカ政治学者におおむね共通しているが、その代表的な論者はＪ・デューイである。

社会は様々な相互行為が絡み合っているが、当事者間では解決できない、第三者に被害の及ぶ、大規模な問題が発生する。こうしたことが「公共的（public）」な課題である。大都市の社会問題や公害被害等がその代表例である。公害の場合、加害者は大きな工場（企業）であり、被害者がまとまって交渉しようにも相手にされない。そこで、政府が間に入ったり、企業の汚染物質の排出を制限するための強制力を持ったりする必要がある。したがって、ある問題が公共的であるかどうかは問題の内在的な性質によるのではなく、第三者に与える被害（影響）の大きさや深刻さによる。ただ、一方的に加害者を制裁しようというわけではなく、ある事態を問題だと認識する側とそうでない側との、対話によって解決策をみずから発見していく過程をデューイは最も重視している。貧困や差別等の問題では、多くの人々はそれを自分たちに関わる問題だとはみなさない。そのため問題は公共化しづらい。そこで、抗議運動などを知ることで、人々がそれまで常識的に考えていたことを振り返り、なぜそれが当たり前だったのかと考えなおす機会が必要である。この社会問題の気づきには、大規模な社会において新聞やラジオといったマスメディアを経由するが、こうした柔軟なコミュニケーション能力を持って問題解決にあたろうとする人々のことをデューイは「公衆（the public）」と呼んだ。

しかしこうした「公衆」への期待は、対面的なコミュニケーションと同質な延長としてマスメディアを捉えているし、その対面的社会像にしても、二〇世紀初頭の「大社会」ではなく一九世紀の小さな農村社会の域を出ないとして強い批判を浴びた。特に、元ジャーナリストのリップマンは、人々の日常的理解はマスメディアが作り出す疑似環境によって大きく左右されることを説き、心理操作されやすいメディア環境で大規模な社会の合理的な合意形成はなしえないと主張していた。デューイはリップマンと同様の問題を認識しており、決して安易にマスメディアの可能性に頼ったのではないのだが、ヨーロッパ的なエリート主義的志向をあえて採らず、「公衆」に期待したのである。歴史的に見て、国家エリートが多くの悲惨な結末をもたらしてきたことの方をずっと重くみていたからである（デューイ邦訳 一九六九、小西 二〇〇三）。

4　日本の公共観

(1) パブリックとプライベート

ここまで、西洋近代における公共性の概念化をみてきたが、日本では、「公共」という漢字でこれを語っているので、どうしても意味のズレが増幅してしまう。しかも、我々は公共性と言うとパブリックとプライベートの対比をまず思い出すのではないだろうか。しかしこの対比も決して単純ではない。まずこれを確認してから、次に「公」や「公共」の日本語の昔の用法を顧みてみたい。

まずパブリックとプライベートの対比について、現代では（日本だけではないが）プライベートが先にあって、外へ出て活躍するのがパブリックである、という了解があると言えよう。しかし、H・アレントの言う「公的」とは、古代都市国家の「市民」（奴隷でない少数派）が公開の場で演説し討論する「政治」のことである。人々が「他人と取り換えることのできない真実の自分を示しうる唯一の場所」（アレント邦訳 一九九四：六五）が公的＝政治的領域である。しかし近代では生存のための労働が中心となり、公的でも私的でもない「社会的領域」が台頭してきた。古代ローマでは公的な「活動」から一時避難するためにあると考えられていた「私的領域」とは違って、「社会」は家族を巨大化したようなもので、「その成員がたった一つの意見と一つの利害しかもたないよう」（アレント 邦訳 一九九四：六二）な、非常に画一的な振舞いを求める。非常に画一的なので最終的には支配者すら不要になる。

こうした考え方では、「社会」が出てくるまでの公私の区別はまだわかりやすいが、現代の一般的な用法で言えば、「社会」が「私的領域」を意味している。つまり、アレントが問題にしているのは古代都市国家での公私の区別であり、我々にはなじみにくいものである。アレントによればこれが近代と古代の決定的な違いなのであるが、二〇世紀にも近代性が足りないと言われてきた日本では、古代から、「公」のほうが中心で、「私」が付随的に理解されていることを次にみていこう。

(2) 八世紀のオホヤケ

水林彪（二〇〇二）によると、日本で使われてきた「公」は、律令制を中国から取り入れた八世紀中葉以後が原型になっていると言う。[6] 古代日本では、身分序列の高い家柄がオホヤケと呼ばれていた。これは大きな家（ヤケ）という意味である。この対はヲヤケ（小さい家）であり、上下関係はあるがオホヤケに「倫理的な正しさのニュアンス」はない。律令制とあわせて「公・私」の概念が中国から導入されると、オホヤケは中国の「公」に引き寄せて理解できたと思われるが「私（ワタクシ）」には該当するものがなかった。八世紀初頭の用例では、公は「一元的に編成された政治社会の頭部」を意味しているが、「倫理的な正しさ」は含まれていなかった。七〇一年の大宝令では「公田」・「私田」の区別があるが、私田とは「天皇以外の諸個人に割り宛てられ」る口分田であった。「公牛馬」と「私牛馬」という用例も同様で、今日の公用車、自家用車のような区別である。七世紀を対象とした『日本書紀』ではヤマト言葉の時代なので公私の用例があまり多くないが、公は国家機構や支配層を指し、私は「非国家的個別領域」を指している（一〇頁）。

七一二年の『古事記』と、「天皇即位や改元の際に発せられる天皇の言葉で、文字に記録されたもの」である「宣命」では、使用例は少ないものの、中国にはない「公民」が登場し、これは貴族層を意味する。しかしその対は「人民」か「百姓」で「私民」はない。「私」は『古事記』に「ヒソカニ、というようなニュアンス」で一つだけ出てくると言う（一一頁）。

しかし、八世紀中葉には変容が起こり、公は国家に関わるものを広く指すようになり、「その国家的関係の外側に、『私』の領域が展開」（一二頁）するように変わった。すなわち、口分田がすべて「公田」となり、墾田永年私財法による開墾地が「私田」となり、天平年間には「公民」は帰属だけでなく公田の「百姓」も「公民」と捉えられるようになった。この変化の二つの特徴、すなわち公は「国家権力体系としてのみ存在すること」と、公的地位を拠点にして私的な所有領域が拡大していくので、「『私』が『公』に侵入している」ことが、現代の公私問題の原型となった（一三頁）。

中世では「国制の各レベルにおいて」、「公」を拠点とする「私領」が拡大していくが、近世幕藩体制では、逆に、「各レベルで『私』が極度に縮小されて『公』が拡大し」（一三頁）、「私」は一人称の代名詞となった。しかし中世も、また江戸時代初期においても、各層でヤケを中心としてその周囲に私的な領域を付随させるという「重層構造」は変わらなかった。

この「重層構造」は、オオヤケとワタクシの相対的関係、つまり小さい方がワタクシになるというだけでなく、上位のオオヤケが下位のワタクシを「公」的存在にさせるという面も持っていると水林は指摘する。具体的には、「大公儀」である将軍家は大名を「公儀」とし、大名を将軍家の「意向に沿った『公』的性質のものにしようとし、周辺部分だけを『私』の自律に委ねた。大名はその家臣たちに『私宅』を承認しているが、知行所などにおける『私の法』の定立は禁じ」ている。家臣の知行所である田畑は大名からの、大名は将軍家からの「預かり物」（一七頁）であるから家臣の田畑ではなく「公儀の田畑」となる。庶民レベルでも、イエ的関係の中でのこととはいえ、親殺し・主殺しは「公」的性質の犯罪であるとされた。このように、近世初期では「公」の領域が「私」の領域を「量的に圧倒する形」で公と私を重なった構造にしていた（一七頁）。

(3)　中世の「公共ス」と近世以降

中世の社寺の領域内に武家の支配は直接には及ばず、またその領域に生きる人々には保護もなかった。世俗の農耕的定住生活の共同体の外部に生きる「無縁」の人々が保護もないかわりに自由に往来し、商業や芸能を発展させていった（網野 一九八七）。特に芸術面では将軍家等世俗権力者も彼らの活動を保護した（芸術には超人的な能力が宿っていると考えられた）ので、そこでは通常の身分階級秩序は相対化された。しかもこうした「無縁」の場における身分相対化の正統化には、最終的に天皇の権威を援用していた。これによって武家政権への実質的な対抗力を確保したのである。

東島誠（一九九五）によれば、祭事と酒宴は切り離せないだけでなく、社寺は道や橋等の整備も担い、その寄付集めには芸能の上演も行われた。勧進の場は、世俗権力とは別の権威に基づく秩序が支配するべき空間が生じた。「公共」という言葉は中世にそうした水平化を指して動詞的に用いられていたのだが、それだけでなく、勧進は橋や道路の整備費用を調達するものでもあったから、インフラ整備の「公共事業」のための租税負担ともつながりを持っていた。

こうした水平化の含意は近世以後の文献ではあまり見られなくなるが失われたわけではなく、明治初期に導入される「パブリック」を訳出する際にその古い意味合いが交錯してくる。『明六雑誌』には租税との関係での論説が多いが、民撰議会設立を積極的に主張した阪谷素の論説では、「租税の権上下公共すべきの説」（一五号、明治七年）という中世の動詞的用法がみられる。これは「共にする、というほどの意。public の訳語ではない」（岩波文庫版の校注、中巻、六四頁）ことに注意がいる。[7] また、一六号（同年）以下に分載された杉亨二の「人間公共の説」では社会契約説的な文脈でも用いられている。これらの「公共」は、儒学の「天下の公道」のようなニュアンスであり、[8] 君主の公と社会を対立させるのではない。

明六雑誌の執筆者はほとんどが高級官僚であり、欧化政策を唱導していたが、特に西周に見られるように、その理念と近代日本の現実の乖離に強い危機感を抱いており（山室信一による岩波文庫『明六雑誌』下巻所収の解説）、体制内からその弊を是正しようとするものであった。日本で初めての言論の「ソサエティー」であり、百科辞書的でもあるが、政治制度のあり方や租税の私物化を厳しく追及する議論（公論、公衆）の場を作り出そうとしたことはパブリックの中心的な意義にほかならない。

(4) 戦後の「市民社会」

全体主義の「公共性」は憲法理念として否定されたものの、政府が立憲君主制と中央集権制の制度的実態を温存しようとしてきたのは周知の通りである。そのため民主化運動は、近代化の進まぬ政治状況を打破しようとする「市民社会」の育成を目指してきた。前述の「市民的公共性」と同じことが重視されたのだが、日本の民主化運動の担い手はマルクス主義が中心であり、ブルジョワ市民社会の公共性を受け入れるわけにはいかなかった。戦後日本には、資本主義の成熟と止揚という歴史的発展を飛ばして社会主義に向かうための、説得的な理論が必要になっていた。

新たに期待されたのが、産業化・都市化の急速な進展であった。高度経済成長に伴って、人々は因習に満ちた農村の諸々の束縛から解放され、都市部で新たな生活を始めるようになったので、都市住民はこれまでとは違った、民主憲法の理念にふさわしい政治的主体になっていくことが期待された。五〇年代の松下圭一はこうした「大衆」化を積極的に評価し、都市型社会に特有の理想的人間像として「市民」を考えたが、理想というだけでなく歴史的にそのように発展していくはずのものでもあった（松下 一九九四）。しかし、こうした「市民」の文脈でも「公共性」は経済と国家が緊密に結びついて庶民の生活を圧迫するものとみなされてきた。この傾向は八〇年代末まで続く。

こうした議論に大きな変化を与えたのが、理性的なコミュニケーションによる民主化実現の可能性を規範的に説いたJ・ハーバーマスの理論の受容であった。幅広く注目されたのは八〇年代に書かれた理性的なコミュニケーションの理論（ハーバーマス邦訳 一九八五）であったが、その前提には六〇年代に刊行された「公共性」の構造的な衰退論（ハーバーマス邦訳 一九七三）がある。この二つをおおまかに対比しておこう。後者は、一八世紀の市民革命が出版や文化的なコミュニケーションの種々のグループの討論に支えられてきたことに注目した。そうしたコミュニケーションの広がりによって民主的価値が育まれていったのだが、一九世紀後半には、言論の商品化によって蝕まれてしまった。つまり悲観的な歴史的理解であった。しかし七〇年代には学生運動や環境保護運動が、資本主義と国家権力の一体化した政治体制に風穴を開けていくさまを見たハーバーマスは、悲観的な中にも対抗の可能性を強調するようになった（Delanty 1999）。理性的な対話は普遍性を持っているので、そこから歪んだ資本主義国家が主張する正統性に対抗していくことができると論じたのである。

八〇年代末以後の日本では、理想的対話から普遍的な合意が生まれる可能性があるという規範理論が注目を浴びたが、その直後、ベルリンの壁が崩壊すると、ハーバーマス理論は公共性[9]の構造的な変化に即して論じられた。そこでは実態としては資本主義化を進める「市民」と結びつくのだが、東欧の民主化運動が西欧のマスメディア等を通した文化的な交流に支えられて圧政を打倒したという意味では、近代市民革命に近い印象を人々に与えた。

コミュニケーションの空間の広がりとは、要するに先に挙げた「ソサエティー」が増え、相互につながりが広がっていくような社会のことである。「ソサエティー」が市民的公共性を形成し、個人の自立に基づいた、開かれた社会を新たに作り出していく。このような意味で「市民社会」とその「公共性」が積極的に意義づけられるようになってきた。

もちろん、すべてハーバーマスのおかげだったわけではなく、同様な議論が環境問題への取り組みからマルクス系譜の政治経済学からも主張され、一九九〇年前後から対抗的な市民運動は「新しい公共性」（宮本編 一九八九）とも呼ばれていくようになった。

ただ、こうした「市民（社会）」は理想と実態分析が入り混じりがちで、「市民的公共性」の市場経済や国家との関係は二項対立的なままであった。そこで、二一世紀に入ろうとするころ、この二つのセクターを媒介する役割に議論が集中していくようになった。近年では、国家は個人の自由を作り出し、保障するために必要であるとの見解も増えてきている（杉田 二〇〇九）。ただ、それには強制力も必要になる。この悪用や暴走を防ぐ仕組みを整えつつ、市民が政治に求める様々な私的なことがらを公的に承認し、政府の活動に変換していく（井上ほか 二〇〇九）という「公共性」も看過すべきでない。

（5）大衆社会批判から

ただし国家重視には別の意味づけからの主張もある。国民の共同体を重視して「個人主義」を抑制する立場である。佐伯啓思（一九九七）が「市民」を問題にしたように、戦後日本の「市民（社会）」は国家や慣習・伝統を否定し、西洋的な合理的で自立した個人の理性による民主的な政治の創出を目指してきた。しかし現実の「市民」の要求はエゴイズムを抑制する（法的・道徳的な）仕組みを解体するばかりではないか。理性によって理想的な社会が築けるというのも過信である。人間はそう普遍的に共同できないのだから国民という歴史に支えられた共同体を守らなければならない。そうしたことが「公共性」であるとされる。

八〇年代以後の国民の強調も、実態としての「市民」が「市民的公共性」を満たしていないことを問題にして、その裏返しとして国民の一体性を求めることが多い。そこでは近代的な意味ではなく古代都市国家の防衛と繁栄に献身する英雄的リーダーが求められる。ただ、都市国家の市民（もちろん多数である奴隷を除いた）がそのリーダーのもとでなぜ一体性を感じていたのかは論じられていない。(10)

(6) 自治体改革と「公共」

近年の自治体改革論議ではNPO等市民団体の参加を促してきたが、しかしその前に、九〇年代の自治体改革は、基本的に、公の私物化に対する怒りが各地で噴出した結果であった。私物化と公的なものという面と、従来の行政組織における非効率を糾弾する面とは別々の関心であるが、NPM（民間の経営管理を行政に導入しようとする）的自治体改革はこの二つを市民参加の促進によってつなげようとした。

そうした閉鎖的な関係を打破し、行政の外に存在する公共的な役割の担い手として実体的に期待されたのは、納税者であり地域の富と雇用の産出者でもある営利企業と、小規模なイメージが強い非営利組織（NPO）である。民間の経営手法を導入するNPM改革を採用する自治体は、市場原理を尊重しながらも、行政への監視や提案者として、また業務実施の担い手としても、直接的には市場原理に含まれないNPOを積極的に育てようとした。これが今日では「新しい公共」と呼ばれ、社会サービスの提供（生産）をめぐる行政、企業、（非営利の）市民という三つのセクターの分担・協働の仕組みづくりを求める議論となっている。

しかし行政の外にも広がる「新しい公共」の主軸がNPOと営利企業のいずれなのかによって、行政の私物化をどんな「公」が打破し再生するかの展望は異なってくる。そもそもアメリカをモデルにしたNPOは、巨大企業や、ベンチャービジネスでの並はずれた高額所得によって成り立っているが、日本では取引相手が固定的なためもあって、利益や報酬を目立って稼ぐよりは、年中行事等への共同負担を気前よく続けたほうが社会的にもよい関係を得られ、かつ商売にも寄与する。もちろんそれがより広い社会にどう反映されるのかはみえていないし、あまり気にしておらず、全体への影響を展望しないのは「公共的」でない。そのため、市場による利己的な活動がもたらす外部への影響を考える必要が高まっている。

5　市民の成熟について

自治と公共性の概念的背景を振り返ってきたので、ここからは市民の成熟について考える。「市民」と言っても、ブルジョワジーと普遍的な「世界市民」のあいだをどう考えるべきかが曖昧になっていた。八〇年代には、そうした人々が国家に対抗する「公共性」の担い手と期待された。しかし対抗しているだけでは「市民」にならない。

本章に直接関わる先行研究の用例として、石田の言う「市民の成熟」を検討してみよう。八〇年代の「市民自治」という語法に関して、実体的には九〇年代半ばに各地で盛んになった住民投票制度を活用する運動を高く評価するものであった。簡単に言うと、村落共同体意識が強く個人主義的前提が通じにくい地方社会においても、自立的な住民が、当該社会の将来を、官治的にでもなく経済開発優先でもなく自分たちの足元の暮らしに基づいて作ろうとする活動や態度の広まりを指している。

石田は「公共性」という言葉を使っていないが、住民投票をめぐっては同じことが「公共性」を使ってよく論じられており、それは、国家的政策上の公共性と、具体的な生活の場である地域住民にとっての公共性が衝突するという解釈であった。そしてハーバーマスの理論がよく援用された。原発も産廃も産業優先の環境破壊的施策にほかならないから、その経済的・広域的利便を優先する「システム合理性」に対して地域の生活に根ざした対話的な公共性が対抗しえた、という評価になる。ただそれは、国家的―経済開発優先の、地元軽視の政策に対抗するのが地方自治であり住民自治であるといった単純化にもつながりやすい。

しかし、実際の事件は、ハーバーマスのように事実を規範化して評価するような理論よりも、自治体における意思決定やその後の住民から出された多くの異論への対応が逸脱的であることに着目したほうがよい（高橋 二〇〇〇）。たとえば巻町や御嵩町の場合、施設建設の凍結や反対を公式に発表しておきながら、意図的に住民に知らせぬまま変更を決定したことが行政への強い不信を招いている。御嵩町では住民投票推進の新町長が重傷を負わされたのは特異なケースであるにしても、新しい支持母体である住民運動が議会多数派や首長を選挙で交代させたことで住民投票と政策転換が可能になったのである。その意味では、市民意識が地方でも高まり、原発や産廃といった経済優先、環境破壊の国家政策に地域住民の理性的対話が勝利したという言説は不正確であり、自治体執行部（抜け駆けを決めた側）の政策上の当事者能力の欠如を問題にすべきであろう。自治体は既に議決済みだから法的な問題はないとか、住民投票は議会軽視だといった形式論に終始していたのである。

したがって、政府と市民の解決能力を相対的にとらえる必要がある。市民には専門的知見や経験を持った人々が多様に存在するのに、自治体行政が昔は通用したやり方（大事なことほど市民に知らせると混乱を招くから隠す、形式性や前例を優先する、など）を続けていたのでは行政が能力的に劣ってくることは明らかである。

住民の側に能力（専門的知識、技術、経験など）を持った多様な人材が協力関係をつくり、またそうしたネットワークが一般市民への説得を怠らずに代替案を提示していくような活動が起これば、行政主導たるべきか住民主導たるべきかといった問いは意味がない。もともと代議制民主主義は、投票結果以外の地域社会の支持（決して固定的ではない）をある程度調達できないかぎり有効に機能しない。社会問題は変化し続けており、人々の意識も中・長期的には変化し続け、制度的解決も作り直していくべきものである（宝月 一九九八）。

ここでもう一度「セルフ・ガバメント」に戻ってみよう。現代の先進国は支配階級と人民を区別する政府形態を持っていないので、総じて「セルフ・ガバメント」が標準・前提である。トクヴィルの時代のヨーロッパはそうではなかったし、敗戦後の日本も民主主義の前提が定着するのかどうか疑わしかったが、今日の地方自治・住民自治の意義を、主にそうした社会的・政治的前提、および国家・政府の形態や正統化の根拠を海外から受容する知的・文化的前提で把握することはできないだろう。これは日本が遅れている、幼稚である、といったこととは関係がない。住民で解決できないことや、地方政府で解決できないことはこれからもたくさん生じるだろう。地方政府が国の政策に変化や修正をもたらそうとするには、地方自治の古典的理念や住民の善意を強調しても具体性を欠き、政策的な知にもならない。[11]

解決策を全く独創せよと言われてもまず無理だが、どこかの事例をそのまま流用するのではなく、関連事例を探し多角的に比較・分析しながら応用することはできる。「公衆」に期待したデューイが教育の原理としたように、他者の説明や経験に頼ったのではなく、たとえ追体験に近いものであっても、自分たちで常識的前提を疑い、考え、試行し、抽象化と具体化を往復しながら柔軟に学習を重ねることで政策形成能力が鍛えられる。足立忠夫（一九八一）が自治を公害等の共通被害の共同体化から考えたように、私的な問題から出発しても、それを「公共的」な問題にしていくには、抵抗運動にとどまらない、自主的な取り組みが必要になる。対話を通して問題状況を見つめなおし、第三者に影響を与えている問題には政府の取り組みとして「公式化」させ、法や財政上の解決策につなげていく、という市民からの政策形成能力が求められる。

注

(1) リーバーはベルリン生まれだがプロイセンで彼の思想は受け入れられず、イギリス経由でアメリカに移民した。アメリカ初の百科事典の編纂に携わったあとも長く安定的な職を得られず、種々の苦労のあと最終的にはコロンビア大学の前身で初の「歴史学および政治科学」の教授職を得た。近年のアメリカでも忘れられがちなのだが、アメリカの体系的な政治学教育を築いた一人とされる（中谷　一九九五、Mack and Lesesne 2005）。

（2）「self」とは、「それ自体を」、「自分で」といった再帰的な表現であり、独特な意味ではないことをリーバーは注記している（Lieber 1875：247）。

（3）リーバーは国家より地方政府を重視した論者というわけではなく、国家に道徳的な共同体としての価値を認め、社会契約論をとらず国家の有機的一体性を重視し、トクヴィルと同様に政治的集権を必要とし、多数者の専制に警戒している（中谷　一九九五）。

（4）六〇年代の日本では肯定的に用いられた「大衆」が欧米同様に否定的に論じられるようになった。そのため、もし七〇年代と八〇年代以後を連続的にとらえるなら、村松（一九八八、二〇一〇）が指摘するように、地方自治とは革新的というよりも保守的・生活防衛的な応答とみたほうが適切であろう。

（5）村松をここで取り上げるのは、村松のポイントは今日もどの教科書でも紹介されているが、自治概念を見直す背景的文脈が伝わりにくいためである。

（6）以下では、現代語の語感と区別するため、他の節とはちがって細かく引用する。なお出典はできるだけまとめて示す。

（7）河野（二〇一一）によると、阪谷は西洋概念を儒学者として理解するというスタンスであった。阪谷が議会を重視したのは、政治を金銭的な利害対立の解決の場と冷徹に見極めたからであり、皇統による「国体」の必要性を論じる必要がなかったのだという。

（8）溝口（二〇一一）によれば中国の公私観と儒学者の理解には大きな違いがあり、公は天や理と密接に関わる概念であるが、日本での「天」は純粋な心（誠）によって個人が合一しようとするが、中国では人と人のあいだを貫く論理的な正当さのことである。

（9）ハーバーマスの公共概念が空間的であることを重視して、「公共圏」（花田　一九九一）が訳語として定着するようになったが、本章では「公共性」にそろえておく。

（10）これに関連して、石田（二〇〇九）はアーレントの公的領域の演劇的要素が全体主義にもつながることを指摘しているのが興味深い。

（11）ここでは性善説・性悪説のことを言いたいのではなく、溝口（二〇一一）が重視していた、「天」や「理」と、個人の純粋な心を直結させるという日本の暗黙的な傾向である。石田は自治について「みずから」から「おのずから」への変質を重視していたが、個々人の心（誠）への我々の信頼は「みずから」と「おのずから」の区別を必要としない。ゆえに権藤の「自然而治」は今日でも受け入れられやすいかもしれない。

参考文献

足立忠夫『地域市民自治の公共学——学際的かつ市民的規律としての地域主義』公務職員研修協会、一九八一年。

網野善彦『無縁・公界・楽——日本中世の自由と平和』増補版、平凡社、一九八七年。

花田達朗「空間概念としての Öffentlichkeit」『ソシオロジカ』一五（二）、一九九一年。

石田雄『一語の辞典　自治』三省堂、一九九八年。

石田雅樹『公共性への冒険——ハンナ・アーレント《祝祭》の政治学』勁草書房、二〇〇九年。

井上達夫ほか『社会／公共性の哲学』岩波書店、二〇〇九年。

生松啓三『社会思想の歴史——ヘーゲル・マルクス・ウェーバー』岩波書店、二〇〇二年。

河野有理『明六雑誌の政治思想——阪谷素と「道理」の挑戦』東京大学出版会、二〇一一年。

小西中和『ジョン・デューイの政治思想』北樹出版、二〇〇三年。

近藤和彦『民のモラル——近世イギリスの文化と社会』山川出版社、一九九三年。

佐伯啓思『市民とは誰か——戦後民主主義を問いなおす』ＰＨＰ研究所、一九九七年。

杉田敦「社会統合の境界線」斎藤純一編著『自由への問い1　社会統合』岩波書店、二〇〇九年。

高橋克紀「住民投票の再検討」『同志社政策科学研究』二巻、二〇〇〇年。

中谷義和「草創期アメリカの政治学者」『立命館法学』二四五号、一九九六年。

東島誠「〈公共性〉問題の構図と〈無縁〉論」『日本史研究』三九一、一九九五年。

宝月誠『社会生活のコントロール』恒星社厚生閣、一九九八年。

水林彪「日本的「公私」観念の原理と展開」佐々木毅・金泰昌編著『日本における公と私』東京大学出版会、一～一九頁、二〇〇二年。

溝口雄三『中国思想のエッセンスⅠ　異と同のあいだ』岩波書店、二〇一〇年。

松下圭一『戦後政治の歴史と思想』筑摩書房、一九九四年。

宮本憲一『公共性の政治経済学』自治体研究社、一九八九年。

村松岐夫『地方自治』東京大学出版会、一九八八年。

村松岐夫「近現代の地方自治思想」『テキストブック地方自治』二版、東洋経済新報社、二〇一〇年。

山根徹也『パンと民衆――一九世紀プロイセンにおけるモラル・エコノミー』山川出版社、二〇〇三年。

山室信一・中野目徹校注『明六雑誌』上・中・下、岩波書店、一九九五～二〇〇九年。

H. Arendt, *The Human Condition*, University of Chicago Press, 1958.（H・アレント著、志水速雄訳『人間の条件』筑摩書房、一九八四年）

G. Delanty, *Social Theory in a Changing World*, Polity, 1999.

J. Dewey, *The public and its problems*, Henry Holt, 1927.（J・デューイ著、阿部斉訳『現代政治の基礎』みすず書房、一九六九年）

J. Habermas, *Theorie des kommunikativen Handelns*, Suhrkamp, 1981.（J・ハーバーマス著、河上倫逸、M・フーブリヒト、平井俊彦訳『コミュニケイション的行為の理論』上・中・下、未來社、一九八五年）

J. Habermas, *Strukturwandel der Öffentlichkeit: Untersuchungen zu einer Kategorie der bürgerlichen Gesellschaft*, mit einem Vorwort zur Neuauflage, 1990.（J・ハーバーマス著、細谷貞雄・山田正行訳『公共性の構造転換――市民社会の一カテゴリーについての探求』第二版、未來社、一九九四）

L. Hölscher, "Öffentlichkeit", herausgegeben von Otto Brunner, Werner Conze, Reinhart Koselleck, *Geschichtliche Grundbegriffe: historisches Lexikon zur politisch-sozialen Sprache in Deutscnland*, Bd. 4, Klett-Cotta, 1978.（小出達夫「歴史の基礎概念・公共性について［翻訳と解題　その2］」『北海道大学教育学部紀要』六六号、六八号、一九九五年）

E. H. Kantorowicz, *The king's two bodies : a study in mediaeval political theology*, Princeton University Press 1957.（E・カントーロヴィチ著、小林公訳『王の二つの身体』平凡社、一九九二年）

F. Lieber, 1875, *On Civil Liberty and Self-Government*, 3rd., edited by Theodore D. Woolsey, Lippincott.

C. Mack and H. Lesesne 2005, *Francis Lieber and the Culture of the Mind*, University of Carolina Press.

A. de Tocqueville, Oevre *Dela démocratie en Amérique*, texte établi par James T. Schleifer, présenté par Jean-Claude Lamberti et annoté par James T. Schleifer, Gallimard, 1992.（A・トクヴィル著、松本礼二訳『アメリカのデモクラシー』第一巻、上・下、岩波書店、二〇〇五年）

（高橋克紀）

終章　ガバナンスを機能させるガバメント

1　ローカル・ガバメントの再認識

この一〇年余りの間で、わが国では「ガバナンス」という言葉が市民権を得るようになった。公共政策を担う主体は、政府部門（国、地方自治体）のみではなく、NPOや自治会・町内会といったサードセクター、民間企業等の多様な主体との協働の必要性が意識されるようになったことがその背景にある。もはや政府だけで社会の諸問題を解決したり、住民のニーズに対応することはできず、多様な組織・個人がネットワークを作りつつ、協力して問題に取り組む必要が生じているのである。このような公共政策をめぐる変化を指して、「ガバメントからガバナンスへ」という言葉もよく使われてきた。このガバナンスの流行に前後して、非効率な行政と、継続する財政難を背景に民営化や民間化、あるいは市場の活用が叫ばれるようになり、「官から民へ」が主要なキーワードとなった。このような変化をみると、あたかも政府部門（ガバメント）はすでに存在意義を失い、企業やNPO等がそれに取って代わることができるのだという理解が十分できそうに思えるだろう。しかしながら、「ガバメント」はその重要性を失っていないし、決して企業やNPO等がそれに取って代わることができるものではない。これが本書の一貫した考え方である。

本書の序章にも示した通り、地方自治や地方分権が金科玉条のように語られるようになり、また分権改革と同時に民間・市民による公共サービスの供給がもてはやされ、「参加」や「協働」も改革の方向性として当然視されるようにもなっている。ただ、そうした分権改革、参加・協働といった改革に関する多くの議論は、自治体が抱える問題について実情を十分に考慮してこなかったか、単に自治体の存在を批判の対象として扱ってきたと言わざるをえない。

まさに、今問われているのは、「ガバメントからガバナンスへ」ではなく、「ガバナンスを機能させるガバメント」の形成という課題である。もちろん、「ガバナンス」とか「官から民へ」の意義を否定するものではない。本書のねらいは、「ガバナンス」や「官から民へ」が重視されなければならない動向において、改めて「ガバメント」が何をすべきか、どのような役割と機能を果たすべきかをきちんと検討することにある。各章では、そのような問題意識を共有しつつ、ガバメントとしての自治体が、現在どのような問題を抱えているのかを解明し、同時に今後の展望と改革のあり方を描いている。

2　地方行政のルネサンスに向けて

これまでにも増して自治体改革で基本となる要素は、「政策形成能力」である。それぞれの地域や時代に応じて、情報収集と取捨選択を行いつつ、問題の探索・発見・分析を進め、課題抽出を経て政策を立案する能力である。単に、過去からの既存事業のレパートリーを維持するだけでは、社会の諸問題を十分に解決できなくなりつつある。日本の自治体は、意思決定の仕方や問題への対処法に関して膨大な蓄積があり、行政行動のプログラム化がかなり進んでいる。その点では日本の自治体は海外の自治体に比べると高いレベルの行政活動を行っていると言える。ただ、社会経済の変化のみならず、政治制度の変化も著しく、これまでプログラム化または慣行とされてきた手法が問題解決の役に立たない可能性が高まっている。

二〇〇〇年の地方分権一括法施行以降、様々な改革が自治体で取り組まれてきた。しかし、まだまだ政策形成の担い手として自治体が抱える課題は山積している。第1章や第4章で明らかにしているが、たとえば「大部屋主義」の職場環境の見直しが課題である。そもそも日本の自治体では、事務分掌が概括的であり、職員個人の職責が明確ではない。大部屋主義の仕組みでは、集団で仕事をすることが前提であるために、個人の責任や判断はあまり問われることがない。したがって、能力・実績主義ベースの人事評価制度を導入するとしても、大部屋主義が前提であると個人の仕事の評価が困難となる。つまり、導入する人事評価にあわせて職場環境としての組織構造や意思決定のあり方も変えていかなければならないのである。平時のみならず、危機管理という場面では問題発見・分析や対応策の判断が職員個人に求められるが、いざというとき大部屋主義に基づく意思決定のパターンが弊害になる。こうした職場環境全体の見直しは重要であり、同時に緊急事態に備えて、平時から問題発見と分析に始まる政策形成のトレーニングを積んでおく必要がある。

トレーニングという意味では、第3章で明らかにした、職員研修を通じた教育機会を適切に提供することが重要である。「政策形成」と称する研修はすでに多くの自治体で実施されてきているが、実際政策形成能力が十分に高まったとは言いがたい。行政職員の行動変化に影響が大きいとされるオン・ザ・ジョブ・トレーニング（ＯＪＴ）のもとでの実体験の有効性に着目しつつ、政策形成能力を身につけていく訓練が求められる。

こうして行政職員が変わっていけば、必然的に議会も変わらざるをえないだろう。二〇〇〇年の地方分権改革までは自治体行政は機関委任事務も主たる任務とし、その反射的結果でもあるが議会は独自の政策論議を行う場としてよりもむしろ、行政に対して質問を投げかける場だという認識が根深くなっていた。第2章では、議会が政策形成にいかに関わるのかについて、あらゆる政策形成を担うような専門性をもった議会、他方、政策形成は行政に委ね、自らは監視機能を徹底しつつ行政への問題提起と最終決定を担う議会の二つの方向性を提示している。このような方向性のなかで、行政と議会は二元代表制の仕組みのもとで、相互に対立と協調を保ちつつ有効な政策形成を着実に進めていく責務を負っているのである。

自治体が抱える課題は、議会や行政内部にとどまらない。今後も自治体は、民間企業やNPO、また住民との関係強化を課題とせざるをえない。業務の委託や施設等の移管を通じて公共サービスの実施を民間企業やNPOに任せたり、一方で地域自治組織の設置と財政分権の取り組みを通じて、住民一般に公的資金の使途の決定とその実施を任せたりすることが、各自治体では日常風景となりつつある。しかし、第5章や第6章で述べた通り、民間企業やNPO等、そして地域自治組織に公共サービスや事業を任せてしまえばそれでよしというわけにはいかない。そうした取り組みが意味をなすためには、行政として公正性・正統性を担保できる仕組みや手続きを慎重に設計することが重要であり、また適切に事業が執行されているか、問題が発生していないかをチェックする責任が肝心である。いわばアカウンタビリティを強化しうる手続きの設計が必要ということである。住民との関係では、これまであまり注目されなかった都道府県（府県）への住民参加の問題を問うておくべきである。府県は、市町村と同じく自治体であり、住民の意思に基づき有効な政策を実現する責務がある。しかしながら、第7章でみた通り、市町村に比べて住民は府県を身近に感じておらず、府県の政策への認識も低く、参加意向も低い。府県への参加を拡充するためには、必要に応じて地域での意見交換会等の「丁寧な参加」を実践することが有益であり、他方、府県の政策や制度の周知を積極的に図っていくことが求められよう。

さて、自治体が自治の担い手としての役割を果たしていくためには、企業や住民との関係を改善するにとどまらず、都道府県にせよ市町村にせよ、自治体間の協力関係を築いていくことが肝要である。特に昨今の財政難を背景に、市町村では自立的に行財政運営を行うことが困難な状況も生じている。とすれば、府県そして市町村同士でお互いの事務を補完し合っていくことが求められる。事務の補完は、効率的観点から言えば、基礎自治体である市町村同士の補完がまずは検討対象となるが、それが無理なら府県による補完が浮上する。府県による垂直補完は自治の低減とよく言われるが、垂直補完を住民が選択するのであればそれも自治と解釈することができる。市町村同士の事務の水平補完を行うとしても、第9章で指摘した通り、市町村は、その事務処理の状況について常に関心を持つ必要があり、事務補完による負担軽減のメリットを活用しつつ自己改革を続ける責務も果たさなければならない。あくまで事務補完は市町村の自立の一手段であり、最終ゴールではないことを自覚すべきであろう。他方、第8章で明らかにした通り、各府県の広域的な連携も重要な課題である。府県連携の強化策として道州制が考えられるが、道州政府と市町村との関係、住民参加の仕組み等に留意して道州制を設計しなければ正統性のある政府にならない。これまでの自治は自治体単体で実現されることを前提として議論が進められてきたが、今後は、府県と府県、府県と市町村、市町村と市町村のいずれの関係にせよ、自治体間関係という視野の中で自治のあり方を想定しなければならない。

こうした自治体の改革の方向性を考えるうえで、「公共性」という価値のとらえ方が問題となる。自治体がどのように「公共性」と向き合い、実現していけばよいのか。特に、これからの自治を展望するうえで、「公共性」をどうとらえるべきであろうか。第10章では、日本では国家的公共性が公共性と位置づけられた歴史が長く、市民的公共性をどのように構築していけばよいのか、市民の成熟の現状と課題、展望等を明らかにしている。

序章にも述べた通り、本書は「ガバナンス」や「官から民へ」の意義を否定するのではないことは改めて強調しておきたい。ただ、「ガバナンス」や「官から民へ」の考え方の重要性が唱えられるなかで、マスコミにしても、研究者にしても、また政治家と行政職員自身においても、政府部門の存在が否定的に捉えられ、まるで問題そのものとして考えられているようである。このような事態が実は、「ガバナンス」や「官から民へ」の動向にとってマイナスの効果をもたらすのではないかという疑問と懸念が、本書執筆の動機である。もちろん、もはや自治体が問題解決の一から一〇まで携わることはできないし、多くのアクターとの協力を通じて解決に取り組むメリットが大きいことはすでに明らかである。それでもなお、ガバメントとしての自治体は、これまでの自治における経験と蓄積、職員のノウハウをもってして、ガバナンスが問題なく機能するように条件づくりを積極的に進める基本的責務を持っていると言うべきである。その意味で、ローカル・ガバメントが進める地方行政のルネサンスに向けた時代である。

しっかりしたガバメントを形成していくためには、住民をはじめ、自治体職員、首長、議会議員の自治意識がまずは重要である。とりわけ、自治の主人公たる住民の役割は、肝要である。議会議員を選ぶのも、首長を選ぶのも有権者たる住民である。また、住民の需要や行動は、行政や議員の仕事の内容、働き方にも影響を与える。「ガバナンスを機能させるためのガバメント」に対して、住民は傍観者でいるわけにはいかない。このような考えから、住民の役割は重要であるが、単に住民参加を通じて住民の意見を政策に反映すれば済むというものではない。たとえば、昨今はワークショップなどの住民参加が流行となっているが、自治体職員はしばしば住民の主体性を待つという姿勢をとることが多い。しかしながら、住民の主体性に期待するだけで自治が進むとは限らないし、進んだようにみえる自治が限られた一部の参加者に基づくものでは、正統性は全く担保されない。住民はそもそも全知全能の存在ではないし、まだまだ自治に無関心な住民も多い。したがって、自治体が住民にアプローチする場合も様々な工夫や働きかけが必要なのである。多くの住民が自治の担い手として成熟していくためにも、当面は、やはり自治体職員と議員が責任ある主体として、有効な政策形成能力を存分に発揮し、自治を実現する条件づくりを進めることが、しっかりしたガバメントの基礎になるのである。

本書が、自治体職員や議員はもちろんのこと、住民にとっても、今後の自治体づくりに関わっていく際の指針となれば幸いである。

（野田　遊・森　裕亮）

な　行

は　行

ま　行

や　行

ら　行

欧　文

た　行

索　引

あ　行

か　行

さ　行

執筆者紹介（執筆順，＊は編者）

＊真山達志（まやま・たつし）**はしがき，序章，第4章**

編著者紹介欄参照。

入江容子（いりえ・ようこ）**第1章**

現　在　愛知大学法学部准教授。

主　著　『分権時代の地方自治』共著，三省堂，2007年。

上田　誠（うえだ・まこと）**第2章**

現　在　同志社大学嘱託講師。

主　著　「中心市街地活性化における政策意図の変容」『公共政策研究』第10号，有斐閣，2010年。

田中　優（たなか・まさる）**第3章**

現　在　大阪国際大学現代社会学部准教授。

主　著　「地方自治体職員における政策形成能力の育成について――『問題発見（気づき）能力』を中心とした考察」『大阪国際大学紀要国際研究論叢』第25巻第1号，2011年。

狭間直樹（はざま・なおき）**第5章**

現　在　北九州市立大学法学部准教授。

主　著　「社会保障の行政管理と『準市場』の課題」『季刊社会保障研究』第44巻1号，国立社会保障・人口問題研究所，2008年。

森　裕亮（もり・ひろあき）**第6章，第9章，終章**

現　在　北九州市立大学法学部准教授。

主　著　「パートナーシップの現実――地方政府・地縁組織間関係と行政協力制度の課題」『年報行政研究』第43号，ぎょうせい，2008年。

野田　遊（のだ・ゆう）**第7章，第8章，終章**

現　在　愛知大学地域政策学部准教授。

主　著　『都道府県改革論――政府規模の実証研究』晃洋書房，2007年。

高橋克紀（たかはし・かつのり）**第10章**

現　在　姫路獨協大学法学部准教授。

主　著　「市民参加像の再考――コントロール理論と公共圏」『公共政策研究』第2号，有斐閣，2002年。

《編著者紹介》

真山達志（まやま・たつし）

1955年　滋賀県生まれ。
1986年　中央大学大学院法学研究科博士後期課程単位取得。
現　在　同志社大学政策学部教授。
主　著　『政策形成の本質――現代自治体の政策形成能力』成文堂，2001年。
『入門　都市政策（京都アカデミア叢書５号）』監修・著，財団法人大学コンソーシアム京都，2009年。
『地域力再生の政策学――京都モデルの構築に向けて』共編著，ミネルヴァ書房，2010年。
『スポーツ政策論』共編著，成文堂，2011年。

ローカル・ガバメント論
――地方行政のルネサンス――

2012年５月10日　初版第１刷発行　〈検印廃止〉

定価はカバーに
表示しています

編著者　真山達志
発行者　杉田啓三
印刷者　藤森英夫

発行所　株式会社　ミネルヴァ書房
607-8494 京都市山科区日ノ岡堤谷町１
電話（075）581-5191（代表）
振替口座　01020-0-8076番

亜細亜印刷・藤沢製本

ISBN978-4-623-06336-9

Printed in Japan